T0146757

Sammlung Metzler
Band 239

Michaela L. Perlmann

Arthur Schnitzler

J. B. Metzlersche Verlagsbuchhandlung
Stuttgart

CIP-Kurztitelaufnahme der Deutschen Bibliothek

Perlmann, Michaela L.:
Arthur Schnitzler / Michaela L. Perlmann. –
Stuttgart : Metzler, 1987. –
(Sammlung Metzler ; Bd. 239)
ISBN 978-3-476-10239-3
NE: GT

ISBN 978-3-476-10239-3
ISBN 978-3-476-03941-5 (eBook)
DOI 10.1007/978-3-476-03941-5
ISSN 0558 3667

SM 239

© Springer-Verlag GmbH Deutschland 1987
Ursprünglich erschienen bei J. B. Metzlersche Verlagsbuchhandlung
und Carl Ernst Poeschel GmbH in Stuttgart 1987

Vorwort

Bei der Gliederung des vorliegenden Bandes über Leben und Werk des Wiener Autors Arthur Schnitzler wurde Fragen der literarischen Form und inhaltlichen Kriterien Vorrang vor der Chronologie eingeräumt, um auf diese Weise das Thema speziell für den literaturwissenschaftlich interessierten Leser aufzubereiten.

Bei dem Umfang des Oeuvres und der Fülle von Einzeltiteln war es nicht möglich, auf alle Werke einzugehen. Vor allem aus Raumgründen beschränkt sich daher die getroffene Auswahl auf jene Texte, die zu Lebzeiten des Autors erschienen sind. Die Datierung, die bei Schnitzler wegen der oft langjährigen Beschäftigung mit einem Text kompliziert ist, bezieht sich jeweils auf das Datum der ersten Veröffentlichung.

Bei den am Ende eines jeden Kapitels angefügten bibliographischen Hinweisen zu einzelnen Werken handelt es sich um eine Auswahl, die besonders neuere literaturwissenschaftliche Publikationen berücksichtigt. Die Anordnung der Titel nach Erscheinungsjahr soll dem Leser den unmittelbaren Zugriff auf den neuesten Forschungsstand ermöglichen.

München, im März 1987

Abkürzungen

AdlLLG	Annali dell'Instituto di Lingue e Letterature Germaniche
Akten	Akten des Internationalen Symposiums »A. S. und seine Zeit«. (Hg.) Giuseppe Farese. Bern 1985.
AuB	Aphorismen und Betrachtungen
Br I, II	Briefe Bd I 1875–1912, Bd II 1913–1931
DD	Diskussion Deutsch
EG	Etudes Germanique
GL&L	German Life and Letters
GQ	German Quarterly
GR	Germanic Review
GRM	Germanisch-Romanische-Monatsschrift
GW	Germanica Wratislawiensia
IKR	Internationale Klinische Rundschau
JIASRA	Journal of the International Arthur Schnitzler Research Association
JiW	Jugend in Wien
LuK	Literatur und Kritik
MAL	Modern Austrian Literature
Scheible (1981)	(Hg.) A. S. in neuer Sicht, München.
TuK	Text und Kontext
Urbach (1974)	Schnitzler-Kommentar. München
ZfdPh	Zeitschrift für deutsche Philologie

Die auf Seite 16 f verzeichneten Monographien erscheinen in den Literaturhinweisen zu einzelnen Texten als Kurztitel.

Inhalt

VIII

1. Bibliographisches

Der Nachlaß

Noch zu Lebzeiten hat Schnitzler seinen Nachlaß selbst in 270 Mappen geordnet und in verschiedenen Bestimmungen testamentarisch festgelegt, wann, in welcher Form und von wem dieser nach seinem Tode veröffentlicht werden darf. Seine Vorkehrungen sollten nicht nur einer unangemessenen Popularisierung durch Kürzung oder Änderung entgegenwirken, sie enthalten auch finanzielle Überlegungen, die mit einer Veröffentlichung verbunden sind. Persönliche Dokumente, wie das Fragment seiner Autobiographie, Tagebücher und Briefe, übergab er für eine spätere Veröffentlichung in die Obhut seines Sohnes, der später maßgeblich an deren Publikation beteiligt war. Der größte Teil des etwa 40 000 Seiten umfassenden Nachlaßmaterials liegt in maschinenschriftlicher Form vor, wobei es sich zum Teil um Abschriften nicht mehr existierender handschriftlicher Originale handelt. Da Schnitzler selbst Schwierigkeiten hatte, seine Handschrift nach einiger Zeit zu entziffern, ließ er solche Abschriften von seiner Sekretärin, Frieda Pollak, anfertigen. Probleme bereitet aber nicht nur die Entzifferung von Schnitzlers Handschriften, sondern in vielen Fällen auch die Datierung.

Der Nachlaß wurde zum überwiegenden Teil in eigens dafür angefertigten Schränken in seinem Arbeitszimmer aufgehoben, von wo er 1938 nach dem sogenannten Anschluß Österreichs an das Deutsche Reich von dem damaligen Untermieter, Eric C. Blackall, in Verbindung mit der britischen diplomatischen Vertretung in Wien nach Cambridge gerettet wurde. Nur wenige Papiere, vor allem Originale der Tagebücher, blieben in Wien und wurden später von Olga und Heinrich Schnitzler nach Großbritannien gebracht, von wo aus sie diese persönlichen Papiere mit ins Exil in die Vereinigten Staaten nahmen. Bei seiner Rückkehr brachte Heinrich Schnitzler die Originale nach Wien zurück. Diese besondere Geschichte bringt die für die Forschungsarbeit ungünstige Situation mit sich, daß der Nachlaß nach 1938 nie mehr an einem Ort gesammelt aufbewahrt wurde. Von dem in Cambridge lagernden größeren Teil des Nachlasses wurden Mikrofilmkopien für die University of California, Los Angeles, die International Arthur Schnitzler Research Association an der University of Binghamton im Staate New York, das Deutsche Seminar der Universität Freiburg i. Br. und für Heinrich Schnitzler in Wien angefertigt. Schließlich fertigte man für das Deutsche Literaturarchiv in Marbach und die österreichische Nationalbibliothek Kopien verschiedener Dokumente aus dem Nachlaß an. Erst 1965 wurde auch das Wiener Material auf Mikrofilm kopiert und als Ergänzungsrollen an die anderen Stellen ausgeliefert.

Der Nachlaß umfaßt Aphoristisches, Materialien, Pläne und Sketche zu den veröffentlichten Schriften und Werken, Fragmente, Pläne und Stoffe in Schlagworten, fertige Fassungen unveröffentlichter Arbeiten, Charakteristiken von Freunden und Bekannten, die Schnitzler ebenso wie Notizen zu Lektüre und Theaterbesuchen oder eine Sammlung der Traumaufzeichnungen aus dem Tagebuch herausgelöst und zusammengestellt hat, sowie Tagebücher und Briefe. Ein Verzeichnis über den Bestand in Freiburg und Wien bietet die Publikation von Gerhard Neumann und Jutta Müller (1969).

Literatur

Schinnerer, Otto P. (1933): A. S. s Nachlaß. GR 8, S. 114 ff. *Weiss*, Robert O. (1961): The Arthur Schnitzler Archive at the University of Kentucky. JIASRA 1, 1, S. 11–29. *Neumann*, Gerhard und Jutta *Müller* (1969): Der Nachlaß Arthur Schnitzlers. Verzeichnis des im Schnitzler-Archiv der Universität Freiburg i. Br. befindlichen Materials. Vorwort Gerhart Baumann. Anhang Heinrich Schnitzler: Verzeichnis des in Wien vorhandenen Nachlaßmaterials, München. *Welzig*, Werner (1984): Im Archiv und über Briefen. Mitteilungen aus dem Nachlaß. In: Hans-Henrik Krummacher u. a. (Hg.) Zeit der Moderne. Stuttgart. S. 441–444.

Werkausgaben

Der Entschluß, Schnitzlers Werke gesammelt herauszugeben, ist in auffälliger Weise an Jubiläen gebunden. Bedurfte es schon für die erste Gesamtausgabe 1912 mit der Erweiterung 1922 des Geburtstags, war 1961/62 der 100. Geburtstag Anlaß für eine Neuedition der gesammelten Werke. Eine so motivierte Ausgabe, die bis heute maßgebend blieb, konnte und wollte keine historisch-kritischen Maßstäbe anlegen. Die zunächst erschienenen vier Bände Erzählungen und Dramen umfaßten alle zu Schnitzlers Lebzeiten veröffentlichten Werke sowie einige bis 1961 bekannte Texte aus dem Nachlaß. Mit dieser Vermischung übergeht der anonym bleibende Herausgeber den qualitativen Unterschied, den der Autor selbst zwischen Publiziertem und Verworfenem machte. Auswahl und Chronologie der erzählenden und dramatischen Werke sind nicht immer unproblematisch, wie sich exemplarisch an der Erzählung »Der Sekundant« zeigt, die, wenngleich unvollendet, in die Werke aufgenommen wurde, während die ebenfalls 1932 veröffentlichte frühe Prosaskizze »Frühlingsnacht im Seziersaal« dem Band Entworfenes und Verworfenes zugeteilt wurde. Und obwohl »Der Sekundant« nicht nur postum und damit nach der Erzählung »Flucht in die Finsternis« veröffentlicht wurde, sondern auch nach dieser entstand, geht er der Wahnsinnsnovelle in der Edition voraus. Eine kritische Edition liegt derzeit lediglich für den Anatol-Zyklus, herausgegeben von Ernst Offermanns, vor.

Erst Robert O. Weiss, der für den nachgereichten fünften Band der Gesamtausgabe mit Aphorismen und anderen kurzen Texten verantwortlich zeichnet, trennt bei seiner Textauswahl streng zwischen veröffentlichtem und nachgelassenem Werk. Wenngleich es sich nur um einen Ausschnitt des umfangreichen aphoristischen Werkes handelt, gelingt es Weiss, ein abgerundetes Bild von Schnitzlers Weltbetrachtung zu entwerfen. Nicht in der Werkausgabe enthalten sind die medizinischen Schriften sowie einige kurze Artikel, die Schnitzler während seiner Zeit als Assistenzarzt und Redakteur der Internationalen Klinischen Rundschau veröffentlichte. Eine Liste dieser für die Forschung nicht ganz uninteressanten Schriften findet sich in der Bibliographie von Allen (1966), S. 75 ff. und S. 83 ff.

Weder vollständig noch diplomatisch nennt Reinhard Urbach seinen Band, der unter dem von Schnitzler selbst in den Bestimmungen zu seinem Nachlaß vorgeschlagenen Titel »Entworfenes und Verworfenes« eine Auswahl von zum Teil bereits verstreut veröffentlichten Skizzen, Notizen, Fragmenten und verworfenen Werken aus dem Nachlaß vereinigt. Wie Schnitzler in seinen Nachlaßbestimmungen erläutert, ging es ihm darum, mit der Veröffentlichung von Skizzen und Vorarbeiten die Physiologie und Pathologie des Schaffens durchsichtig zu machen. Fertiges, besonders aus seiner Jugendzeit, hielt er dagegen nicht für veröffentlichungswürdig. Kürzere Texte, die bereits andernorts verstreut erschienen waren, bezieht Urbachs Sammlung mit ein. Größere Fragmente dagegen, wie die Dramen »Ritterlichkeit«, »Das Wort« und »Zug der Schatten«, konnten nicht aufgenommen werden.

Ein zeitgeschichtlich besonders wertvolles Dokument aus dem Nachlaß ist die von Schnitzlers Sohn herausgegebene Autobiographie »Jugend in Wien«, die, 1915 bis 1918 verfaßt, ursprünglich bis zum Jahr 1900 reichen sollte, in der vorliegenden Form jedoch im Jahr 1889 abbricht. Nur für Schnitzler-Forscher interessant dagegen dürfte die von Herbert Lederer herausgegebene Sammlung früher Lyrik sein, die etwa 70 meist in den 80er Jahren entstandene Gedichte enthält.

Werkausgaben

Gesammelte Werke in zwei Abteilungen. Erste Abteilung: Die Erzählenden Schriften in drei Bänden. Zweite Abteilung: Die Theaterstücke in vier Bänden. Berlin: S. Fischer 1912. Erweiterte Neuausgabe 9 Bde. 1922.
Gesammelte Werke. Die Erzählenden Schriften. 2 Bde. Die Dramatischen Werke. 2 Bde. Frankfurt: S. Fischer 1961, 1962. 2. Aufl. 1970, 1972.
Frühe Gedichte. Hg. Herbert Lederer. Berlin: Propyläen 1970.
Gesammelte Werke. Aphorismen und Betrachtungen. Hg. Robert O. Weiss. Frankfurt: S. Fischer 1977.
Gesammelte Werke in Einzelausgaben. Das erzählerische Werk. 7 Bde. Das dramatische Werk. 8 Bde. Frankfurt: Fischer Taschenbuch 1977–1979.

Aus dem Nachlaß

Das Wort. Tragikomödie in fünf Akten. Fragment. Hg. und Einleitung Kurt Bergel. Frankfurt: S. Fischer 1966.
Roman-Fragment. Hg. Reinhard Urbach. In: LuK 13 (1967) S. 135–183.
Jugend in Wien. Eine Autobiographie. Hg. Therese Nickl und Heinrich Schnitzler. Nachwort Friedrich Torberg. Wien u. a.: Molden 1968. Neuausgabe: dtv 1971.
Zug der Schatten. Drama in neun Bildern. (unvollendet) Hg. und Einleitung Françoise Derré. Frankfurt: S. Fischer 1970.
Ritterlichkeit. Fragment. Hg. Rena S. Schlein. Bonn 1975.
Über Psychoanalyse. Hg. Reinhard Urbach. In: Protokolle 2 (1976), S. 277–284.
Entworfenes und Verworfenes. Hg. Reinhard Urbach. Frankfurt: S. Fischer 1977.

Tagebuch

Seit 1876 führte Schnitzler unregelmäßig, seit 1879 bis zu seinem Lebensende regelmäßig Tagebuch. Er hütete diese Konvolute wie einen Schatz, sicherte und verbarg sie im Banksafe vor Neugierigen, besonders seiner Frau, und maß ihnen im Laufe seines Lebens eine immer größere Bedeutung bei. Der Versuch, sich selbst in autobiographischen Zeugnissen, allen voran dem Tagebuch, zu dokumentieren und damit historisch zu machen, entsprang einem programmatischen Bewußtsein, das dem Goethes nicht unähnlich ist.

Die Nachlaßbestimmungen bezeugen, daß Schnitzler spätere Veröffentlichungen nicht nur für möglich, sondern für wünschenswert hielt. Dabei stellte die Verfügung, die 6 000 maschinenschriftlichen Seiten der 51 erhaltenen Jahrgänge sollten nach seinem Tode nach 20- bzw. 40jähriger Sperrfrist »in keiner Weise verfälscht, also nicht gemildert, gekürzt oder sonstwie verändert« (Neumann/Müller, 1969, S. 35) ediert werden, das größte Hindernis für zukünftige Herausgeber dar.

Die hohe Wertschätzung, die Schnitzler selber dem Tagebuch entgegenbrachte, entsprang nicht nur dem Gedanken an die Nachwelt, von der er sich mehr Verständnis für sein Werk versprach als von den Zeitgenossen, sondern auch dem Willen, dem verrinnenden Leben ein ordnendes Gerüst zu geben. Schnitzler beschäftigte sich unablässig schreibend, lesend und exzerpierend mit seinen Tagebüchern. Vermittels eines Ineinanderspiegelns aktueller und älterer Teile arbeitet er ganze Lebensperioden neu durch. Nach dem Selbstmord seiner Tochter Lili etwa sucht er Erklärung und Trost, indem er ihre mit eigenen Tagebüchern parallel liest, um den ganzen Vorgang wiederum im laufenden Tagebuch festzuhalten.

Noch zu Lebzeiten beauftragte er seine Sekretärin, Frieda Pollak, mit einer maschinenschriftlichen Abschrift des gesamten Tagebuchs, die sie 1931 nach Schnitzlers Tod fertigstellte. Da diese Abschrift zahlreiche Mängel aufweist, die wohl häufig auf die schlechte Lesbarkeit von Schnitzlers Handschrift zurückgehen, hat Therese Nickl für die Jahrgänge 1913 bis 1931 eine neue Abschrift hergestellt. Die Originale der Tagebücher, die seit 1938 vom übrigen Nachlaß getrennt sind, lagern in 42 Mappen bei der österreichischen Akademie der Wissenschaften in Wien, die mit der Veröffentlichung vertraut ist. Eine Abschrift befindet sich im Deutschen Literaturarchiv in Marbach.

Wenn die unter der Obhut von Werner Welzig bearbeitete Edition mit dem Jahrgang 1909 einsetzt, so sind dafür technische wie inhaltliche Gründe verantwortlich. Schnitzler wird in den bislang erschienenen drei Bänden, die den Zeitraum 1909 bis 1919 abdecken, auf dem Höhepunkt seines literarischen Ruhmes gezeigt. Die Ausgabe bewahrt die äußere Form des Originals und verzichtet angesichts des Gesamtumfangs verständlicherweise auf Lesarten und Varianten. Das den Bänden jeweils angehängte Register, die Stammtafeln sowie die dem Band 1917–1919 beigefügten Kurzbiographien einiger Freunde des Autors können zwar, wie die Herausgeber selber bemerken, den fehlenden Kommentar nicht ersetzen, leisten aber bereits einiges. Vor allem erleichert es dieser Apparat mit speziellen Fragestellungen an das sehr komplexe Dokument heranzutreten.

Mögen dem einen oder anderen heutigen Leser angesichts der Vielzahl von verzeichneten Alltagsbegebenheiten und der ästhetisch anspruchslosen Form der Tagebücher Zweifel am Sinn eines solchen Monumentalprojekts kommen, so ist der von Schnitzler intendierte kulturhistorische Wert dieser Selbstdarstellung dennoch nicht zu leugnen. Nur in knapper, distanzierter Form notiert hier jemand privat oder historisch Bedeutsames, das gegenüber Vermerken über Gespräche, Lese- und Theatererlebnisse und einem Rechenschaftsbericht über den Fortgang der literarischen Produktion freilich nur bescheidenen Stellenwert hat. Während Ereignisse von großer emotionaler Bedeutung, etwa die Geburt der Tochter Lili, lakonisch konstatiert werden, hält Schnitzler andererseits seine Träume in Einzelheiten und mit kurzen Deutungen versehen fest. Offenbar ging es ihm darum, durch das Bewußtsein vermittelte Gefühlsäußerungen, denen unwillkürlich eine Zensurtendenz anhaftet, so weit als möglich zugunsten äußerer bzw. innerer objektiver Tatsachen zurückzustellen. Das Tagebuch gibt im Kontrast zur Autobiographie das Rohmaterial des Lebens ungeordnet und unbearbeitet preis.

Tagebuch

A. S. – Tagebuch 1879–1931. Bisher erschienen: 1909–1912. 1913–1916. 1917–1919. Hg. Werner Welzig u. a. Verlag der österreichischen Akademie der Wissenschaften. Wien 1981, 1983, 1985.

Auszüge aus den Tagebüchern

Urbach, Reinhard (Hg.) (1970): Notizen über Karl Kraus. In: LuK 49, S. 523–524. *Ders.* (Hg.) (1973): Notizen zu Lektüre und Theaterbesuchen (1879–1927). In: MAL 6, 3–4, S. 7–39. *Urban*, Bernd (Hg.) (1975): Hugo von Hofmannsthal. »Charakteristik aus den Tagebüchern.« In: Hofmannsthal-Forschungen 3, Freiburg.

Literatur zu den Tagebüchern

Baumann, Gerhart (1977): A. S. Die Tagebücher. Vergangene Gegenwart – Gegenwärtige Vergangenheit. In: MAL 10, 3–4, S. 143–162. *Swales*, Martin (1983): A. S. s Occasions. Reflections on the Tagebuch 1909–1912. In: GL&L New Series 34, 4, S. 368–373. *Beharriell*, Frederick J. (1986): A. S. s Diaries. In: MAL 19, 3–4, S. 1–20.

Briefe

In Schnitzlers Nachlaß finden sich mehrere tausend Briefe, wobei nicht einmal alle Briefe von seiner Hand erhalten sind. Wenngleich er beständig um die Dokumentation seiner Biographie bemüht war, gelang es ihm nicht immer, die eigenen Briefe nach dem Tode der jeweiligen Adressaten durch Übertragung oder Abschrift in seinen Nachlaß zu bringen. So gingen alle Schreiben an Sigmund Freud und zahlreiche an Max Reinhardt und dessen Mitarbeiter verloren. Während sich die Korrespondenz mit Olga Waissnix und Adele Sandrock gesammelt im Schnitzler-Nachlaß finden, konnte die mit Hedy Kempny erst herausgegeben werden, als die Schnitzler-Freundin ihren eigenen Nachlaß zur Veröffentlichung freigab. Gemessen am Gesamtumfang ist der Teil, der bereits in Buchform oder in Zeitschriftenveröffentlichungen zugänglich ist, durchaus beachtlich.

Da für Schnitzler nie eine fortlaufende und zusammenhängende Briefedition geplant war, stellt sich die Quellenlage verstreut und vielgestaltig dar. Der überwiegende Teil der Edition veröffentlicht Briefwechsel zwischen Schnitzler und einer Persönlichkeit, die aufgrund ihrer Stellung im literarischen oder auch privaten Leben des Autors Aufmerksamkeit verdient. In einer zweibändigen von Schnitzlers Sohn Heinrich zusammengestellten und nach dessen Tod von Peter Braunwarth und anderen Mitarbeitern fertiggestellten Edition finden sich dagegen nur Briefe Schnitzlers. Die beiden Bände integrieren zahlreiche Dokumente, die bereits in Zeitschriften publiziert wurden.

Im Falle von Karl Kraus und Sigmund Freud wurden auch allein deren Briefe an Schnitzler mit in das angefügte Verzeichnis aufgenommen, da beide Persönlichkeiten für die Schnitzler-Forschung von besonderem Interesse sind. Was dagegen vereinzelte Briefe anderer Autoren, wie etwa Heinrich Manns betrifft, so sei auf die Bibliographien von Allen (1966) und Berlin (1977; 1978; 1982) verwiesen, die weitere in Verbindung mit Schnitzler erschienene Briefe verzeichnen.

Während in die frühen Briefe an Olga Waissnix und Adele Sandrock, die Schnitzlers Entwicklung zum Dichter spiegeln, noch sehr viel von seiner Persönlichkeit einfließt und in Briefen an Dichter, Literaten und Kritiker einiges vom geistigen Klima der Jahrhundertwende spürbar ist, treten in späteren Jahren die reinen Geschäftsbriefe oder Grußkarten in den Vordergrund. Schnitzler vermeidet es nun, sich in Briefen zu verschwenden. Daß besonders seine Liebesbriefe bei einem breiteren Leserpublikum auf Interesse stoßen würden, war ihrem Verfasser bewußt. In den Bestimmungen über seinen schriftlichen Nachlaß geht er daher auf sie eigens ein und sperrt sie im Gegensatz zu allen anderen Briefen auf zwanzig Jahre nach seinem Tode für eine Veröffentlichung.

Fast alle Editionen sind mit einer Kommentierung versehen, die je nach Herausgeber in Umfang und Grad der wissenschaftlichen Aufbereitung erheblich differiert. Als vorbildlich sind hier die Ausgaben von Heinrich Schnitzler und Therese Nickl bzw. Peter Michael Braunwarth u. a. zu nennen, bei denen der Apparat mit informativen Anmerkungen und einem leserfreundlichen Register etwa ein Viertel des Gesamtumfangs umfaßt. Einige Ausgaben, wie die Briefwechsel mit Otto Brahm, Georg Brandes und Max Reinhardt beginnen mit einer Einführung, die über die Vermittlung der Lebensdaten hinaus eine Einordnung der Briefpartner in den literarhistorischen Kontext versuchen. Neben gleichgewichtige Briefwechsel treten solche, in denen Schnitzlers Beitrag eher zurücktritt. So werden der heute weitgehend vergessene Journalist und Schriftsteller Raoul Auernheimer wie auch verschiedene Frauen um Schnitzler durch ihre Bekanntschaft mit dem bekannten Autor in das Gedächtnis einer breiteren Öffentlichkeit zurückgerufen.

Was unter den Briefeditionen noch fehlt, ist eine Edition des umfangreichen Briefwechsels zwischen Schnitzler und seinem Verleger, Samuel Fischer, der allein über 2 000 Briefe Schnitzlers umfaßt. Interessant wäre ebenfalls die Korrespondenz mit den Freunden Felix Salten, Jakob Wassermann und Gustav Schwarzkopf.

Selbständige Publikationen

Seidlin, Oskar (Hg.) (1953): Der Briefwechsel A. S. – Otto Brahm. Berlin. 2. Aufl. Tübingen 1975. *Bergel*, Kurt (Hg.) (1956): A. S. – Georg Brandes. Briefwechsel. Berkeley. *Nickl*, Therese und Heinrich *Schnitzler* (Hg.) (1964): Hugo von Hofmannsthal – A. S. Briefwechsel. Frankfurt. Fischer Taschenbuch 1983. *Nickl*, Therese und Heinrich *Schnitzler* (Hg.) (1970): A. S. – Olga Waissnix. »Liebe, die starb vor der Zeit«. Vorwort Hans Weigel. Wien u. a. *Wagner*, Renate (Hg.) (1971): Der Briefwechsel A. S. mit Max Reinhardt und dessen Mitarbeitern. Salzburg. *Daviau*, Donald G. und Jorun B. *Johns* (Hg.) (1972): The correspondence of A. S. and Raoul Auernheimer with Raoul Auernheimer's aphorisms. Berkeley. *Wagner*, Renate (Hg.) (1975): Adele Sandrock und A. S. Geschichte einer Liebe in Briefen, Bildern und Dokumenten. Wien u. a. 2. Aufl. Frankfurt 1983. *Daviau*, Donald G. (Hg.) (1978): The Letters of A. S. to Hermann Bahr. Chapel Hill. *Nickl*, Therese und Heinrich *Schnitzler* (Hg.) (1981): A. S. Briefe 1875–1912. Frankfurt. *Braunwarth*, Peter Michael u. a. (Hg.) (1984): A. S. Briefe 1913–1931. Frankfurt. *Adamek*, Heinz P. (Hg.) (1984): Hedy Kempny – A. S. »Das Mädchen mit den dreizehn Seelen«. Eine Korrespondenz ergänzt durch Blätter aus Hedy Kempnys Tagebuch sowie durch eine Auswahl ihrer Erzählungen. Reinbek.

Publikationen in Zeitschriften

Schnitzler, Heinrich (Hg.) (1955): Sigmund Freud: Briefe an A. S. In: Neue Rundschau 66, S. 95–106. *Ders.*, (Hg.) (1958): A. S. – Rainer Maria Rilke. Briefwechsel. In: Wort und Wahrheit 13, S. 283. *Bergel*, Kurt (Hg.) (1966): Korrespondenz zwischen A. S. und Peter Altenberg. In: Einleitung zu »Das Wort« Frankfurt. S. 7–11. *Urbach*, Reinhard (Hg.) (1970): Karl Kraus' Briefe an A. S., Karl Kraus und A. S. Eine Dokumentation. In: LuK 5 S. 513–530. *Ders.*, (Hg.) (1971): A. S. – Franz Nabl. Briefwechsel. In: Studium Generale 24, S. 1256–1270. *Weber*, Eugene (Hg.) (1973): The Correspondence of A. S. and Richard Beer-Hofmann. In: MAL 6, 3–4, S. 40–51. *Krotkoff*, Hertha (Hg.) (1974): A. S. – Thomas Mann. Briefwechsel. In: MAL 7, 1–2, S. 1–33. *Urbach*, Reinhard (Hg.) (1975): A. S. – Richard Schaukel. Briefwechsel (1900–1902). In: MAL 8, 3–4, S. 15–42. *Urban*, Bernd (Hg.) (1975): Vier unveröffentlichte Briefe A. S. s an den Psychoanalytiker Theodor Reik. In: MAL 8, 3–4, S. 236–247. *Goldsmith*, Ulrich K. (Hg.) (1977): Der Briefwechsel Fritz von Unruh – A. S. In: MAL 10, 3–4, S. 69–127. *Nickl*,

Therese (Hg.) (1977): A. S. an Marie Reinhard (1896). In: MAL 10, 3–4, S. 26–68. *Berlin*, Jeffrey B. und Hans Ulrich *Lindken* (Hg.) (1983): Theodor Reiks unveröffentlichte Briefe an A. S. In: LuK 173/174 S. 182–197.

Bibliographien, Forschungsberichte, Kommentar, Rezeption, Periodika

Einen zielstrebigen Einstieg in die Schnitzler-Forschung ermöglichen die Bibliographien von Richard H. Allen (1965) und Jeffrey B. Berlin (1977), (1978), (1982). Bei Allen finden sich Angaben über Erstdrucke, Werkausgaben, Editionen der Korrespondenz und des Nachlasses, englische und französische Übersetzungen von Schnitzlers Werken sowie zu den einzelnen Texten jeweils ein knapp kommentiertes Verzeichnis der Sekundärliteratur bis zum Jahr 1965. Neben den literarischen Werken werden auch Schnitzlers medizinische Arbeiten aufgeführt. Insbesondere für zeitgenössische Rezensionen stellt Allens Bibliographie ein wichtiges Nachschlagewerk dar. Berlin setzt die Arbeit Allens für die Zeit einschließlich 1981 fort, wobei zu erwarten ist, daß er seine Bibliographie auch in Zukunft regelmäßig auf den neuesten Stand bringen wird. Für einige Jahre verzeichnet und bespricht Giuseppe Farese (1971) ergänzend die Forschung in italienischer Sprache, aus der DDR und der Sowjetunion. Die Arbeiten von Margot Vogel (1979), Elisabeth Heresch (1982), Elisabeth Lebensaft (1983) und Françoise Derré (1986) beschäftigen sich mit der Aufnahme Schnitzlers in Schweden, Rußland, der Tschechoslowakei und Frankreich.

Der Bericht Herbert Seidlers (1976) gibt für den Zeitraum 1945 bis 1976 Auskunft über Entwicklungen und Schwerpunkte der Forschung. In gesonderten Abschnitten werden Bibliographien, Werkausgaben, allgemeine Darstellungen, Arbeiten über Schnitzlers Leben und Untersuchungen zum Werk kritisch kommentiert.

Über Entstehungsgeschichte, Erstdrucke bzw. Uraufführungen, Textvarianten und Forschung informiert der Kommentar Reinhard Urbachs (1974). Dort findet sich auch ein hilfreiches Glossar zu Wiener Ausdrücken, Lokalitäten und literarischen Anspielungen. Informativ ist die Einführung zu Schnitzlers Wirkung bei seinen Zeitgenossen.

Ein eigenes Organ zur Förderung und Publikation von Forschungsprojekten über Schnitzler wurde 1961 mit der Grün-

dung der International Arthur Schnitzler Research Association
an der University of Kentucky ins Leben gerufen, wo sich auf 38
Spulen Mikrofilm eine Kopie des in Cambridge lagernden
Nachlasses befindet. 1968 zog die Gesellschaft an die University
of Binghamton, New York. Ihr Journal (JIASRA) wurde in
Modern Austrian Literature (MAL) umbenannt und in seiner
Zielrichtung auf andere Autoren und Aspekte österreichischer
Literatur und Kultur ausgeweitet. Der überwiegende Teil der
Aufsatzpublikationen dieser Zeitschrift stammt von amerikani-
schen Germanisten und ist in englischer Sprache verfaßt.

Bibliographien

1879–1965: *Allen*, Richard H. (1965): An annotated A. S. bibliography. Editions and criticism in German, French and English
  1879–1965. Chapel Hill.
1965–1977: *Berlin*, Jeffrey B. (1978): An annotated A. S. bibliography.
  1965–1977. München.
1976–1977: *ders.* (1977) A. S. bibliography for 1976–1977. In: MAL 10,
  3–4, S. 335–339.
1978–1981: *ders.* (1982) A. S. bibliography for 1978–1981. In: MAL 15,
  1, S. 61–83.

Forschungsberichte: Farese, Guiseppe (1971): A. S. alla luce della critica
recente (1966–1970). In: Studi Germanici 9, 1–2, S. 234–268. *Seidler*,
Herbert (1976): Die Forschung zu A. S. seit 1945. In: ZfdPh 95, 4,
S. 567–595. *Kommentar: Urbach*, Reinhard (1974): Schnitzler-Kom-
mentar. Zu den Erzählenden Schriften und Dramatischen Werken.
München. *Rezeption: Vogel*, Margot E. (1979): S. in Schweden. Zur Re-
zeption seiner Werke. Stockholm. *Heresch*, Elisabeth (1982): S. und
Rußland. Wien. *Lebensaft*, Elisabeth (1983): S. aus tschechischer Sicht.
Zur Rezeption in der CSSR. In: MAL 16, 1, S. 17–22. *Derré*, Françoise
(1986): S. in Frankreich. In: MAL 19, 1, S. 27–48.

Die Forschung: Gesamtdarstellungen, Sammelbände

Bereits zu Schnitzlers Lebzeiten beginnt die Diskussion seines
Werkes in der wissenschaftlichen Literatur. Die ersten Monographien von Salkind (1907), Kapp (1912), Roseeu (1913) und
Kappstein (1922) wollen noch lediglich den zeitgenössischen
Leser und Theaterbesucher für Schnitzler gewinnen. Mit Theodor Reik (1913) und Josef Körner (1921) setzt dann die Forschung im engeren Sinne ein. Reik, der seine Untersuchung

mehr als Beitrag zur Psychoanalyse denn zur Literaturwissenschaft verstand, beginnt die Diskussion von Schnitzlers Verhältnis zur Psychoanalyse, die bis heute andauert. Er kommt mit detaillierten Beobachtungen über Triebregungen und Wunschvorstellungen der dargestellten Figuren zwar zu interessanten Ergebnissen, seine Methode, literarische Figuren wie lebende Personen zu analysieren, erscheint dem heutigen literaturtheoretischen Verständnis allerdings bedenklich. Im Gegensatz zu Reiks Bewunderung für Schnitzler ist Körners Darstellung von starken Vorbehalten gegenüber der angeblichen Sympathie, mit der Schnitzler »moralisch nicht ganz zurechnungsfähige Menschen« (S. 24) darstellt, gekennzeichnet. Dennoch hebt auch er Schnitzlers psychologischen Sachverstand hervor und bringt den Begriff der literarischen »Fallstudie« in die Diskussion ein (S. 20). Ebenfalls noch aus der Sicht eines Zeitgenossen gibt Richard Specht (1922) einen Überblick über Leben und Werk Schnitzlers. Seine Zugehörigkeit zum einstmaligen Kreis der Jung-Wiener erklärt die hohe Wertschätzung, die er den Renaissance-Dramen entgegenbringt. Sol Liptzins (1932) Monographie schließlich zeigt, wie früh Schnitzler in den Vereinigten Staaten rezipiert wurde.

Während des sogenannten Dritten Reiches wurde Schnitzler zusammen mit anderen Autoren der Wiener Moderne als »Volljude« und Vertreter einer »kranken, müden, ja faulen Kunst« denunziert (Wilhelm Wolf, Hundert Jahre Österreich, Salzburg u. a. 1939, Zit. nach Reinhard Urbach u. a., Arthur Schnitzler, sein Leben, sein Werk, seine Zeit, Frankfurt 1981, S. 46). Bernhard Blumes (1936) einflußreiche Dissertation zum nihilistischen Weltbild Schnitzlers stellt in jener Zeit die einzige selbständige wissenschaftliche Veröffentlichung in deutscher Sprache über den verpönten Autor dar. Nach der Zäsur der Schnitzler-Rezeption in den Jahren 1933–1945 wird mit der Aufarbeitung des Antisemitismus im Hinblick auf Schnitzler allzu spät begonnen. Sieht man von dem Essay des jüdischen Historikers Hans Kohn (1962) ab (Karl Kraus, Arthur Schnitzler. Otto Weininger, Aus dem jüdischen Wien der Jahrhundertwende, Tübingen), so liegt eine eingehendere Untersuchung von Schnitzlers Verhältnis zum Judentum erst 1982 vor. Norbert Abels skizziert die historische Entwicklung, vor allem den Beginn antisemitischer Hetzkampagnen in den 90er Jahren, während der Ära des deutsch-nationalen Bürgermeisters Karl Lueger. Schnitzlers Aversion gegen starre Begriffe und feste, geschlossene Systeme erklärt Abels aus einer konstatierten typisch jüdischen Bewußtseinslage. Jüdische Identität zwischen Emanzipation und Assimilation rückt ins Blickfeld.

Nach 1945 setzt die Forschung mit einer Reihe von Dissertationen neu ein. Da viele davon in Wien oder den USA entstanden und, wie etwa die Arbeit Ernst Jandls (1950) zu Schnitzlers Novellen, nur im Typoskript vorhanden sind, werden hier nur die allgemein zugänglichen aufgenommen. Seit Anfang der 60er Jahre, als Schnitzlers Werke neu aufgelegt wurden und sich in den USA eine Gesellschaft zu deren Erforschung gebildet hat, kann man von einer regelrechten Schnitzler-Renaissance sprechen. Dabei wurde das neue Schnitzler-Bild maßgeblich von drei ausländischen Autoren mit teilweise sehr konträren Meinungen bestimmt. Während Françoise Derré (1966) Schnitzler von der trügerischen Operettenseeligkeit seiner Zeitgenossen abhebt, ihn vielmehr als kritisch begabten Reflektor seines sozialen Milieus beschreibt, der selbst keineswegs der beschriebenen Décadence seiner Helden verhaftet bleibt, und seine Haltung gegenüber allen unlösbaren Geheimnissen als Positivismus und Skeptizismus kennzeichnet, will William H. Rey (1968) Schnitzler nicht auf die skeptische, psychologische Dimension festlegen. In der Absicht, die optimistische Tendenz in Schnitzlers Denken herauszuarbeiten, wertet er vielmehr das Interesse für das Irrationale als versteckte religiöse Dimension. Die Studie des englischen Germanisten Martin Swales (1971), die sich besonders mit der Ironie beschäftigt, kommt zu dem Urteil, daß Schnitzler ungeachtet einiger zweitrangiger Texte in seinen Komödien und ironischen Erzähltexten vorausweisend auf das absurde Theater und die Erzählkunst von James Joyce gewirkt hat. Wichtig sind die Ausführungen zur Erzähltechnik, etwa der Vergleich von innerem Monolog und Stream-of-Consciousness oder zur Ambiguität der Erzählhaltung.

Ausschließlich mit dem erzählenden Werk beschäftigen sich die Dissertationen von Gottfried Just (1968) und Michael Imboden (1971). Dabei entdeckt Just nicht nur die Sentimentalität als ein durchgängiges Charakteristikum von Schnitzlers Helden, er versucht zugleich nachzuweisen, daß sich hinter der ironisch-distanzierenden Erzählweise nicht selten eine fragwürdige Unentschiedenheit des Autors gegenüber den von ihm heraufbeschworenen Problemen verbirgt. Weniger kritisch befaßt sich Imboden mit dem »Hineinreichen übersinnlicher dämonischer Mächte« aus der Tiefe der menschlichen Seele in die Welt des Alltäglichen (S. 23). In der Verflechtung von Realität und Täuschung sieht er ein Grundmotiv von Schnitzlers Werk. Während die Diskussion zu den erzählenden Schriften anfangs noch weniger umfangreich war, hat sie im Laufe der 70er Jahre die der dramatischen Werke in den Hintergrund gedrängt. Bereits einige Jahre vor Imbodens Untersuchung hatte Christa Melchinger (1968) mit Hilfe der Kategorie der Illusion das dramatische Werk analysiert. Indem sie auf die desillusionistischen und anti-illusionistischen Techniken aufmerksam macht, grenzt sie Schnitzler nicht nur von den Naturalisten ab, sie widerlegt auch das Vorurteil von der Trivialität seines Werkes. Wie für Melchinger die Illusion, so ist für Klaus Kilian (1972) die Kategorie der Komödie nicht bloß als dramatische Bauform, sondern zugleich als menschliche Verhaltensweise zu verstehen. In diesem weiteren Sinne spielt die Komödie auch in den erzählenden Texten eine wichtige Rolle. Bei dem Versuch einer gattungsmäßigen Einordnung hat sich die Forschung für die Schauspiele, Komödien und Tragikomödien und vor allem für Schnitzlers Einakter und Einakterzyklen interessiert. So geht es etwa Gunter Selling (1975) um die Abgrenzung zum Mehrakter und zum Episodendrama. Den Versuch einer Analyse wiederkehrender Typen und Typenkonstellationen unternimmt Jürg Scheuzger (1975) in Hinblick auf das dramatische Werk. Unter der Fragestellung der Emanzipation bei Schnitzler versucht Barbara Gutt (1978) ähnliches für die Darstellung der Frauen.

Gleichzeitig mit dem zunehmenden Interesse der Literaturwissenschaft an der Epoche des Fin de siècle entwickelte sich eine Diskussion um den Begriff des Impressionismus. Die in der DDR erschienene Studie von Manfred Diersch (1973) beleuchtet den philosophischen Hintergrund von Schnitzlers Erzähltechnik. Er sieht in Ernst Machs Empiriokritizismus die Grundlage von Schnitzlers Vorliebe für den inneren Monolog bzw. die Spiegelung der äußeren Realität in der Wahrnehmung der Hauptfigur. Dierschs Analyse der Erzählwerke »Leutnant Gustl« und »Fräulein Else« mündet in der Kritik, die Darstellung spezialisiere sich auf »kleine Schmerzen«, während Schnitzler ursächliche gesellschaftliche Prozesse aus den Augen verliere (S. 110). Dennoch erkennt er dem Werk eine der gewählten Form immanente Gesellschaftskritik zu, die dem Leser ungeachtet des Mangels an innerer Distanz seitens des Autors eine tiefere Einsicht in die negative Beziehung des Individuums zur Gesellschaft erlaubt. Mit diesem Urteil unterstützt Diersch den Wandel der Schnitzler-Rezeption innerhalb seines Landes (vgl. Lutz- W. Wolff, »Bürger der Endzeit«. Schnitzler in sozialistischer Sicht, in: Scheible (Hg.), 1981, S. 330–359). Während er den Impressionismus als Philosophie versteht, der Schnitzler nicht nur seine Darstellungsmittel anpaßt, sondern in der er verhaftet bleibt, beurteilen Ernst Offermanns (1973), Ralph Michael Werner (1981) und Rolf Allerdissen (1985) Schnitzlers Werk differenzierter. So sieht Offermanns im Frühwerk noch die bloße Spiegelung, im Spätwerk dagegen die kritische Analyse der impressionistischen Haltung. Grundsätzliche Kritik an der Brauchbarkeit des aus der Kunstgeschichte entlehnten Begriffs des Impressionismus als literarhistorischer Beschreibungskategorie übt Werner. Allerdissen schließlich wertet die Entlarvung der »Unauthentizität des Lebens« und der Kernlosigkeit der dargestellten Figuren, die sich in allgegenwärtigem Rollenspiel offenbart, als Beweis für Schnitzlers »humane Skepsis« und sein »höchstes Verantwortungsbewußtsein« (S. 270).

Mit dem sozial-psychologischen Fundament von Schnitzlers Werk befassen sich zwei wichtige Studien der 70er Jahre. Hartmut Scheible, der Verfasser der RoRoRo-Monographie (1976) beschreibt in seiner Untersuchung über Schnitzlers Verwurzelung in der rationalistischen Tradition der Aufklärung (1977), wie dieser moderne Autor die Positionen eines Lessing, aber auch bereits den Erkenntnisoptimismus des 19. Jahrhunderts weiterträgt und zum Teil hinter sich läßt. Zwar liegen für Schnitzler, ähnlich wie für Freud, die Konflikte unter der Oberfläche der bewußt erfahrbaren Realität, doch bemüht er sich beständig, die Grenzen zwischen dem Begreifbaren und dem Unheimlichen, dem wissenschaftlich Erklärbaren und dem noch nicht Erkennbaren scharf zu ziehen. Die Habilitationsschrift von Rolf-Peter Janz und Klaus Laermann (1977) beleuchtet die historischen und sozio-kulturellen Bedingungen eines literarischen Werkes. Ausgehend von den politischen und sozialen Lebensbedingungen des Groß- und Kleinbürgertums beschreiben die Verfasser den Prozeß der Abkehr vom Geist der Gründerzeit mit seinen politischen Ideologien, sozialen Normen, und bürgerlichen Wunschbildern, der in Schnitzlers Werk kritisch reflektiert wird.

Die drei anläßlich von Schnitzlers 50. Todestag 1981 erschienenen Sammelbände bezeugen, in welchem Maße sich die Fragestellungen der Forschung weiterentwickelt haben. Schnitzler tritt in den Beiträgen mehr als Arzt denn als Anhänger der Psychoanalyse, mehr als tiefsinniger Epiker denn als Dramatiker hervor.

In Monographien neuesten Datums schließlich wenden sich die Verfasser verstärkt einzelnen Texten zu. Norbert Abels

(1982) befaßt sich mit dem Roman »Der Weg ins Freie«, die stark auf die Psychologie des Autors rekurrierende Studie von Heide Tarnowski-Seidel (1983) mit der Wahnsinnsnovelle »Flucht in die Finsternis«, Elsbeth Dangel (1985) mit dem Frauenroman »Therese«. Anhand des Traums als literarischem Motiv versuche ich selbst (1987) Schnitzler in den Kontext der wissenschaftlichen Psychologie seiner Zeit zu stellen. Die in diesen jüngeren Arbeiten evidente Verlagerung des Forschungsschwerpunktes von der Dramatik auf die Epik hat das Bild von Schnitzler als Autor der allzu leichten Wiener Melancholie endgültig in Frage gestellt.

Gesamtdarstellungen

Salkind, Alexander (1907): A. S. Eine kritische Studie über seine hervorragendsten Werke. Berlin, Leipzig. *Kapp*, Julius (1912): A. S. Leipzig. *Reik*, Theodor (1913): A. S. als Psycholog. Minden. *Roseeu*, Robert (1913): A. S. Berlin. *Körner*, Josef (1921): A. S.s Gestalten und Probleme. Zürich u. a. *Kappstein*, Theodor (1922): A. S. und seine besten Bühnenwerke: Eine Einführung. Berlin, Leipzig. *Specht*, Richard (1922): A. S. Der Dichter und sein Werk. Eine Studie. Berlin. *Liptzin*, Sol (1931): A. S. New York. *Blume*, Bernhard (1936): Das nihilistische Weltbild A. S.s. Stuttgart. *Lantin*, Rudolf (1958): Traum und Wirklichkeit in der Prosadichtung A. S.s. Köln 1958. *Baumann*, Gerhart (1965): A. S. Die Welt von Gestern eines Dichters von Morgen. Frankfurt. *Derré*, Françoise (1966): L'Oeuvre d'A. S. Paris. *Just*, Gottfried (1968): Ironie und Sentimentalität in den erzählenden Dichtungen A. S.s. Berlin. *Melchinger*, Christa (1968): Illusion und Wirklichkeit im dramatischen Werk A. S.s. Heidelberg. *Rey*, William H. (1968): A. S. Die späte Prosa als Gipfel seines Schaffens. Berlin. *Imboden*, Michael (1971): Die surreale Komponente im erzählenden Werk A. S.s. Bern u. a. *Swales*, Martin (1971): A. S. A Critical Study. Oxford. *Kilian*, Klaus (1972): Die Komödie A. S.s. Sozialer Rollenzwang und kritische Ethik. Düsseldorf. *Lebensaft*, Elisabeth (1972): Anordnung und Funktion zentraler Aufbauelemente in den Erzählungen A. S.s. Wien. *Diersch*, Manfred (1973): Empiriokritizismus und Impressionismus. Über Beziehungen zwischen Philosophie, Ästhetik und Literatur um 1900 in Wien. Berlin (Ost). *Offermanns*, Ernst L. (1973): A. S. Das Komödienwerk als Kritik des Impressionismus. München. *Fritsche*, Alfred (1974): Dekadenz im Werk A. S.s. Bern. *Selling*, Gunter (1975): Die Einakter und Einakterzyklen A. S.s. Amsterdam. *Scheuzger*, Jürg (1975): Das Spiel mit Typen und Typenkonstellationen in den Dramen A. S.s. Zürich. *Janz*, Rolf-Peter und Klaus *Laermann* (1977): Zur Diagnose des Wiener Bürgertums im Fin de siècle. Stuttgart. *Scheible*, Hartmut (1977): A. S. und die Aufklärung. München. *Gutt*, Barbara (1978): Emanzipation bei

16

A. S. Berlin. *Werner*, Ralph Michael (1981): Impressionismus als literarhistorischer Begriff. Untersuchungen am Beispiel A. S.s. Bern u. a. *Abels*, Norbert (1982): Sicherheit ist nirgends. Judentum und Aufklärung bei A. S. Königstein. *Tarnowski-Seidel*, Heide (1983): A. S.: »Flucht in die Finsternis«. Eine produktions-ästhetische Untersuchung. München. *Allerdissen*, Rolf (1985): Impressionistisches Rollenspiel und skeptischer Moralismus in seinen Erzählungen. Bonn. *Dangel*, Elsbeth (1985): Wiederholung als Schicksal. A. S.s Roman »Therese. Chronik eines Frauenlebens«. München. *Perlmann*, Michaela L. (1987): Der Traum in der literarischen Moderne. Untersuchungen zum Werk A. S.s. München.

Sammelbände

Reichert, Herbert W. und Herman *Salinger* (Hg.) (1963): Studies in Arthur Schnitzler. Chapel Hill. *Bohnen*, Klaus und Sabine *Bauer* (Hg.) (1982): Arthur Schnitzler. Text und Kontext. Bd. 10, 2. Kopenhagen. *Scheible*, Hartmut (Hg.) (1982): Arthur Schnitzler in neuer Sicht. München. *Tax*, Petrus W. u. a. (Hg.) (1984): A. S. and his age. Bonn. *Farese*, Giuseppe (Hg.) (1985): Akten des Internationalen Symposiums »Arthur Schnitzler und seine Zeit«. Bern u. a. Italienische Originalfassung 1982.

2. Biographisches

Arthur Schnitzler entstammt einer jüdischen Familie, in der sich zwei Stränge des österreichischen Judentums vereinigen: das durch eine akademische Karriere aufgestiegene, assimilierte Wiener Judentum und das aus den Judenvierteln der Provinzstädte in die Hauptstadt übergesiedelten jüdischen Kleinbürgertum. Durch die Heirat mit der Arzt-Tochter Louise Markbreiter hatte Schnitzlers Vater Johann, der zum Arzt promovierte Sohn eines Tischlers aus dem ungarischen Groß-Kanizsa, den Aufstieg in das Wiener Bürgertum geschafft. Als ältester Sohn wurde Arthur Schnitzler 1862 in diese wohlhabende Arztfamilie hineingeboren. Damit stand auch seine berufliche Bestimmung schon fest, stellte doch der Arztberuf die Voraussetzung seines sozialen Ansehens in der katholisch-aristokratisch geprägten Habsburger Monarchie dar. Angesichts des ursächlichen Zusammenhangs von Assimilation und sozialem Aufstieg scheint die Distanz, die bereits der Fünfjährige bei einem Besuch der Familie in Ungarn empfand, folgerichtig. Selbst an der Großmutter, die als die »Frömmste« in der Familie galt, registrierte er »bei allem oft trotzigen Betonen der Stammeszugehörigkeit – gegenüber dem Geist der jüdischen Religion eher Gleichgültigkeit, ihren äußeren Formen gegenüber Widerstand, wenn nicht gar spöttisches Verhalten« (JiW 18 f.). Als Schüler am Wiener Akademischen Gymnasium brachte er im Unterricht der jüdischen Religion seine wenig orthodoxen Ansichten zum Ausdruck:

»Das Buch Hiob wurde gelesen und erläutert, und als man zu dem Vers kam, in dem Hiob [. . .] den Tag seiner Geburt verflucht, stellte Professor Weiss die Frage, warum dies, dem Anschein zum Trotz, nicht als Gotteslästerung aufzufassen sei. Ich meldete mich zum Wort, und keineswegs mit übler Absicht, sondern aus meiner rationalistisch-atheistischen Weltanschauung heraus, zu der ich mich damals verpflichtet fühlte, gedachte ich den scheinbaren Widerspruch dahin aufzuklären, daß Gott an der Geburt Hiobs eben vollständig unschuldig sei« (JiW 80).

Das Schwanken zwischen Zugehörigkeit und Entfremdung nahm im Laufe der Jahre weiter zu. Besonders mit dem kontinuierlichen Anwachsen des Antisemitismus entstand das Gefühl, ein Fremder, ja Feind im eigenen Land zu sein (Schwarz, 1985, S. 81 f.).

Früh fühlte sich Schnitzler von der Bühne als Welt der Verkleidungen, des Spiels und des Scheins angezogen. Nachdem der Vater bereits die eigene literarische Begabung gepflegt hatte und sich der Patientenkreis des Kehlkopfspezialisten zum großen Teil aus Bühnenkünstlern zusammensetzte, förderte er die künstlerischen Neigungen des Sohnes. Mit achtzehn Jahren blickte dieser stolz auf eine Liste von dreiundzwanzig vollendeten und dreizehn begonnenen Dramen zurück (Tgb. 25. 05. 1880).

Vom Arzt zum Schriftsteller

Wenngleich er »eine wirkliche Begabung oder auch nur ein auffallendes Interesse nach der naturwissenschaftlichen Seite hin« (JiW 90) bei sich nicht konstatieren konnte, inskribierte Schnitzler 1879 – wie später auch sein Bruder Julius – an der medizinischen Fakultät der Wiener Universität. Dabei überwand er die Scheu vor dem Seziersaal schneller als den Zweifel an seiner Berufung zum Mediziner. Negativ berührte ihn der Antisemitismus, der in den 80er Jahren an der Hochschule bei Burschenschaften wie auch beim Militär bereits virulent war und bald seinem Vater als Leiter der Poliklinik zu schaffen machen sollte.

Das obligatorische Jahr als Freiwilliger leistete der jüdische Medizinstudent bei den militärärztlichen Eleven des Wiener Garnisonsspitals ab, die wegen des großen Anteils an Juden und ihres Mangels an militärischer Haltung »Mosesdragonern« genannt wurden. Seiner antimilitaristischen Gesinnung verlieh er durch den Plan zu einem Aufsatz, der unter anderem die »Illiberalität der allgemeinen Wehrpflicht« (JiW 97) zum Thema haben sollte, schon früh Ausdruck (A. Clive Roberts [1986], On the Origins of A. S.s Polemical Critique of Patriotism, Militarism, and War, in: MAL 19, 3–4, S. 213–226). Als einer der wenigen Kriegsgegner verweigerte er sich im August 1914 jenem Hurrapatriotismus, dem so viele seiner Dichterkollegen die Autorität ihres Namens liehen. Ebensowenig aber gehörte er zu den Unterzeichnern von Friedensappellen. Die nachgelassene Aphorismensammlung »Und einmal wird der Friede wiederkommen« nimmt später diese grundsätzlichen Überlegungen wieder auf.

Nach der Promotion zum Dr. med 1885 folgten zwei Jahre als Sekundararzt am Allgemeinen Krankenhaus und weitere fünf als Assistent seines Vaters an der Poliklinik. Auf dessen Initiative hin wurde er 1887 Redakteur der von Johann Schnitzler begründeten »Internationalen Klinischen Rundschau«. Neben einigen Rezensionen über medizinische Fachliteratur veröffentlichte der wenig ambitionierte Sohn dort seinen einzigen wissenschaftlichen Aufsatz. Bis zum Tode seines Vaters 1893 konnte sich Schnitzler dieser Autorität nicht entziehen. Während sich seine literarischen Interessen immer mehr intensivierten wagte er vorerst nicht, die medizinische Laufbahn aufzugeben:

»Mein Vater stand meinen schriftstellerischen Versuchen (er bekam natürlich nicht alle zu Gesicht) nach wie vor ohne Sympathie gegenüber, und mit Rücksicht auf meinen ärztlichen Ruf, der sich aus guten Gründen noch immer nicht befestigen wollte, wünschte er damals, daß ich als Belletrist mindestens nicht unter meinem Namen hervortreten sollte. Daß er meinem ganzen Treiben in Literatur, Medizin und Leben ohne Freude zusah, war ihm wahrhaftig nicht übelzunehmen. Insbesondere meine Beziehungen zum weiblichen Geschlecht, über die er natürlich nur wage unterrichtet war, erfüllten ihn mit wachsender Sorge« (JiW 279).

Ausführlich und nicht ohne Selbstironie berichtet Schnitzler in seiner Autobiographie von Liebschaften, ebenso offen von seiner ausgeprägten Spielleidenschaft. Mit Recht weist Hartmut Scheible (1981) darauf hin, daß die Autobiographie, bei aller Selbstkritik, dennoch vieles verdrängt. Die Auseinandersetzung mit sich selbst, vor allem aber mit der ihn umgebenden Realität, stößt dort auf Grenzen, wo das Leiden anderer Beteiligter ernsthaft mit den eigenen hypochondrischen Neigungen zu kontrastieren wäre. So läßt er beispielsweise die Lösung prekärer Situationen, wie der angedeuteten ungewollten Schwangerschaft eines mit ihm befreundeten »süßen Mädels«, im Dunkeln. In Meran, wo er sich wegen des Verdachts auf Tuberkulose aufhielt, lernte der 24jährige Olga Waissnix kennen. Die Beziehung zu der verheirateten Frau und Mutter von drei Söhnen blieb unerfüllt, da diese trotz Unzufriedenheit zur ehelichen Treue entschlossen war, bestärkte den angehenden Schriftsteller aber im Glauben an sein »Talent für die Kunst« (JiW 189). Als Wirtin des bekannten Thalhofs in Reichenau führte Olga einen Salon, in dem vor Schnitzler auch schon Peter Altenberg verkehrt hatte. Nach elfjährigem Briefwechsel starb Olga Waissnix 1897 an ihrer Lungenkrankheit.

Schnitzler und Sigmund Freud

Für Schnitzlers Werk ist seine naturwissenschaftliche Schulung, die ihm »den Blick geschärft und die Anschauung geklärt hatte« (JiW 222), von ebenso entscheidender Bedeutung wie seine praktischen Erfahrungen als Arzt. Immerhin glaubte er selbst, daß die neben dem literarischen Talent »zweifellos gleichfalls vorhandenen ärztlichen Elemente« seiner Natur »um so entschiedener« zur Entwicklung kommen würden, je mehr er sich von den Verpflichtungen des Arztberufs befreit hätte (JiW 92). Das Interesse für psychisch verursachte Erkrankungen und neue psychotherapeutische Heilmethoden teilte er mit seinem Zeitgenossen, Sigmund Freud, der seinerseits zunächst auch keine besondere Vorliebe für die Stellung und Tätigkeit des Arztes verspürt hatte, sondern sich ebenfalls von Kunst und Literatur angezogen fühlte. Beiden gemeinsam war nicht nur derselbe soziale, kulturelle und konfessionelle Hintergrund, sie durchliefen auch im Abstand von sechs Jahren dieselbe Ausbildung bei denselben Professoren. In der Tradition der Helmholtzschule sahen diese Lehrer keine anderen Kräfte im Organismus wirksam als physikalisch-chemische. So entwickelten beide bereits als Studenten dieselbe Skepsis gegenüber der modernen Laboratoriumsmedizin und gegenüber der Gleichgültigkeit, mit der die ausbildenden Therapeuten ihre Patienten behandelten (Sigmund Freud, Sein Leben in Bildern und Texten, Ernst Freud u. a. [Hg.], Frankfurt 1976, S. 86 ff.). Als Freud auf der Suche nach Neuansätzen die »Leçons sur les maladies du systèmes nerveux, faites à la Salpétrière« des Franzosen Jean Martin Charcot ins Deutsche übersetzte (1886), war es der Redakteur Arthur Schnitzler, der diese Ausgabe lobend im ersten Jahrgang der »Internationalen Klinischen Rundschau« besprach. Derselbe Vorgang wiederholte sich 1889 als Freud Hippolyte Bernheims Schrift »De la suggestion et de ses applications à la thérapeutique« übersetzte. Den Ergebnissen eigener Hypnoseversuche, bei denen weniger wissenschaftliches Interesse als schlichte Neugierde und die Unterhaltung der geladenen Freunde im Vordergrund standen, widmete Schnitzler den Aufsatz »Über funktionelle Aphonie und deren Behandlung durch Hypnose und Suggestion« (1889). Während er Anfang der 90er Jahre die Konsequenz aus seinem mangelnden wissenschaftlichen Engagement zog und der Medizin den Rücken kehrte, versuchte Freud die Medizin durch das Einbeziehen einer verstehenden, hermeneutischen Sehweise von innen heraus zu reformieren. Trotz mancher Übereinstimmungen in ihren Interessen und Erkenntnissen blieben die Versuche einer persönlichen Kontaktaufnahme sporadisch. Auf beiden Seiten blieb die Einsicht in die Differenz der gewählten Methode ausschlaggebend. Schnitzler behielt trotz kontinuierlicher Auseinandersetzung mit der Psychoanalyse viele Vorbehalte gegen deren Theoriebildung, Freud dagegen sah in der Dichtung bei aller Hochachtung keine Alternative zur Forschungsarbeit.

Im Kreise der Jung-Wiener

Nachdem 1880 ein einzelnes Gedicht und der Dialog »Über den Patriotismus« an abgelegener Stelle in der Münchner Zeitschrift »Der freie Landbote« erschienen waren, ließen weitere literarische Verlautbarungen des angehenden Schriftstellers Schnitzler zunächst auf sich warten. 1886 erschien eine erste Prosaskizze, »Er wartet auf den vazierenden Gott«, in der »Deutschen Wochenschrift« und unter dem Pseudonym »Anatol« ein Gedicht in dem Unterhaltungsblatt für die Familie »An der schönen blauen Donau«. 1889 konnte er dort vier weitere Beiträge, die Prosatexte »Amerika«, »Der Andere« und »Der Wahnsinn meines Freundes Y« sowie den Einakter »Episode« unterbringen. Zeitschriften, besonders die 1890/91 gegründete »Moderne Dichtung« bzw. »Moderne Rundschau« wurden für Schnitzler, wie auch für die anderen jungen österreichischen Autoren, in jenen Jahren zum zentralen Publikationsorgan. In den frühen 90er Jahren zeichnet sich der endgültige Übergang von der Doppelexistenz als Arzt und Literat zum Schriftstellerberuf ab. Seine Privatpraxis, die er 1893 nach dem Tod des Vaters eröffnet hatte, führte er dabei noch über Jahre weiter. Die Fragment gebliebene Autobiographie »Jugend in Wien« bricht an diesem Punkt des Übergangs ab.

Schnitzler suchte nun immer intensiver Anschluß an Literatenkreise, in denen er seine Werke vorlesen und sachkundige Resonanz finden konnte. Im Kaffeehaus, vor allem dem berühmten Literaten-Treff Café Griensteidl, entstand 1890 unter maßgeblicher Beteiligung von Schnitzler und dem Kritiker Paul Goldmann die Gruppe »Jung Wien«, deren Vaterschaft später Hermann Bahr für sich beanspruchte. Erst nach und nach tauchten unter den Namen der meist unbedeutenden Teilnehmer Persönlichkeiten wie Richard Beer-Hofmann, Felix Salten, Leopold von Andrian und Hugo von Hofmannthal auf. Als Publizisten, die für die neue Richtung warben, indem sie die Zielrichtung der »Modernen« erläuterten, um sie schließlich durch öffentliche Kritik heftig anzugreifen, traten Hermann Bahr und Karl Kraus hervor. So kam es sehr schnell zu Parteiungen. Nachdem Karl Kraus anfangs hauptsächlich gegen den Theoretiker Hermann Bahr eingestellt gewesen war, richtete er sich in der Folge gegen alle, die auf Bahrs Seite standen. Dem Autor des Anatol, den er ursprünglich geschätzt hatte, bescheinigte er bald verglichen mit Peter Altenberg, dem einzigen Kraus-Freund des Kreises, geringere Qualitäten. Seit 1895, als es zum öffentlichen Eklat der Jung-Wiener mit Kraus kam, entwickelte sich bei Schnitzler eine nie mehr überwundene Abneigung gegen den wortgewaltigen Kritiker, der für ihn fortan ein »niederträchtiger, nein ein niedriger Kerl« blieb (Br I 317). Ähnlich gespannt wurde das Verhältnis zu Hermann Bahr. Immer wieder ärgerte sich Schnitzler über Bahrs Fehlurteile. Dabei meinte dieser, Schnitzler nach Kräften zu unterstützen. Schnitzler fühlte sich von dem spielerisch manipulativen Umgang dieser Kritiker mit dem Wort derart abgestoßen, daß er seiner Aversion später in der theoretischen Abhandlung über die negative Geistesverfassung des »Literaten« im Gegensatz zu der des ernsthaften Dichters, »Der Geist im Wort und Der Geist in der Tat« (1927), Luft machte. Ablehnung gegenüber Bahr und Kraus empfand Schnitzler unter anderem auch wegen der Wendung zum Katholizismus bei dem einen, dem jüdischen Selbsthaß und in dessen Folge einer zu schwachen Haltung gegen den Antisemitismus bei dem anderen.

Wie eng indes das Zusammengehörigkeitsgefühl der Jung-Wiener blieb, zeigen die lebenslangen Beziehungen zu Hofmannsthal und Beer-Hofmann. Bei aller künstlerischen Anerkennung wird freilich die persönliche Distanz, deren äußerer Ausdruck die Höflichkeitsform in der Anrede ist, gegenüber Hofmannsthal, dem einzigen ernstzunehmenden literarischen Konkurrenten, niemals überwunden. Symptom für das Auseinanderdriften der Jugendfreunde, die einst gemeinsame Radtouren unternahmen, ist die Verstimmung über Schnitzlers Roman »Der Weg ins Freie«. Hofmannsthals Vorbehalte gegen den Roman sind weniger künstlerischer, als privater bzw. ethischer Natur. Da er Werk und Autor nicht zu trennen vermag, quält den in geordneten Familienverhältnissen lebenden, sich um die Erfüllung im Sozialen bemühenden Hofmannsthal die Botschaft der gebrochenen, in Auflösung begriffenen menschlichen Bindungen. Zu einer Aussprache über Hofmannsthals tiefsitzende Abneigung gegen jenes Werk, das Schnitzler zu den »persönlichsten« seiner Schöpfungen zählte, kam es nie.

Einen Eindruck von Schnitzlers Eigenart, auch seinen Freundeskreis in eine jährliche »Lebensbilanz« einzubeziehen, gibt die Tagebucheintragung vom 1. Januar 1909:

»›Freunde‹: dauernd gut in gegenseitigem herzlichem Respekt – zu Richard; ohne tieferes Bedürfnis häufigen Zusammenseins ... zu Hugo kühl-humoristisch-bewunderungsvoll; und sein Verhältnis zum »Weg ins Freie« war ein tiefes Symptom – es gibt eine Art Gipfelgrüßen zwischen uns und ein gemeinsames lustiges Spazieren in Thälern – unsre Wege gehen getrennt.«

In Schnitzlers Umkreis gehörten um 1909 nicht nur die Freunde des ehemaligen Griensteidl-Kreises, er unterhielt selbstverständlich auch Verbindungen zu zahlreichen Künstlern außerhalb seiner Heimatstadt. Auf einer Nordlandreise 1896 hatte er Ibsen besucht und den Kritiker und Literaten Georg Brandes kennengelernt. In Berlin zählte neben dem Theaterdirektor Otto Brahm der Kritiker Alfred Kerr zu seinen Freunden. Auch jüngere Künstler, wie Jakob Wassermann und Stefan Zweig, stießen zu seinem Kreis. Selbst mit einigen Freud-Schülern wie Theodor Reik, Hanns Sachs, Alfred von Winterstein und Lou Andreas-Salomé kam er, ungeachtet seiner Distanz zu Freud selbst, zu gelegentlichen Gesprächen zusammen.

Das Problem »Ehe«

Die Ehe als einzige gesellschaftlich sanktionierte Form der geschlechtlichen Beziehung zwischen Mann und Frau beschäftigte Schnitzler in Leben und Werk gleichermaßen. Bezeichnend für die persönliche Bindungsangst ist das Resümee des 27jährigen in der Autobiographie. Mit Blick auf die dort verzeichneten Liebesabenteuer stellt er fest, »daß es noch zu früh für mich war, um in den Ehestand zu treten, daß ich noch als Junggeselle allerlei zu erleben hatte, um das zu werden, was ich werden sollte« (JiW 316).

Auch in den 90er Jahren eilt Schnitzler weiterhin von einer Geliebten zur nächsten, betrügt eine mit der anderen. Abende mit einem »süßen Mädel« und leidenschaftliche Briefwechsel mit der in Provinzstädten auftretenden Schauspielerin Marie Glümer oder mit der »Muse« Olga Waissnix bilden Kontrapunkte zu der Affäre mit der Diva Adele Sandrock (Renate Wagner, Arthur Schnitzler und Adele Sandrock, Geschichte einer Liebe, Frankfurt 1975). Als 1894 die Sängerin Marie Reinhard in seiner Arztpraxis erscheint, liegt sein Verhältnis zu der Burgschauspielerin bereits in den letzten Zügen, doch wagt er nicht, die Premiere der »Liebelei« durch eine Trennung in Gefahr zu bringen.

Bei Marie Reinhard wird die Ehefrage erstmals akut, als sie nach dreijährigem Verhältnis mit Schnitzler 1897 ein Kind von ihm erwartet. Seine innere Auflehnung gegen den Zugzwang, in den er durch diese Situation geraten ist, seine Entscheidung, eine Heirat zunächst bis nach der Geburt, später dann bis auf weiteres aufzuschieben und das Kind zu fremden Leuten zu geben, die mit Marie Reinhard unternommene Reise, schließlich ihre Einquartierung in einem Wiener Vorort, beides, um die Schwangere den Augen der Wiener Gesellschaft zu entziehen, während er selbst sich mit einer verheirateten Frau in Ischl trifft – all das hat Schnitzler später in seinem Roman »Der Weg ins Freie« nacherzählt und aufgearbeitet. Zur Durchsetzung seines egoistischen Freiheitsdranges nahm er in Kauf, der allgemein vorherrschenden Heuchelei Vorschub zu leisten, indem er die ungewollte Vaterschaft vertuschte. Symptomatisch für seine ambivalente Haltung ist die maßlose Trauer über die Totgeburt des Kindes und über den plötzlichen Tod Marie Reinhards nach einem Blinddarmdurchbruch, zwei Jahre später. Noch nach Jahren verzeichnet Schnitzler Träume in sein Tagebuch, die ihn schmerzlich an die »Entschwundene« erinnern.

Wenige Monate nach Marie Reinhards Tod erscheint 1899 die 18jährige Schauspielschülerin Olga Gussmann in Schnitzlers Arztpraxis. Als auch Olga 1902 schwanger wird, wiederholt Schnitzler sein Zögern vor einer Heirat. Doch Olga überwindet schließlich Schnitzlers Widerwillen gegen die Ehe, nachdem sie aus der für die Entbindung gefundenen Villa in der Hinterbrühl mit ihrem Sohn Heinrich nach Wien zurückgekehrt ist. 1903 werden sie – trotz im Tagebuch festgehaltener »Verzweiflung« des Bräutigams (22. 05. 1903) – nach jüdischem Ritus im Tempel getraut. 42jährig gründet Schnitzler mit Olga und Heinrich den ersten eigenen Hausstand. Bis dahin hatte er als Junggeselle bei seiner Mutter gewohnt. Die Ehe, die Schnitzler im Grunde nicht wollte, wird überschattet von Olgas Unzufriedenheit über das Fehlschlagen aller Versuche, sich als Sängerin zu etablieren. Dazu kommen periodisch wiederkehrende Geldsorgen. 1910 kauft Schnitzler, der ein Jahr zuvor erneut Vater geworden war, mit Hilfe eines Sparkassenkredits und einer Anleihe bei seinem Bruder Julius, einem erfolgreichen Chirurgen, ein Haus in der Sternwartestraße 71 in einem Villenviertel von Wien. Die Ehe hindert Schnitzler nicht daran, sich in andere Frauen zu verlieben, doch erst als Olga 1918 ihrerseits ein Verhältnis mit dem in seinem Haus verkehrenden Komponisten Wilhelm Groß beginnt, distanziert er sich vollends. 1921 wird er in München im Tempel geschieden. Schon wegen der beiden Kinder – Heinrich hat zwischenzeitlich eine Schauspielausbildung begonnen, die 12jährige Tochter Lili bleibt im Haushalt des Vaters – reißt der Kontakt zu der nun in Deutschland lebenden Olga nie ab.

Schnitzler nimmt nach 18jähriger Ehe im Alter von 59 Jahren sein Junggesellenleben wieder auf. Er weigert sich sowohl gegenüber Olga, die wiederholt zu ihm zurück will, wie auch gegenüber Clara Katharina Pollaczek, seiner neuen Gefährtin, die zurückgewonnene Unabhängigkeit aufzugeben. Der Briefwechsel mit der wesentlich jüngeren Verehrerin Hedy Kempny (Heinz P. Adamek, Hedy Kempny-Arthur Schnitzler, Das Mädchen mit den dreizehn Seelen, Reinbek 1984) und das testamentarische Vermächtnis an Suzanne Clauser, die seine Werke ins Französische übersetzte und alle daraus resultierenden Einkünfte und Rechte geerbt hat, deuten an, daß Schnitzler im Alter enge freundschaftliche Beziehungen zu verschiedenen Frauen pflegte.

Glücklos endete nicht nur seine eigene Ehe, sondern auch die seiner Tochter Lili, die, erst 17jährig, 1927 einen zwanzig Jahre älteren, sich zum Faschismus bekennenden italienischen Offizier heiratete und mit ihm nach Venedig zog. Bereits ein Jahr später beging Lili Selbstmord. Schnitzler führte die als Ursache für diese Tat erkannte Schwermut, die er auch bei sich selbst und einigen Mitgliedern seiner Familie feststellte, auf Erbanlagen zurück. Daß auch zeit- und generationsspezifische Gründe eine Rolle gespielt haben mögen, zeigt die fatale Parallele zu Hofmannsthal, der ein Jahr nach Lilis Selbstmord seinen ältesten Sohn Franz auf dieselbe Weise verlor. Sogar zu Freud, der 1920 seine Tochter Sophie bei einer Grippeepidemie verloren hatte, stellt sich vermittelt über das tragische Ereignis, eine Gemeinsamkeit her:

»Neulich im Traum: daß ich [. . .] bei Freud bin, – um mir (ungefähr) den Schmerz um Lili wegnehmen zu lassen, und Freud mir sagt, auch er habe eine Tochter verloren (wie wirklich der Fall)« (Tgb 14. 10. 1928).

Drei Jahre vor seinem eigenen Tod befindet sich Schnitzlers Familie in desolatem Zustand. Er stirbt allein in seinem Haus am 21. Oktober 1931, nach jahrzehntelangem, immer stärker werdenden Ohrenleiden, das mit fortschreitendem Taubwerden seine physische und psychische Isolation vorantrieb, an einem Gehirnschlag. Abgesehen von zahlreichen Reisen hat er Wien nicht verlassen.

Bei der umfangreichen Literatur zu Schnitzlers Biographie handelt es sich nicht immer um Forschungsbeiträge im engeren Sinn. Die 1962 erschienenen Memoiren von Schnitzlers geschiedener Frau Olga, gehen besonders auf die Freundschaften mit Hofmannsthal, Beer-Hofmann, Bahr und Theodor Herzl ein. Renate Wagner bündelt in ihrer 1981 erschienenen Schnitzler-Biographie eine große Menge an Fakten über Privatleben, Freundeskreis, Produktion und Rezeption des Werkes zu einer Gesamtüberschau, die ein breiteres Publikum ansprechen soll.

Literatur

Gesamtdarstellungen: Lederer, Herbert (1966): A. S. s Autobiographie: Spiegel des Ichs und Spiegel der Welt. In: JIASRA 5, 4, S. 4–10. *Urbach*, Reinhard (1968): A. S. Velber. 2. Aufl. 1972. Englische Fassung von Donald G. Daviau. New York 1973. *Scheible*, Hartmut (1976): A. S. in Selbstzeugnissen und Bilddokumenten. Reinbek. *Wagner*, Renate (1981): A. S. Eine Biographie. Wien u. a. *Scheible*, Hartmut (1981): Diskretion und Verdrängung. Zu. S. s Autobiographie. In: Scheible (1981) S. 207–215. Erstdruck 1970. *Urbach*, Reinhard u. a. (1981): A. S. Sein Leben. Sein Werk. Seine Zeit. Frankfurt. Fischer Taschenbuch (1981) A. S. Sein Leben. Seine Zeit. Frankfurt. *Lindken*, Hans Ulrich (1984): (Hg.) A. S. Aspekte und Akzente zu Leben und Werk. Frankfurt. *Schwarz*, Egon (1985): A. S.und das Judentum. In: Gunter E. Grimm u. a. (Hg.) Im Zeichen Hiobs. Königstein, S. 67–83.

Schnitzler und Freud: Alexander, Theodor W. (1965): The Author's Debt to the Physician: Aphonia in the Works of A. S. In: JIASRA 4, 4, S. 4–16. *Beharriell*, Frederick J. (1967): S.: Freuds Doppelgänger. In: LuK 19, S. 546–555. Englische Originalfassung (1962) in: American Journal of the American Psychoanalytical Association 10, 9, S. 722–730. *Hausner*, Harry H. (1970): Die Beziehungen zwischen A. S. und Sigmund Freud. In: MAL 3, 2, S. 48–61. *Urban*, Bernd (1974): A. S. und Sigmund Freud: Aus den Anfängen des »Doppelgängers«. In: GRM 24, S. 193–223. Englische Fassung in Psychoanalytic Review 65, 1. *Nehring*, Wolfgang (1977): S., Freud's Alter Ego? In: MAL 10, 3–4, S. 179–194. *Rella*, Franco (1981): Freud und Schnitzler. Der Spiegel der Analyse. In: Scheible (1981) S. 199–205. *Worbs*, Michael (1983): Nervenkunst. Literatur und Psychoanalyse im Wien der Jahrhundertwende. Frankfurt.

Die Jung Wiener: Schnitzler, Olga (1962): Spiegelbild einer Freundschaft. Salzburg. *Daviau,* Donald G. (1966): The Friendship of Hermann Bahr und A. S. In: JIASRA 5, 1, S. 4–36. *Sherman,* Murray H. (1978): Prefatory Notes: A. S. and Karl Kraus. In: Psychoanalysis in Old Vienna: Freud, Reik, Schnitzler, Kraus. Psychoanalytic Review 65, 1, S. 5–13. *Wagner,* Renate (1981): »Und dieser Kern ist Niedrigkeit«. Dokumentarisches zur Beziehung A. S./Karl Kraus, unter besonderer Berücksichtigung der »Fackel«. In: Maske und Kothurn 27, S. 322–334. *Berlin,* Jeffrey B. (1982): Die Beziehungen zwischen Ibsen und S. In: TuK 10, 2, S. 383–398. *Elstun,* Esther N. (1986): Einsamkeit und Isolation in den Werken A. S.s und Richard Beer-Hofmanns. In: MAL 19, 3–4, S. 179–196.

Frauen: Rey, William H. (1966): »A. S. und Ich«: Das Vermächtnis der Clara Katharina Pollaczek. In: GR 41, 2, S. 120–135. *Alexander,* Theodor W. (1974): Olga Waissnix: The Model for the Character of the Married Woman in the Early Works of A. S. In: MAL 7, 2–3, S. 99–107. *Rey,* William H. (1977): Werden, was ich werden sollte. A. S. s Jugend als Prozeß der Selbstverwirklichung. In: MAL 10, 3–4, S. 129–142. *Wagner,* Renate (1977): Die Schwägerin, Elisabeth Steinrück, geb. Gussmann, Olga Schnitzlers Schwester. In: MAL 10, 3–4, S. 168–178. *Dies.* (1980): Frauen um A. S. Wien.

3. Die Lyrik

Schnitzlers Lyrik, darüber sind sich die wenigen Forscher, die sich mit ihr beschäftigt haben, einig, nimmt keine zentrale Stellung in seinem Oeuvre ein. Das sarkastische »Liebeslied einer Ballerine« über die käufliche Liebe in der Welt der Bühne eröffnet 1880 die Reihe seiner literarischen Veröffentlichungen. Indes bleiben Publikationen von Gedichten auf die 80er und frühen 90er Jahre beschränkt. Da der Vater den angehenden Arzt um Diskretion gebeten hatte, erscheinen lyrische Produkte wie der Zyklus »Lieder eines Nervösen« (1889) meist unter dem Pseudonym »Anatol«.

Wie später in den Einaktern geht es auch in den frühen Gedichten um die Zerstörung des konventionellen Liebesideals. Liebesschwüren und selbst nonverbalen Zärtlichkeiten wird kein Glaube mehr geschenkt. An Stelle eines tiefen, dauerhaften Gefühls treten das Rollenspiel und die Einbildung, glücklich zu sein:

Wir haben uns zwar Seelen vorgespielt,
Sind aber immer Leiber nur gewesen
....
Wenn uns des Lagers warmer Duft umquoll,
Die Glut gestillt war, ruhig unser Sehnen,
Dann waren wir gerührt und seelenvoll
Und mochten uns vielleicht selbst glücklich wähnen, (S. 57 f.)

Die Liebe sinkt herab zum gleichsam physikalisch meßbaren Empfinden, stimuliert durch die Atmosphäre des Cabinet Particulier oder des von damastenen Vorhängen verhängten Zimmers der Geliebten. Zufall führt diese Liebenden zusammen, nicht innere Notwendigkeit. Die Erkenntnis, weder der erste noch der letzte beim »wollüstigen Zeitvertreib« (S. 32) mit seinem Mädchen zu sein, vergiftet den Blick in die Vergangenheit und in die Zukunft gleichermaßen. Quälende Eifersucht verbunden mit dem Bewußtsein vom vorbestimmten Ende der Beziehung machen selbst in der erotischen Ekstase Vergessen unmöglich. Wenn einige Gedichte mit dem Namen von Frauen betitel sind, so geht es doch nicht um die Vergegenwärtigung des individuellen Erlebnisses, sondern um das Erfassen des beständig wiederkehrenden Typischen.

Das in diesen Gedichten eingefangene Menschbild hebt vor allem die »Risse« im »Selbst« (S. 19) des reflektierenden, sich analysierenden Bourgeois hervor. Dieses Bewußtsein trennt ihn vom naiven »süßen Mädel«, aber auch vom »geliebten Pöbel«, den er in der Vorstadt aufsucht, um für kurze Zeit »In eins mit der Alltäglichkeit zu fließen« (S. 64). Ein auf die materiellen Unterschiede rekurrierendes soziales Bewußtsein kommt nicht zur Sprache. Die Charakterisierung des vom Leben Abgeschnittenen, der um das verträumte Glück trauert, weist voraus auf Hofmannsthals Claudio. Im Gegensatz zu bedeutenden Lyrikern wie Hofmannsthal bedient sich Schnitzler allerdings durchweg traditioneller Formen. Sprache und Verse – es handelt sich fast ausschließlich um Vierzeiler mit Endreim – werden nicht innovativ eingesetzt. Sie dienen dazu, Gedankliches auszudrücken. Sie sind damit nicht mehr als ein Mittel zum Zweck. Vergeblich sucht man bei Schnitzler die sich im Gedicht entfaltende, bewußtseinserweiternde Magie der Bildersprache, die bei der symbolistischen Lyrik der Zeit im Mittelpunkt steht.

Zwar wandte sich der junge Gelegenheitsdichter seit den 90er Jahren praktisch völlig dem Drama und Prosatext zu, doch dichtet er auch später noch gelegentlich Verse. Allerdings gehören auch seine Versdramen, angefangen von »Alkandis Lied« über »Der Schleier der Beatrice« bis hin zu »Der Gang zum Weiher« heute eher zu seinen vergessenen Werken. Seine Bemühungen um die klassische Versform im Drama wurde selbst von dem Schnitzler sonst wohlgesonnenen Alfred Kerr mit wenig Sympathie quittiert. Anläßlich der Aufführung des Versdramas »Der Schleier der Beatrice« schreibt der Kritiker 1901: »die Verse nur etlichemal reizvoll [...] Sehr viel Ballast« (Gesammelte Schriften in zwei Reihen, 1/1: Das neue Drama, Berlin 1917, S. 134).

Etwa seit 1910 hat Schnitzler in Verbindung mit aphoristischen Betrachtungen eine Reihe von Sprüchen in Versen verfaßt. Teile davon wurden in der Sammlung »Buch der Sprüche und Bedenken« 1927 veröffentlicht. Weltanschauliches und Philosophisches steht nun im Vordergrund. In einigen spöttischen Versen, die im Ton an Goethes Spruchlyrik erinnern, holt Schnitzler zum Gegenschlag gegen die ungeliebten Rezensenten aus:

Und klagt Ihr wieder Eure krit'sche Not,
Ich wüßt nur von Lieb und Spiel und Tod
Das wohlvertraute Lied Euch vorzusingen –
So seid getrost: In diesen ew'gen drei'n
Ist alle Wahrheit und ihr Spiegelschein
Und Sinn und Seel von allen Erdendingen (AuB 17).

Abgesehen von wenigen, in späteren Jahren gelegentlich entstandenen Sprüchen blieb die lyrische Produktion eine »Jugendsünde«.

Literatur

Schinnerer, Otto P. (1929): The early works of A. S. In: GR 4, 2, S. 153–197. *Lederer*, Herbert (1967): A. S. als Lyriker. In: Festschrift für Werner Neuse. Hg. Herbert Lederer und Joachim Seyppel. Berlin. S. 94–103. *Lederer*, Herbert (1969): Vorwort zu A. S. Frühe Gedichte. Frankfurt. S. 7–12.

4. Das dramatische Werk

Entscheidend für Schnitzlers literarischen Werdegang war seine anfängliche Konzentration auf das Theater. Wenn er von Anfang an vom Burgtheater als Stätte seines literarischen Erfolgs träumte, so weil er wußte, daß dieses Haus ihm die Möglichkeit bot, auf einen Schlag ein größeres Publikum anzusprechen und sich mit einer erfolgreichen Premiere über Nacht einen Namen zu machen. Auch finanziell war das Theater interessanter als Veröffentlichungen in Zeitschriften.

Der Zugang zum Burgtheater gelang dem jungen und noch unbekannten Autor dank des Interesses von Max Burckhard, der 1890 bis 1898 Theaterdirektor am Burgtheater war und sich für die modernen Autoren einsetzte, recht bald. Nach zwei Mißerfolgen – die Aufführung des »Anatol«-Einakters »Das Abenteuer seines Lebens« am Theater in der Josefstadt im Mai 1891 war eine »Eintagsfliege«; bei der Uraufführung des Mehrakters »Märchen« im Dezember 1893 am Deutschen Volkstheater fiel der dritte Akt durch, weshalb das Stück nach der zweiten Vorstellung abgesetzt wurde – gelang mit der Uraufführung der »Liebelei« am 9. Oktober 1895 der Durchbruch an Wiens erster Bühne. Von entscheidender Bedeutung für den durchschlagenden Erfolg des Stückes war zweifellos die Tatsache, daß die weibliche Hauptrolle, wie bereits bei »Märchen«, mit der als Star gefeierten Adele Sandrock besetzt war, die kurz vor der Premiere an das Burgtheater engagiert worden war und mit dem jungen Autor eine öffentlich bekannte Liaison hatte. »Liebelei« blieb in wechselnden Besetzungen über Jahre hinweg auf dem Spielplan.

Als 1898 Paul Schlenther die Nachfolge Burckhards antrat, zeigte er sich anläßlich der anstehenden Uraufführung des sozialkritischen Schauspiels »Vermächtnis« zunächst zögernd, worauf diese in Berlin von Otto Brahms Deutschem Theater übernommen wurde. Nach der Uraufführung der Einakter »Paracelsus«, »Die Gefährtin« und »Der grüne Kakadu« 1899, deren männliche Hauptrollen Schnitzler dem berühmten Schauspieler Josef Kainz auf den Leib geschrieben hatte, bekam er die

Opposition der »höfischen Clique« gegen sein Revolutions-
drama »Der grüne Kakadu« zu spüren. Auf inoffiziellem Wege
wurden nach acht Vorstellungen weitere Aufführungen verboten. Als Schlenther, der sich zunächst um die Aufführungs-
rechte bemüht hatte, auch noch die Uraufführung des Renais-
sancedramas »Der Schleier der Beatrice« ablehnte, organisierte
Schnitzler einen von mehreren Kollegen unterzeichneten öffentlichen Protest gegen Willkürakte der Theaterdirektion.
Dennoch blieb ihm schließlich nichts anderes übrig, als das
Stück an entlegenem Ort, in Breslau, debütieren zu lassen. Erst
1905 kam es unter Schlenther mit »Zwischenspiel« erneut zu einer Uraufführung am Burgtheater mit Kainz in der Hauptrolle.
Unter der Direktion von Baron Alfred von Berger (1910–1912)
und seinen Nachfolgern entkrampfte sich das Verhältnis zu
Wiens wichtigstem Theater.
Anatol, der allzu oft als Boulevardtheater mißverstandene
Zyklus, der Schnitzler bei den Zeitgenossen den Ruf eines Autors der »Strizzis und Dirnen« (zit. nach Oskar Seidlin, Briefwechsel Schnitzler-Brahm, 1953, S. 20) einbrachte und bis
heute mit seinem Namen assoziiert wird, war in Wien und
Deutschland zunächst nur in Teilen zu sehen. Die U
rauffüh-
rung als Zyklus fand 1910 am Wiener Deutschen Volkstheater
und zugleich am Berliner Lessingtheater statt.
Während Schnitzler zu den wechselnden Direktoren des
Burgtheaters ein weniger gutes Verhältnis hatte, als zu den großen Mimen dieses Theaters, war in Berlin die Zusammenarbeit
mit Otto Brahm, dem Begründer der Freien Bühne, der seit
1894 Leiter des Deutschen Theaters und von 1904 bis zu seinem
Tod 1912 des Lessing-Theaters war, für Schnitzler von größter
Bedeutung. Brahm hatte den Naturalismus auf deutschen Bühnen durchgesetzt. Als Theaterleiter war er auch entscheidend an
der künstlerischen Konzeption seiner Aufführungen beteiligt.
Mit einer ganzen Reihe von Uraufführungen, darunter die in
Wien zunächst abgelehnten Stücke »Freiwild« (1896) und »Vermächtnis« (1899) sowie das gemeinsam mit sieben weiteren
deutschsprachigen Bühnen aufgeführte Stück »Das weite Land«
(1911), verhalf Brahm Schnitzler in Berlin zum Durchbruch.
Bis auf die anti-illusionistischen Einakter »Der tapfere Kas-
sian« und »Zum großen Wurstel« sowie dem von der Wiener
Zensur verbotenen »Professor Bernhardi« inszenierte Brahm
alle Stücke des Wieners für das Berliner Publikum. Brahm starb
1912 während in Victor Barnowskis Kleinem Theater in Berlin
die Uraufführung von »Professor Bernhardi« stattfand. Auch

zu dem neuen großen Mann des deutschen Theaters, Max Reinhardt, suchte Schnitzler Kontakt, besonders seit er selbst sich
vom Naturalismus entfernt hatte. Es kam trotz wechselseitigen
Interesses und verschiedener Pläne allerdings nie zu einer Insze-
nierung unter Reinhardts Regie.

Den größten Skandal in Schnitzlers literarischem Leben verursachte die Aufführung eines Werkes, das ursprünglich gar
nicht für eine Bühne konzipiert worden war. Die 1896/97 entstandenen zehn Dialoge »Reigen« hatte Schnitzler 1900 zunächst nur in einem Privatdruck von 200 Stück an seine Freunde
verschenkt. Bereits 1903 wurden als Ausgabe des Wiener Verla-
ges für den Buchhandel 40 000 Stück gedruckt. Samuel Fischer
hatte sich bis 1931 aus rechtlichen Bedenken geweigert, das
Werk zu drucken. Als mit dem Ende des Kaiserreiches auch die
in Österreich seit 1850 geltenden Zensurverordnungen abge-
schafft wurden, dachte man sofort an eine Aufführung der als
»pornographisch« verdächtigten Szenen. Die Erstaufführung
am 2. Dezember 1920 an Reinhardts Berliner Kleinem Schau-
spielhaus unter der Regie von Hubert Reusch führte nach den
von Schnitzler erwarteten Protestdemonstrationen dazu, daß
die Schauspieler Maximilian Sladek und Gertrude Eysoldt wegen Unzucht und Erregung öffentlichen Ärgernisses im No-
vember 1921 vor Gericht gestellt wurden. Der Prozeß endete
nach fünftägigen Verhandlungen mit Freispruch. Nachdem es
allerdings auch in anderen Städten, insbesondere in Wien und
München, anläßlich der Aufführung des Stückes zu organisier-
ten Kravallen deutsch-nationaler, katholischer und antisemitischer Kreise kam, verbot Schnitzler bis zum Tode seiner Erben
jede weitere Aufführung. Erst 1982, nach dem Tod seines Sohnes Heinrich, konnten die skandalumwitterten Dialoge an
deutschsprachigen und ausländischen Bühnen wieder neu in
Szene gesetzt werden.

Aus der öffentlichen Aufmerksamkeit, die dem dramatischen
Werk, sei es durch Publikumserfolge oder Krawalle, durch Intrigen im Theaterbetrieb oder Zensurverbote zuteil wurde, erklärt sich, warum der Dramatiker Schnitzler zu seinen Lebzeiten weit mehr bekannt wurde als der Erzähler. Mit mehr als
zweihundert Aufführungen war er bis 1914 am Burgtheater der
meistgespielte Autor (Viktor Žmegač, Geschichte der deutschen Literatur, Bd. II/2, 1980, S. 264). Unter den modernen
Autoren rangierte er in den Jahren seines größten Erfolgs noch
vor Gerhart Hauptmann (Urbach, 1968, S. 114). So erhielt er
seine Auszeichnungen – 1899 und 1903 den Bauernfeldpreis,

1908 den Grillparzerpreis, 1914 den Raimundpreis, 1920 den Volkstheaterpreis und 1926 den Burgtheaterring – hauptsächlich für dramatische Produktionen. Internationale Auszeichnungen wie der Nobelpreis blieben allerdings unerreichbar. Ungeachtet dessen galt Schnitzler im letzten Drittel seines Lebens vielen als »der« österreichische Schriftsteller. 1923 wurde er zum ersten Präsidenten des neugegründeten österreichischen Pen-Clubs gewählt.

Als es nach 1918 auf den Bühnen still um ihn wurde, bemühte sich der begeisterte Kinogänger Schnitzler um einen Neuanfang in dem neuen populären Medium Film. Allein die Dramen »Reigen« und »Liebelei« wurden bis zum heutigen Tage insgesamt viermal für den Film bearbeitet (Koch, 1981; Attoni, 1985, S. 139), wobei die Verfilmungen von Max Ophüls (1933, 1950) am einflußreichsten waren. Noch zu Lebzeiten kamen »Anatol« (1921), »Der junge Medardus« (1923) und die Monolognovelle »Fräulein Else« (1928) als Stummfilme heraus, die Novelle »Spiel im Morgengrauen« wurde 1931 in den USA als erster Tonfilm unter dem Titel »Daybreak« nach Schnitzlers Vorlage verfilmt (zu den Bearbeitungen für das Fernsehen vgl. Gutt, 1978, S. 197 f.).

Literatur

Entstehungsgeschichte: Liptzin, Sol (1932): A. S. New York.
Gesamtdarstellungen: Torberg, Friedrich (1966): S. In: Das fünfte Rad am Thespiskarren. Wien, S. 218–231. *Doppler*, Alfred (1968): Dramatische Formen bei A. S. Beiträge zur Dramatik des 20. Jahrhunderts. Hg. Institut für Österreichkunde. Wien. S. 17–30. *Politzer*, Heinz (1968): Diagnose und Dichtung. Zum Werk A. S. s. In: Das Schweigen der Sirenen. Stuttgart, S. 110–141. *Kesting*, Marianne (1970): Die Dramatik A. S. s. In: Entdeckung und Destruktion. Zur Strukturwandlung der Künste. München. S. 123–141. *Urbach*, Reinhard (1968): A. S. Dramatiker des Welttheaters. Velber, 2. Aufl. 1972. *Rieder*, Heinz (1973): A. S. Das dramatische Werk. Wien. *Offermanns*, Ernst L. (1980): A. S. s Dramatik. In: Walter Hinck (Hg.): Handbuch des deutschen Dramas. Düsseldorf. S. 327–342. *Hensel*, Georg (1981): A. S. s Dramen: Von Gestern für Heute. In: Scheible (1981) S. 291–308.
Aufführungen: Wagner, Renate und Brigitte *Vacha* (1971): Wiener Schnitzler-Aufführungen. München.
Verfilmungen: Fritz, Walter (1966): A. S. und der Film. In: JIASRA 5, 4, S. 11–52. *Koch*, Gertrud (1981): Positivierung der Gefühle. Zu den

S.-Verfilmungen von Max Ophüls. In: Scheible (1981) S. 309–329.
Attoni, Vito (1985): A. S. im Filmschaffen von Max Ophüls. In: Akten,
S. 137–152.

4.1. Einakter und Einakterzyklen

Den Auftakt in Schnitzlers dramatischem Schaffen bildet eine
Gattung, in der sich exemplarisch jener Stilwandel abzeichnet,
der seit den 80er Jahren des 19. Jahrhunderts die Entwicklung
des Dramas bestimmt. (Peter Szondi, Theorie des modernen
Dramas [1880–1950], Frankfurt 1959). Mit der Wahl des Einakters leistet Schnitzler einen Beitrag zur Zersetzung und
Zertrümmerung überkommener Dramenformen, um so den
Weg zu neuen Formen des epischen und absurden Theaters
zu bahnen. Die von August Strindberg proklamierte Absage
an das abendfüllende Stück bedeutete nicht bloß das Ende des
von der Intrige bestimmten pièce bien faite, kennzeichnend ist
vielmehr das Zurücktreten des dramatischen Geschehens überhaupt zugunsten der Darstellung seelischer Entwicklungen,
Bewußtseinslagen und Zustandsbeschreibungen sozialer Verhältnisse, wie sie bisher der epischen Form vorbehalten waren.

Aller Nebenhandlungen entkleidet und in der Personenzahl
reduziert, konzentriert sich die neue selbständige Kurzform
bei Schnitzler auf die Situation statt auf die Handlung. Ein in
der Vergangenheit angelegter Konflikt wird anläßlich einer fina-
len Grenzsituation, die sich besonders häufig infolge des bevorstehenden oder vorausgegangenen Todes einer Person einstellt,
auf den Prüfstand gesetzt (Selling, 1975, S. 34 f.). Der Einfluß von Henrik Ibsens analytischem Drama ist unübberseh-
bar. Eine genauere Betrachtung freilich zeigt, daß sich die Konflikte bei Schnitzler einer endgültigen Klärung entziehen. An
die Stelle der reinigenden Lösung durch die Katastrophe tritt
bei ihm die Statik einer Gesellschaft, in der Innovation durch
eine Überwindung des Zustands der Täuschung nicht möglich
scheint.

In seiner Untersuchung von Schnitzlers Einaktern arbeitet
Hans-Peter Bayerdörfer (1972) eine Entwicklung von der Infragestellung der traditionellen Konversationskomödie durch die
Verselbständigung des Dialogs hin zu immer radikaleren Formen der Auflösung der kausal-personalen Handlungsführung
heraus. Angesichts der Krise der Illusionsdramatik alten Stils

steuert Schnitzlers Weg zurück zu vorklassischen Formen wie der barocken Idee des Welttheaters. Mit anti-illusionistischen Mitteln wie dem Spiel im Spiel und der parodistischen Verfremdung herkömmlicher Formen des Unterhaltungstheaters lanciert er seinen Angriff auf die Erwartungshaltung seines Publikums. Wenn dabei auch die eigenen Stücke parodiert werden, zeigt sich, daß Schnitzler seine Herkunft aus der Tradition der Konversationskomödie zusehends problematisch wird. Dieser Bewußtwerdungsprozeß erklärt, warum er etwa »Anatols Hochzeitsmorgen«, jenen ersten der veröffentlichten Einakter aus dem späteren »Anatol-Zyklus«, der noch am deutlichsten die Merkmale des französischen »pièce bien faite« trägt, rückblickend ablehnte.

Wie Schnitzler Formen des illusionistischen Theaters mit Hilfe der illusionsstörenden Wiederholung zum desillusionistischen Theater weiterentwickelte, wird besonders anhand der Zyklenbildung deutlich (Melchinger, 1968, S. 108). Dabei entsprang weder die Vorliebe für den Einakter noch die für den Einakterzyklus einem ausgeprägten programmatischen Bewußtsein. Neben dem thematisch und formal eng verknüpften Zyklus »Anatol« und den zehn zu einer Einheit verbundenen Dialogen des »Reigen«, stehen Gruppen, die sich dank ihres lockeren Verbandes ohne Schwierigkeiten zu verschiedenen Einakterabenden kombinieren lassen. Dabei läßt sich bei der Mehrzahl der Zyklen, angefangen mit »Lebendige Stunden«, der verschiedene Facetten des Verhältnisses von Kunst und Leben zeigt, von einem inneren Zusammenhang und der bewußten Steigerung in der Anordnung sprechen. Gegenüber Otto Brahm erläutert Schnitzler seine formale Konzeption des Zyklus: »Statt festaneinandergefügte Ringe einer Kette stellen meine einzelnen Akte mehr oder minder echte an einer Schnur aufgereihte Steine vor – nicht durch verhakende Notwendigkeit aneinandergereiht« (Br I an Brahm 01. 10. 1905). Schnitzler sucht seine Vorliebe für die Form des Einakters und dessen epische Tendenz aus einer als Mangel empfundenen »undramatischen Weltanschauung« heraus zu erklären (Br I an Brahm 16. 03. 1908). Auf diesem Hintergrund läßt sich sein Bedauern darüber verstehen, daß er nie einen vergleichbaren Erfolg in den traditionellen Formen des Dramas aufweisen konnte. Bis in seine späte dramatische Produktion hinein stehen die experimentell ausgerichteten Einakter neben Versuchen, die Konversationskomödie im Mehrakter von innen heraus zu erneuern. Eine Sonderstellung nehmen die vereinzel-

ten Dialogszenen sowie der alleinstehende Einakter »Komtesse
Mizzi oder Der Familientag« ein. Was die in Zeitschriften
wie »Simplicissimus« und »Jugend« publizierten Dialogszenen angeht, so waren diese wohl nicht zur Aufführung, sondern eher als Lesedramen konzipiert. Besondere Anforderun-
gen an die Spielplangestaltung stellt dagegen der Einakter
»Komtesse Mizzi«, der gelegentlich mit so ungleichen Partnern
wie Karl Schönherrs Volkstück »Erde« zu einem Abend kombi-
niert wurde.

Der Anatol-Zyklus

Nicht als Einheit konzipiert, vielmehr im Laufe der Jahre 1889
bis 1893 zusammengewachsen ist »Anatol«, Schnitzlers erster
Einakterzyklus. Hofmannsthal hat dem Werk 1892 unter dem
Pseudonym Loris einige vielzitierte Verse und das Motto »Bö-
ser Dinge hübsche Formel« (I/29) vorangestellt. Ungeachtet der
besonderen Entstehungssituation weisen die acht Szenen ein
großes Maß an thematischer und formaler Homogenität auf.
Jede Szene entwirft, sieht man einmal von der verworfenen
Schlußszene »Anatols Größenwahn« ab, ein Bild von Anatols
Beziehung zu einer neuen Partnerin. In den Gesprächen mit
Max, seinem rationalistisch und liberal argumentierenden
»Stichwortgeber« (I/106), enthüllt Anatol die immergleichen
Illusionen, Projektionen und Ressentiments. Daß jedesmal der
Anfang vom Ende durchgespielt wird, erweist sich spätestens
aus der Perspektive der jeweils folgenden Szene. Durch das
Wiederholungsprinzip wird die Austauschbarkeit der Frauen
und die Widersprüchlichkeit von Anatols Anspruch auf Treue
und Einmaligkeit entlarvt. Jede Szene fügt dem Gesamtbild von
Anatols Existenz eine neue Facette hinzu. »Frage an das Schicksal« zeigt ihn als einen auf der Stelle tretenden Illusionisten, die
folgende Szene dagegen entwirft ein Bild des Sozialgefüges, auf
dessen Hintergrund der Held agiert, die Existenzform des kernlosen Impressionisten entwickelt die zentrale »Episode«, während »Abschiedssouper« Anatols Kampf mit dem anderen Geschlecht besonders deutlich herausarbeitet. »Denksteine« und
»Agonie« dagegen präsentieren den Helden als melancholischen
»Hypochonder der Liebe« (I/82) und Liebhaber des Verfalls.
Die beiden alternativen Schlußszenen »Anatols Hochzeitsmorgen« bzw. »Anatols Größenwahn« schließlich setzen dem al-
terslosen, unabhängigen Lebemanndasein durch Eheschlie-

ßung bzw. Anatols Wandel vom aktiven Erotiker zum Grübler nur vorläufig und äußerlich betrachtet ein Ende, bestätigen sie doch zugleich die Unwandelbarkeit seiner inneren Verfassung. Illusion, Desillusionierung und Rückfall in die Illusion ist das wiederkehrende Schema aller Szenen. Das Jagen von Höhepunkt zu Höhepunkt läßt keine Weiterentwicklung zu. In jeder Klimax ruht vielmehr bereits der Keim des Verfalls, der den Helden zurück zum Ausgangspunkt führt. So tritt an die Stelle der dramatischen Steigerung von Szene zu Szene die Kreisbewegung.

Schnitzlers Äußerungen belegen, daß es sich bei dem Protagonisten Anatol nicht nur um die deutsche Fassung französischer Vorbilder handelt, sondern daß er diese Figur dazu verwendete, mit einer Phase seiner eigenen Biographie abzurechnen (JiW 258; Lederer, 1962). Eine eindimensionale Identifikation verbietet sich allerdings schon angesichts der Charakterisierung Anatols als berufslosem Flaneur. Ein Selbstporträt, wie der von beruflichen Pflichten und einer anspruchsvollen Geliebten strapazierte »Er« des Dialogs »Halbzwei«, ist Anatol nicht. Während in einer anderen frühen Dialogszene mit dem Titel »Die überspannte Person« die physischen Folgen der außerehelichen Beziehung spürbar werden, als die verheiratete Frau von ihrem noch unreifen Liebhaber ein Kind erwartet, bleiben Anatols Probleme allein solche des Bewußtseins. Er führt ein finanziell unabhängiges Rentierdasein zwischen Großbürgertum und Bohème. Mit einem Vorstadtmädchen, das sich seinen Lebensunterhalt als Stickerin verdient, frönt er den einfachen Freuden, eine Dame vom Ballett dagegen führt er als Mann von Welt zum Champagner-Souper ins Cabinet Particulier. Haben die Partnerinnen aus der Vorstadt und aus dem Künstlermilieu wegen ihrer erotischen Abenteuer keinen weiteren sozialen Abstieg zu befürchten, so widersteht als einzige die Dame von Welt Anatols Liebeswerben, um nicht ihre soziale Existenz aufs Spiel zu setzen.

Anatol ist ein Held der Äußerlichkeiten. Er kultiviert in seiner privaten Umgebung eine Mischung aus großbürgerlichem Lebensstil und Bohème-Ambiente. Persische Teppiche, schwüle Luft, der Duft von Zigaretten und parfümierten Tapeten, eine Ampel mit rotgrünem Glas, die das Halbdunkel des verhängten Zimmers mit gebrochenem Licht erfüllt, während der Hausherr auf dem Flügel phantasiert und die Geliebte mit gelöstem Haar zu seinen Füßen lagert, all das zusammen erzeugt jene Stimmung, die seine erotischen Abenteuer umgibt. Sie, nicht die erotische Ausstrahlung seiner Geliebten, ist sein »Lebenselixier«

(I/59). Anatol schafft sich seine Welt nicht nur selber, er miß-
braucht seine Mitmenschen zudem als Publikum, vor dem er
sich inszeniert. Für die Individualität seiner Partnerinnen interessiert er sich ebensowenig wie für alle außerhalb seiner Subjektivität liegende Realität überhaupt. Als Verbraucher von immer
neuen Frauen dienen sie ihm als Bestätigungen einer Typenlehre, die vom »süßen Mädel« bis zur »Mondänen« reicht und
in die er sich als »leichtsinniger Melancholiker« (I/46) einord-
net. Einer echten Kommunikation entzieht er sich, indem er
Wunschbilder in seine Partnerinnen hineinempfindet. Seine Bewußtheit entfernt ihn vom unmittelbaren, aktiven Erleben, so
daß ihm die Gegenwart entgleitet. Außerstande, selbst Liebe zu
geben, lebt er vom Widerschein der Gefühle, die er in seinem
Gegenüber vermutet. Seiner selbst vergewissern vermag er sich
bloß, indem er sich in der Partnerin wiederfindet.

Wo es nicht gelingt, Menschen zu »Episoden« in seinem Leben zu degradieren, verwickelt er seine Partnerin in einen
Schlagabtausch, dessen Ziel die Versicherung der eigenen
männlichen Überlegenheit ist. In »Abschiedssouper« machen
sich zwei gegenseitig eine Rechnung auf, nicht, um »quitt« zu
sein, sondern um den anderen zu übervorteilen. Verursacht
wird die sich äußernde Feindschaft durch die Fremdheit zwischen den Geschlechtern und die Geringschätzung der Frau, die
in Gesprächen von Mann zu Mann zum Ausdruck kommen:
»Das Weib ist ein Rätsel; – so sagt man! Was für ein Rätsel wären wir erst für das Weib, wenn es vernünftig genug wäre, über
uns nachzudenken« (I/85). In »Frage an das Schicksal«, einem
Einakter, der gleichzeitig mit Schnitzlers medizinischem Aufsatz über die Hypnose erschien, stellt sich Anatol bewaffnet mit
wissenschaftlichem Instrumentarium der Herausforderung, die
»diese dummen, süßen, hassenswerten Geschöpfe« (I/33) für
ihn bedeuten. Um die Geliebte der Untreue zu überführen, ex-
aminiert er sie in der Hypnose, doch die Angst vor der Wahrheit
veranlaßt ihn schließlich, eine einmalige Gelegenheit verstrei-
chen zu lassen.

Besondere Sensibilität zeigt Anatol für die Uneigentlichkeit
sprachlicher Konventionen. »Herzlich und wahr« (I/48) spricht
nach seiner Einschätzung einzig das »süße Mädel«, weil es keine
großen Worte bemüht. In Anatols Welt dagegen gehören Phrasen und Schwüre genauso wie die Doppelmoral selbst, nur daß
er sich der Lügenhaftigkeit bewußt ist und mit ihr spielt: »Ich
habe es Annie aufrichtig gesagt, gleich – gleich, ganz am Anfang
[. . .] wie wir uns ewige Liebe schwuren: Weißt du, liebe Annie

– wer von uns eines Tages spürt, daß es zu Ende geht – sagt es dem anderen rund heraus« (I/71). In diesem Sprachgebrauch schlägt sich die Vermutung nieder, daß die Gefühle von Anfang an »krank« (I/82) sind. Das Bewußtsein vom Ende ist immer gegenwärtig. Wahrheit ist, im Sinne der Philosophie Ernst Machs, beim ständigen Wechsel der Regungen und Sensationen nur im Augenblick möglich. Nur er ist täuschend schön.

Anatols dem Leben entgegenwirkender Ästhetizismus, der dem Künstlichen Vorrang vor dem Natürlichen gibt und die Liebe als Spiel ohne Aussicht auf dauerhafte Bindung betreibt, seine permanente Selbstreflexion, die zur Quelle von Passivität und Willensschwäche wird, ohne ein neues Bewußtsein vorzubereiten, das den Zustand des Auf-der-Stelle-Tretens überwinden könnte, schließlich seine Neigung zur kranken, sterbenden Liebe als der eigentlich Interessanten machen ihn zum Vertreter der Décadence (Rasch, 1986). Schnitzler nähert sich diesem Typus in einer Art teilnehmender Beobachtung. Zwar wird dabei noch keine unmittelbare Kritik hörbar (Offermanns, 1973), wie in späteren Werken, doch verbirgt sich hinter der zyklischen Form bereits ein Ansatz zur distanzierenden, demaskierenden Wirkung.

»Reigen«

Wird der Anatol-Zyklus von dem einen Helden zusammengehalten, so verbindet die zehn Dialoge des »Reigen« (1900) das immergleiche Geschehen: Zehn Paare finden sich zur erotischen Vereinigung zusammen. Von der Dirne und dem Soldaten (1) rankt sich dieser Liebesreigen die soziale Skala hinauf über den Soldaten und das Stubenmädchen (2), das Stubenmädchen und den jungen Herrn (3), diesen wiederum und die junge Frau (4), bis zur zentralen Szene des Ehepaares (5) und über den Gatten und das süße Mädel (6), das süße Mädel und den Dichter (7), den Dichter und die Schauspielerin (8), die Schauspielerin und den Grafen (9) wieder hinab, bis der Graf bei der Dirne der ersten Szene angelangt ist (10). Kein Glied dieser Kette ist austauschbar. Hinter der zyklischen Form verbirgt sich die komplexe Zustandsbeschreibung einer Gesellschaft, deren moralische Fundamente im Ehebett formuliert und in allen übrigen Paarungen, bis hin zu den Außenseitern und Deklassierten, destruiert werden. Nicht als Individuen, sondern als in Verhalten und Sprachgebrauch repräsentative Vertreter ihres sozialen

Standes treten diese Akteure auf. Reduziert auf dieselben Antriebe erscheinen sie auf den ersten Blick einander gleich wie der Kaiser und der Bettler vor dem Tod im Totentanz (Alewyn, 1974, S. 302). Doch der Zyklus eröffnet eine doppelte Perspektive, die neben dem Allgemeinen die signifikanten Unterschiede ins Auge faßt. So entlarven die Szenen mit ihrer strengen Gegenüberstellung von »Vorher-Nachher« auf einer zweiten Ebene ein konstantes geschlechtsspezifisches Verhalten von Mann und Frau. In zwei disharmonischen Entwicklungen, bei der die Frau von zugeknöpfter Ablehnung zur Anhänglichkeit übergeht, der Mann dagegen von schmeichlerischer Werbung zur Abwendung, wird die Vergänglichkeit, wenn nicht gar die Unmöglichkeit des gemeinsamen Glücks faßbar. Die Szenen verdeutlichen, wie selbst noch in der körperlichen Vereinigung Frauen von Männern, sozial Schwächere von ökonomisch Potenten, Erfolglose von Erfolgreichen ausgenutzt werden.

Auf einer dritten tiefenpsychologischen Ebene wird sichtbar, wie der Umgang mit der eigenen Sexualität in dem Grade verstellt wird, in dem die Folgen einer schichtenspezifischen repressiven Erziehung sichtbar werden. Wenn die Dirne, die sich dem namenlosen Soldaten ohne viele Worte an der Donauböschung hingibt, hofft, sie könne ihrem mit falschen Schmeicheleien gefangenen Kunden im nachhinein noch eine Bezahlung entlocken, sieht sie sich genauso getäuscht, wie das Stubenmädchen, das nachträglich emotionale Anteilnahme einklagt. Die auf Ödön von Horváth vorausweisende Charakterisierung des Kleinbürgertums durch ihren unbeholfenen Umgang mit der deutschen Hochsprache und den bürgerlichen Umgangsformen deutet an, daß die unverblümte Benennung triebhafter Bedürfnisse bereits auf unterster sozialer Ebene der Pose weicht:

Soldat: Pahdon! – Fräul'n Marie. Sagen wir uns du.
Stubenmädchen: Wir sein noch nicht so gute Bekannte (I/330).

Nur zwischen den beiden intimen Vereinigungen, als man einander nichts mehr vorzumachen braucht, wechseln Anrede und Sprache in das vertraute Idiom. Eine individuelle Beziehung wird freilich auch in diesem Moment nicht möglich:

Soldat: (selig) Herrgott noch einmal . . . ah . . .
Stubenmädchen: . . . Ich kann dein G'sicht gar nicht sehn.
Soldat: A was – G'sicht . . . (I/331).

Viel Unausgesprochenes, Indirektes, Herablassendes begleitet die Verführung des Stubenmädchens durch den jungen Herrn, der sich auf diese Weise die Langeweile eines Nachmittags vertreibt. Umso leichter fällt es ihm, abrupt von der Vertraulichkeit abzurücken, nachdem er sein Ziel erreicht hat. Das von Triebverdrängung hervorgerufene Unbehagen in der Kultur zeigt sich aber am deutlichsten beim Bürgertum. In der Begegnung des jungen Herrn mit der verheirateten Frau kulminiert die Entwicklung zum uneigentlichen Sprechen. Heimlichtuerei, Vorwände, sich Zieren sind ebenso wie das geschmackvoll ausgesuchte Interieur der eigens für solche Rendez-vous angemieteten Wohnung Teil jener vermittelten bürgerlichen Sinnlichkeit, deren Kehrseite der Verlust von Unmittelbarkeit und Vitalität ist. Endlich am Ziel, siegen Versagensängste über Verführungswünsche, so daß der gedemütigte Jüngling zu einer Rezitation von Stendhal Zuflucht nehmen muß, wo sich das unausgesprochene Mißgeschick literarisch verarbeitet findet.

Den materiellen und moralischen Boden, auf dem sich die »Reigen«-Dialoge entspinnen, entfaltet das Gespräch zwischen den einander gegenseitig betrügenden Eheleuten. Mit der Erziehung zur Ungleichheit, die den Mann in seiner Neugier und Abenteuerlust bestätigt, die Frau aber zum Verzicht auf Selbstverwirklichung in ihrer Sexualität verdammt, beginnt die doppelte Moral, die sich schließlich in einer gesellschaftlich sanktionierten Trennung von Liebe und Lust niederschlägt und die, wie Karl Kraus formuliert, »die Geliebte geringer wertet als die Ungeliebte« (Sittlichkeit und Kriminalität. Ausgewählte Schriften, Bd. 1, Wien, Leipzig 1908, S. 24). Durch die Szenenanordnung, die den Ehebruch der Gattin vorausschickt, wird der Ehemann, in dessen Interesse die Festschreibung der Doppelmoral stattfindet, in seiner hybriden Allwissenheit der Lächerlichkeit preisgegeben. An der Grenze zur Käuflichkeit bewegt sich das süße Mädel, das sich in der folgenden Szene im Chambre Séparée gerade dem Mann hingibt, der seiner Frau zuvor erläutert hatte, »daß solche Wesen von Natur aus bestimmt sind, immer tiefer und tiefer zu fallen« (I/350). Lediglich in der Bohème sind die bürgerlichen Moralgesetze, die alles jenseits der »Heiligkeit der Ehe« verurteilen, außer Kraft. Freilich praktiziert man auch dort die freie Liebe nicht um ihrer selbst willen, vielmehr dient sie der Befestigung eines allzu verwundbaren Selbstwertgefühls. Für den Dichter ist das süße Mädel zwar nicht moralisch minderwertig, doch setzt er die Partnerin auf seine Weise herab, wenn er sie zur Inkarnation von »Natur« sprich »heiliger Einfalt« (I/369) erklärt. Die einzige Frau des Kreises, die es ihrerseits vermag, die Männer durch beiläufige Neckerei herabzusetzen, ist die Schauspielerin. So bilden ihre beiden Szenen eine Ausnahme in dem Schema, das den Mann als Jäger und die Frau als Jagdopfer zeigt. Dennoch kehrt auch hier die Spannung zwischen der Erfolgreichen und dem Erfolglosen wieder. Es ist die soziale Dominanz der Diva, die die psychologische, erotische nach sich zieht. Im Gegensatz zu dem von unsichtbaren Verboten aufgezwungenen Spiel, das die bürgerliche Ehefrau bei ihrem Fehltritt der Hingabe vorausschicken muß, zeigt die exzentrische Künstlerin Spaß am souveränen Spiel mit Erotik und Eifersucht. Die Dialoge mit dem Grafen schließlich unterstreichen nochmals den Zusammenhang zwischen sozialem Rang und Triebverzicht. Als der sozial distinguierteste Teilnehmer des Liebesreigens treibt er die im Himmelbett nach ihm schmachtende Schauspielerin mit seiner »Vornehmheit« zur Verzweiflung (I/382). Absichtlich fehlen in der letzten Szene die vom Leser bereits erwarteten Gedankenstriche. Die erotische Begegnung liegt bereits in der Vergangenheit und weist so als Abschluß mehr zurück als voraus auf die Wiederkehr des Gleichen. Von der Dirne, die den Betrunkenen mitgenommen hatte, darüber aufgeklärt, daß er sie nicht nur auf die Augen geküßt hatte, wie er angenommen hatte, zeigt sich der Graf enttäuscht. Es ist kein Zufall, daß es zwischen den obersten und untersten Rängen der sozialen Hierarchie keine Berührungsängste gibt, daß der Aristokrat unbekümmert sowohl mit der Schauspielerin wie mit der Dirne verkehrt, während das um sein Ansehen besorgte Bürgertum auf die Aufstiegsversessenen Stubenmädchen und süßen Mädels fixiert bleibt.

Gerade das, was zahlreiche Kritiker immer wieder als Kern des »Reigen« und als Stein des Anstoßes mißverstanden haben, das Erotische nämlich, enthält Schnitzler dem Leser seiner Dialoge mit der ironischen Setzung von Gedankenstrichen genaugenommen vor. Ihm geht es nicht um die Befriedigung naiver Lüsternheit, wie dies die erotische Weltliteratur von Boccaccio über Casanova u. a. versucht, er stellt sich vielmehr in die Tradition jener modernen Autoren, die das »Verlockende [. . .] mit schweren Schatten überdeckt« zeigen (IKR 4, 47 [1890] 1938), um so psychische und soziale Unstimmigkeiten offenzulegen.

Analytische Einakter

Verglichen mit den zur Kreisstruktur verbundenen Teilen des Zyklus »Reigen« und der Episodenstruktur des Zyklus »Anatol« (Selling, 1975) stehen das Versspiel »Paracelsus« (1898), das analytische Drama »Die Gefährtin« (1899) und die Groteske »Der grüne Kakadu« (1899) unverbunden und heterogen nebeneinander. Spielt auch die jeweilige Handlung mal in der Renaissance, mal am Tag des Sturms auf die Bastille und mal in der Gesellschaft des ausgehenden 19. Jahrhunderts, so geht es Schnitzler doch im Grunde immer um seine Gegenwart. Nur als Hintergrund fließen die Lebensdaten des berühmten Arztes oder die Vorgänge des 14. Juli 1789 ein. Wenn sich Paracelsus ausgerechnet mit der Hypnose beschäftigt, so weniger, weil diese von dem historischen Vorbild überliefert ist, sondern weil man während der Zeit von Schnitzlers medizinischer Ausbildung gerade daranging, die Hypnose als Heilmethode zu entdecken bzw. zu rehabilitieren.

Der durch seine spektakulären Heilungen berühmt berüchtigte Paracelsus gehört als Heldenfigur in die Reihe der in Schnitzlers Werk wiederkehrenden Abenteurertypen. Durch ihre auf Risiko und Erfolg ausgerichtete Lebensweise werden diese zum Außenseiter in der bürgerlichen Welt. Paracelsus' Ankunft in seiner Heimatstadt Basel ist eine Herausforderung sowohl für die Vertreter der traditionellen Medizin wie für das kleine Eheglück des Schmieds Cyprian. Provoziert durch die Selbstgenügsamkeit des stolzen Ehemanns demonstriert Paracelsus, auf welch unsicherem Boden die Ehe des einstigen Konkurrenten beim Werben um die Gunst der schönen Justina gebaut ist. Er hypnotisiert die einstige Geliebte und suggeriert ihr die Liebe zu einem jungen Verehrer. Damit legt er den in ihr angelegten Konflikt zwischen einer bürgerlichen Existenz auf der einen bzw. des Abenteurertums in Form des Ehebruchs auf der anderen Seite frei. Während Cyprian nicht versteht, die Bedeutung der durch die Hypnose entfesselten Immoralität unbewußter Wünsche für die Wirklichkeit zu erkennen, bleibt Paracelsus angesichts der von ihm gestifteten Verwirrung nichts anderes übrig, als auf die alles umfassende Unsicherheit zu verweisen, die aus der Dialektik von Bewußtem und Unbewußtem entsteht. Wahrheit ist weder ganz dem einen noch ganz dem anderen Bereich zuzuordnen. Bei aller Überlegenheit gegenüber seinen bornierten Partnern erweist sich Paracelsus selbst als problematische Figur, geht es ihm doch weniger um Heilung und Klärung als um Herrschaft und Revanche. Was als Versuch der Selbstdarstellung begann, verkehrt sich zur partiellen Niederlage. Es gelingt ihm zwar, die Brüchigkeit des bürgerlichen Glücks vorzuführen, doch bleibt sein Vorstoß zu den geheimen Regungen eines anderen Menschen Spiel. Eine gesicherte Basis

für die Zukunft kann nicht geschaffen werden. Die vielzitierten
Worte

Es fließen ineinander Traum und Wachen,
Wahrheit und Lüge. Sicherheit ist nirgends.
Wir wissen nichts von andern, nichts von uns;
Wir spielen immer, wer es weiß ist klug (I/498).

dürfen daher nicht als Lebensweisheit Schnitzlers mißverstanden werden, sie weisen vielmehr kritisch zurück auf den,
der sie ausspricht (Scheible, 1976, S. 91). Der scheinbar so sou-
veräne Analytiker Paracelsus wird in diesem Einakter in den
Analyseprozeß einbezogen (Bayerdörfer, 1972, S. 555 f.). Die
Gegenüberstellung zweier konträrer Existenzformen kennt keinen Sieger, sondern nur mehr oder weniger vernichtend Be-
siegte.

Über Jahre Angestautes wird auch in dem analytischen Einakter »Der Puppenspieler« (1903) aus dem Zyklus »Marionetten« freigesetzt. Mit »Paracelsus« teilt dieser Text die Dreiecks-
konstellation, bei der ein Außenseiter mit einem bürgerlichen
Ehepaar zusammentrifft und dessen vermeintliche Sicherheit
und Stabilität in Frage stellt. Das Initialerlebnis einer unerfüllt
gebliebenen Liebe wirkt ungeachtet des Versuchs, die Aus-
bruchswünsche durch Einschwenken in die bürgerliche Normalität zu verdrängen, fort. Wie Paracelsus repräsentiert die
Titelfigur Georg Merklin, ein Künstler, für seine ehemalige
Freundin Anna eine versäumte Möglichkeit, einem Dasein in
Mittelmäßigkeit zu entfliehen. Nachdem sie sich für die Sicherheit einer Ehe mit einem Oboenspieler entschieden hat, muß
Anna mitansehen, wie sie zur Trophäe in einer Männerkonkurrenz gemacht wird. Ihr einstmals durch seine Schüchternheit
Mitleid erregender Gatte trägt seine Rache an der Überheb-
lichkeit des mittlerweile heruntergekommenen Rivalen unge-
niert auf dem Rücken der verehrten und zugleich gedemütigten
Ehefrau aus. Ziel des Analysevorgangs ist auch hier die Infragestellung der Haltung beider Männer. Der Kritik unterzogen
wird sowohl der »Puppenspieler«, der in seinen Allmachts-
phantasien Menschen zu Marionetten herabzuwürdigen versucht, wie auch die hybride Selbstgenügsamkeit des braven
Oboisten. Zu einer reinigenden Lösung des Konflikts kommt es
nicht. Alle Beteiligten verharren nach dem kurzen Zusammentreffen weiterhin in ihrer als unbefriedigend entlarvten Lebens-
situation.

Das Eintreffen des Abenteurers wird auch in »Stunde des Erkennens« (1915) aus der »Komödie der Worte« zum Anlaß, sich

eine versäumte Möglichkeit noch einmal bewußt zu machen. Als Klara Eckold nach zehn Jahren von ihrem Gatten die gemeinsame Wohnung aufgekündigt wird und sie damit die Folgen für eine nie zustandegekommene außereheliche Liebesbeziehung tragen muß, bleibt erneut der analytische Prozeß unvollständig: ihr Mann wird nie erfahren, daß es ein viel Geringerer als der ihn an Erfolg und Können überragende Medizinprofessor Ornim war, mit dem seine Frau ihn betrogen hat.

In manchen Fällen gibt erst der Tod eines der Beteiligten Anlaß, aus dem undurchdringlichen Geflecht von Unaufrichtigkeiten und zurückgehaltenen Wahrheiten auszubrechen. Aufklärung setzt erst ein, wenn eine Umkehr bereits ausgeschlossen ist. Briefe entdecken den Hinterbliebenen, daß ihre »Gefährten« in Wirklichkeit als Fremde an ihrer Seite gelebt haben. Stück für Stück entrollt sich in Gegenwart solcher Beweisstücke die Fehleinschätzung des Ehemanns Robert in »Die Gefährtin«. Weil er im Arztberuf Erfüllung fand und seine um zwanzig Jahre jüngere Frau nur als »Duft«, nicht aber als »Inhalt« (I/505) seines Lebens akzeptierte, duldete er ihre unausweichliche Untreue. Der Rationalist, der Klarheit für das »einzige« hält, »was wir vom Leben verlangen sollten« (I/507) muß erkennen, daß seine Hypothesen über das Doppelleben seiner Frau von falschen Prämissen ausgingen. Ihre große Leidenschaft erweist sich als Produkt seiner Phantasie, hatte sie sich doch mit der kleinen erotischen Freiheit auf Zeit zufriedengegeben.

Aus der Grenzsituation des Todes entwickelt auch der Einakter »Lebendige Stunden« (1901) seine Spannung. Als nach dem Tode seiner langjährigen Lebensgefährtin der zurückgebliebene Hausdorfer dem Sohn der Toten, dem er die Schuld am Tod der Mutter gibt, mit unverhohlener Aversion begegnet, treten der Generationenkonflikt und die Abneigung gegen den Vertreter einer anderen Lebensweise offen zutage. Tiefes Unverständnis steht als Trennwand zwischen dem jungen Künstler und dem Beamten. Dabei disqualifizieren Aggression und Mangel an Diskretion den Älteren in noch größerem Maße als die Unreife und Lebensflucht den Jüngeren. Noch einmal wird ein dialektisches Modell zweier einander entgegengesetzter Positionen entworfen, die beide in ihrer Einseitigkeit als kritikwürdig entlarvt werden. So darf weder Hausdorfers Schlußwort, »Was ist denn deine ganze Schreiberei, [...] gegen so eine Stunde, so eine lebendige Stunde« (I/702), noch Heinrichs Verteidigung des Künstlers, »lebendige Stunden? Sie leben doch nicht länger als der letzte, der sich ihrer erinnert. Es ist nicht der schlechteste

Beruf, solchen Stunden Dauer zu verleihen, über die Zeit hinaus« (I/702), als die Botschaft des Autors mißverstanden werden. Erst im Aufeinandertreffen und gegenseitigen Verstehen wäre die Lösung möglich, der sich der Ältere verschließt, so daß der Jüngere als der Weisere aus dem Drama hervorgeht.

Im Angesicht des Todes entsteht auch das Bedürfnis, mit den Mitmenschen abzurechnen. Der schwer lungenkranke Held des Einakters »Die letzten Masken« (1902) aus dem Zyklus »Lebendige Stunden«, der allem Streben nach Ruhm entsagen und sich als Rezensent durchschlagen mußte, wünscht einen früheren Freund an seinem Sterbebett zu sehen, um sich – in ironischer Analogie zur letzten Beichte – seinen angestauten Neid und Haß gegen den Jugendfreund, der es zum berühmten Dichter gebracht hat, von der Seele zu reden. Als ein im selben Krankenhaus liegender Komödienschauspieler mit dem der letzten Abrechnung Entgegenfiebernden eine »Probe« veranstaltet, gelingt die Katharsis so gut, daß beim Eintreffen des verhaßten Konkurrenten alle angestauten Ressentiments bereits ausgesprochen und bereinigt sind. Einsilbig und desinteressiert folgt der Kranke dem Monolog des herbeigeholten Dichterfreundes, der sich in der peinlichen Situation durch sein oberflächliches Parlieren retten will und dabei die Feigheit und Unaufrichtigkeit des Arrivierten enthüllt. Zur Verständigung über Erwartungen und Enttäuschungen oder gar zur gegenseitigen Öffnung kommt es auch angesichts der existentiellen Grenzsituation nicht.

Indem bei Schnitzlers analytischen Einaktern der Klärungsprozeß fragmentarisch bleibt, enthüllen sie den Zustand einer Gesellschaft, die in ihrer Uneigentlichkeit und Statik verharrt. Zum Kern ihrer Existenz dringen ihre Mitglieder vornehmlich in Gefühlen von Revanchismus und Haß vor.

Die Kunst der Konversation

Mit dem Zusammentreffen der beiden illegitimen Zweige einer aristokratischen Familie drängt in »Komtesse Mizzi oder Der Familientag« (1908) zur Klärung, was in knapp zwanzig Jahren bei Vater und Tochter jeweils unter der Oberfläche des offiziellen Familienlebens herangewachsen ist. Unmittelbar nach Erscheinen des ehemaligen Liebhabers der Komtesse, Fürst von Ravenstein, der Mizzi die Ankunft ihres gemeinsamen unehelichen Sohnes ankündigt, meldet die Schauspielerin Lolo ihren

Besuch an, um, vor ihrer Heirat mit einem Fuhrunternehmer, das Versprechen des Grafen einzulösen, einmal seine Villa sehen zu dürfen, die ihr als Geliebte vorenthalten worden war. In dieser Gesellschaft mit doppeltem Boden weiß man fein zu unterscheiden zwischen den Rollen, die eine Person in sich vereint. So beruhigt der Fürst, der sich gerade in seiner neuen Rolle als Vater eines frisch maturierten Sohnes präsentiert hat, seinen Freund, der mehr um die unschickliche Konfrontation seiner Tochter mit der bis dahin incognito gehaltenen Lebensgefährtin besorgt ist, als um den Verlust dieser nicht standesgemäßen Partnerin: »Sie kommt doch nicht als deine Geliebte, vor wem brauchst du dich denn zu genieren?« (I/1041)

In verhalten geführten Dialogen, die das Abwiegelnde dieser Konversationsformen immer durchscheinen lassen, wird die analytische Struktur des Einakters entrollt. Ohne je die Contenance zu verlieren, rekapitulieren der Fürst und Mizzi jene in der Vergangenheit getroffenen Entscheidungen, die zu ihrem gegenwärtigen Doppelleben geführt haben und das nun durch den Entschluß des Fürsten, den Sohn zu legitimieren, überwunden werden soll. Mizzi, die einst bereit gewesen war, ihr gesellschaftliches Ansehen zugunsten ihres individuellen Glücks mit einem verheirateten Mann aufs Spiel zu setzen, die aber gezwungen worden war, ihren Sohn zu fremden Leuten zu geben, ist, als sie mit dem 17jährigen konfrontiert wird, zunächst nicht bereit, die Fassade ihrer Rolle als alterndes Mädchen abzulegen und sich zu ihrer Mutterschaft zu bekennen. Sie pocht auf den ihr aufgezwungenen Weg der Verleugnung ihrer wahren Gefühle. Der Stimme des Blutes kann aber auch sie sich schließlich nicht entziehen. In kaum merklichen Schritten vollzieht sich ihr Einschwenken auf die zuvor als feige abqualifizierte Kompromißhaltung des Fürsten. Damit rückt die Ehe als Happy-End in greifbare Nähe. Eine Grundkonstellation, die alle Anlagen zur Tragödie in sich birgt, steuert, konterkariert durch den Erwartungshorizont der Romane aus der »Fünfkreuzerbibliothek« (I/1048), auf einen typischen Komödienschluß mit Doppelhochzeit zu. Ob Mizzi wirklich zu ihrem ehelichen Glück mit dem Fürsten und ihrem Sohn gelangen wird, bleibt freilich offen.

In der Heldin eine emanzipierte Frau zu sehen, die die verlogene viktorianische Männerwelt bändigt (Schwarz, 1976, S. 280) scheint zweifelhaft, da schließlich sie es ist, die den Wünschen dieser Männer nach Aufgabe ihres Widerstandes nachgibt. Nicht zufällig wirft sie dem Fürsten seine Initiativelosigkeit im Herrenhaus vor (I/1043). Von ihrem Vater, der nicht ahnt, wen er vor sich hat, muß sie hören, wie gänzlich kalt ihn das Schicksal der Mutter des unehelichen fürstlichen Kindes läßt, die er sich selbstverständlich nur in den Reihen des »Volkes« vorstellen kann: »Diese Frauenzimmer sterben ja leider meistens früh« (I/1058). Ebensowenig macht ihr Sohn, der seine Erhöhung zum millionenschweren Fürstensohn auskostet, Anstalten, den politischen und sozialen status quo zu ändern. Mit einem wörtlichen Zitat jener »reden wir nicht davon«-Haltung, die für ihren Vater charakteristisch war, deutet sich die Resignation der immer einsilbiger werdenden Protagonistin an. In diesem Licht erscheint das sich abzeichnende Happy-End als äußerst zwiespältig.

Kunst und Leben

In der »Komödie der Worte« (1915) sind es vor allem Dichter und Schauspieler, denen das Spiel mit der Sprache zum Zentrum ihrer Existenz wird. Zudem führen die Künstler-Einakter vor, wie eine eheliche Verbindung zwischen einem Außenseiter und einem bürgerlichen Partner funktioniert. In »Die Frau mit dem Dolche« (1902), »Die große Szene« (1915) und »Das Bacchusfest« (1915) geht es um die Situation von Frauen, die mit Künstlern verheiratet sind, in »Literatur« (1902) dreht sich das Verhältnis um, die Frau erscheint selbst als Dichterin, die sich gegen die Einschränkungen ihres konservativ-aristokratischen Verlobten durchzusetzen hat. Regelmäßig muß der Partner akzeptieren, daß der Künstler neben der Ehe Affären hat oder schon eine »Vergangenheit« aufweist. Ausbruchsversuche der eifersüchtigen Partner bleiben folgenlos, da sich die Alternative eines Lebens in Sicherheit nicht als attraktiv genug erweist, um die Faszination des Künstlerpartners aufzuwiegen.

Der Blick hinter die Kulissen in das Privatleben des Künstlers soll das problematische Verhältnis von Kunst und Leben aufdecken. Der Schlüsselromanautorin in »Literatur«, die selbst verfaßte und erhaltene Liebesbriefe in ihrem Roman abdruckt, hilft das Schreiben, das Leben zu bewältigen. Indem sie die Kunst am Leben schmarotzen läßt, tötet sie spontane Erlebnisfähigkeit. Alles, was diese Literatin erlebt, wird von vornherein auf seine Verwendbarkeit für ihre Romane hin gesehen und durchlebt. Das Leben selbst wird dabei zum Roman, während das Kunstprodukt nichts enthält, als das exhibitionistisch zur Schau gestellte Privatleben.

In seinen Diagrammen »Der Geist im Wort und Der Geist in der Tat« (1927) unterscheidet Schnitzler den Dichter vom Literaten gerade durch seine Fähigkeit, diesen Kreislauf zu durchbrechen und die Kunst vom Persönlichen abzuheben. Ein Dilettant in diesem Sinne ist auch der Dramatiker in »Die Frau mit dem Dolche«, der seine Ehe auf die Bühne des Burgtheaters bringt. Seiner Frau bleibt nichts anderes übrig, als die Ausbeutung und Zurschaustellung ihres Privatlebens hinzunehmen. Sie identifiziert sich mit ihrer Rolle als Modell für die Kunst ihres Mannes ganz so, wie sie es in einem Renaissancegemälde vorgebildet findet, in das sie sich während eines Museumsbesuchs in Begleitung ihres Verehrers in einem Tagtraum hineinversetzt. Dekadenter Ästhetizismus bestimmt auch hier das Leben, während die Kunst vom Ästhetischen völlig entblößt ist (Janz, 1977, S. 88 f.).

Wie es dem dilettantischen Künstler unmöglich ist, Kunst und Leben voneinander zu trennen, so gelingt es ihm noch weniger als dem Bürger, Wahrheit und Lüge auseinanderzuhalten. Er treibt die Toleranz gegenüber der Lüge, von Programmatikern der modernen Literatur wie Hermann Bahr immer wieder als Zeitkrankheit angeprangert, auf die Spitze. In der »Großen Szene« beruhigt der Theaterdirektor Falk, der ein Porträt Otto Brahms ist, die aufgebrachte Gattin des Charakterdarstellers Herbot, seinerseits ein Porträt des Burgschauspielers Josef Kainz: »Es gibt überhaupt keine Lüge auf der Welt. Es gibt nur Leute, die sich anschmieren lassen« (II/498). Für den Schauspieler Herbot hat das Lügen, das im Gegensatz zum Leugnen die Tätigkeit der Phantasie voraussetzt, so viel mit dem Komödienspiel gemein, daß sich für ihn die Übergänge verwischen. Mit dem betrogenen Bräutigam seiner Geliebten konfrontiert, setzt er all sein professionelles Können ein, um dem Eifersüchtigen eine »Große Szene« vorzuspielen. Frei Erfundenes vermischt sich in seiner überzeugenden Improvisation mit tiefen Einsichten über die notwendige Skepsis gegenüber einer eindimensional verstandenen Wahrheit. Weil Wahrheit zum falschen Zeitpunkt zu viel zerstören würde, erklärt der Schauspieler, der bezeichnenderweise kein Anhänger Ibsens ist, das »Lügenmüssen« (II/511) zum Bestandteil des alltäglichen zwischenmenschlichen Umgangs. Seine Frau, die angeekelt mit ansehen muß, wie er sich ohne jedes Schuldbewußtsein aus der Affäre zieht, indem er andere erfolgreich hinters Licht führt, gibt schließlich ihre Scheidungspläne auf, denn auch sie erkennt, daß sie nicht gänzlich auf die Lüge verzichten kann. Die Sprachkritik, die in diesem Einakter thematisch wird, liest sich wie eine Anspielung auf Nietzsches Schrift »Wahrheit und Lüge im außermoralischen Sinne« (1903). Die Notwendigkeit der Lüge und der Hang des Menschen, sich täuschen zu lassen, wird bei Nietzsche aus der Erkenntniskritik hergeleitet. Lüge ist für ihn die Regel, da die Wahrheit sich ebensowenig unmittelbar erfassen läßt wie das Wesen der Dinge. Soll Lebenswahrheit literarisch erfaßt werden, gehört die Abbildung lügenhaften Verhaltens ins Zentrum der Darstellung.

Vor großen Szenen zu schützen weiß sich der Dichter des Einakters »Das Bacchusfest«. Aufgrund eines Zufalls entkommt er der Überraschung, die ihm seine Frau durch die wortlose Präsentation ihres Geliebten bereiten wollte. Der Schriftsteller hat ihre Absicht, wortlos vollendete Tatsachen zu schaffen, durchschaut. Er nützt die durch den gescheiterten Plan entstandene Verwirrung, läßt seinerseits beide nicht zu Wort kommen und spielt die eigenen Stärken gegen den Konkurrenten, einen biederen Doktor der Chemie, aus. Dabei bedient er sich einer ebenso platten wie zweckdienlichen Kunst der Konversation. Der Prozeß von Annas Frontenwechsel zurück zu ihrem Ehemann vollzieht sich nonverbal. Regieanweisungen beschreiben das stumme Spiel der Gesten und Blicke. In seinem Stück über das griechische Bacchusfest, an dem er gerade arbeitet, erläutert der Dichter, inwiefern das Unausgesprochene in der Kommunikation lebenswichtig sein kann. Anlehnend an das mythische Vorbild entwirft er eine Utopie der auf eine Nacht begrenzten freien, weil nicht sprachlich überlagerten und geminderten Lust, als Gegenbild zu dem durch »gottverdammte Psychologie«, »Lüge und Selbstbetrug« (II/552) vergifteten Liebesleben in seiner Zeit. Mit diesem Abschluß des Zyklus »Komödie der Worte« steigert Schnitzler die Problematik der Sprache von der Sprachskepsis in der »Stunde des Erkennens« über die Frage der Akzeptanz der Lüge in »Große Szene« bis hin zur Utopie der vorsprachlichen Lust (Offermanns, 1973, S. 42).

Anti-illusionistische Einakter

Mit den Einaktern »Der grüne Kakadu« (1898), »Der tapfere Cassian« (1904), der die Vorlage für ein gleichnamiges Libretto lieferte, und »Zum großen Wurstel« (1905) führt Schnitzler den Weg über die Infragestellung bzw. Modifikation des Konversationstheaters traditioneller Machart zu Formen der anti-illusionistischen Dramatik fort.

Aus der Froschperspektive des Pariser Schmierentheaters »Grüner Kakadu« läßt Schnitzler seinen Zuschauer den Ausbruch der Französischen Revolution beobachten. In schroffer Gegensätzlichkeit wird das derbkomische Theaterspiel mit den historisch bedeutsamen Ereignissen des 14. Juli 1789 zu einer Situationsgroteske montiert, die beim zeitgenössischen Publikum eine auf die eigene historische Lage verweisende, ambivalente Wirkung erzielen sollte. Traditionelle Grenzen zwischen Komischem und Tragischem werden in diesem Einakter überschritten. (Wolfgang Kayser, Das Groteske, 1961, S. 141 ff.). Lächerliches bricht ein in eine von Furcht geprägte Zeitsituation. Grotesk ist nicht nur das Spiel, sondern auch das Verhalten der Akteure der Zeitgeschichte, etwa des Inspektors, der zu einem Zeitpunkt Anstoß an aufrührerischen Reden im Theater nimmt, als das Ancien Régime seine Macht bereits eingebüßt hat und es nichts mehr zu kontrollieren gibt.

Das auf Nervenkitzel angelegte Stegreifspiel dieser heruntergekommenen, um ihre materielle Existenz kämpfenden Schauspieler ist durch die angespannte politische Lage motiviert. Mit Hilfe der Spannung zwischen bloß gespieltem Aufruhr und sich auf den Straßen vollziehendem realem Umsturz soll nicht nur das Publikum auf der Bühne verunsichert werden, in zunehmendem Maße wird von dieser Taktik auch das Publikum jenseits der Rampe ergriffen. Die Dialektik von Illusion und Wirklichkeit wird zunächst durch eine Reihe von Episoden zwischen dem Theaterdirektor Prospère und seinen Darstellern als für den Zuschauer jenseits der Rampe noch durchschaubar vorgeführt. Beim Eintreffen der Adeligen, die bald Ernst und Spiel nicht mehr auseinanderhalten, gerät diese Überschaubarkeit mehr und mehr ins Wanken. Wer Zuschauer auf der Bühne ist und wer Schauspieler, läßt sich nur noch schwer unterscheiden. Als Henrie erscheint und das Interesse mit einer Eifersuchtsnummer von den kriminell aufrührerischen Sketchen auf die Ebene herkömmlichen Illusionstheaters mit seiner Liebesthematik umlenkt, trägt er nichtsahnend zum Umschlag von Spiel in Ernst bei. Nachdem in den Straßen schon der Sieg der Bastillestürmer vernehmbar wird, glaubt der Theaterdirektor, der in Wahrheit mehr von der Untreue zwischen Henries Gattin und dem Herzog weiß als der betrogene Ehemann, die brillant vorgetragene Mordgeschichte. In diesem Augenblick ist die Verwirrung auch für den Zuschauer im Parkett perfekt. Spielebene und Spiel im Spiel sind eins geworden. Als Henrie erfährt, daß er in seinem Stegreifspiel die Wahrheit antizipiert hat, holt die Realität die Fiktion ein und treibt ihn in den wirklichen Mord an dem ahnungslos eintreffenden Herzog. So wird gerade der unpolitischste unter den Schauspielern, der vom Rückzug ins Privatleben träumte, wider Willen zum Helden der Revolution. Zusammen mit dem Direktor verläßt er die Szene als Zauberlehrling des Verwirrspiels. Die Adeligen, angeführt von der lebenshungrigen Severine, verlassen dagegen den Ort der gespielten Revolution im Siegeszug. Als Zeichen ihrer fortdauernden Verkennung der Realität stimmen sie in das »Es lebe die Freiheit« der Revolutionäre ein (I/551).

Mit dem Verwirrspiel, das auch das Publikum im Parkett einschließt, wird die allseitige Bereitschaft zur Illusion problematisiert. Zeitkritik, die über die historische Kostümierung hinausweist, tritt hier als Kritik am Publikum auf, das seinen Illusionen und den Formen des Illusionstheaters erliegt wie eh und je (Bayerdörfer, 1972, S. 55). In zweiter Linie zielt der Einakter freilich auch auf die politischen Verhältnisse in Österreich, wo der Absolutismus noch ungebrochen herrschte, die Revolution noch ein Jahrhundert nach dem Umsturz in Frankreich auf sich warten ließ (Scheible, 1976, S. 74).

Um eine Erschütterung der Erwartungshaltung des Theaterpublikums geht es auch in dem Puppenspiel »Der tapfere Cassian«. Schnitzler parodiert hier jene trivialen Formen des zeitgenössischen Theaters, die völlig an der Realität der Rezipienten vorbeigehende Stoffe und Inhalte auf die Bühne bringen. Mag sich mancher Zuschauer durch die Wiederkehr des miles gloriosus an die Bildungstradition erinnert fühlen, so bleibt doch eine ernsthafte Auseinandersetzung mit der satirisch überzeichneten Handlung ausgeschlossen. Die doppelte Verfremdung durch historisches Kostüm und Marionette unterstreicht das Artifizielle dieser Theaterwelt und betreibt den gezielten Affront gegen ein Unterhaltungstheater, das mit der unkritischen Illusionsbereitschaft des Publikums arbeitet.

Während »Der tapfere Cassian« zwar als Puppenspiel, aber mit Schauspielern, aufgeführt werden sollte, greift die Burleske »Zum großen Wurstel« auf die Tradition des populären Marionettentheaters und der Wiener Volkskomödie zurück, wie sie vor der Austreibung des Hanswurst durch Gottsched und den Wiener Aufklärer von Sonnenfels bis zur Mitte des 18. Jahrhunderts beliebt war. Anknüpfend an das barocke Welttheater steht das Theater selbst in seiner trivialisierten Form als Bretterbude auf der Bühne. Im Herabziehen des Welttheaters auf das Niveau des Wurstelpraters kündigt sich bereits Schnitzlers skeptische Grundhaltung an. Er zielt darauf ab, das festgefügte Weltbild seiner Zuschauer zu verunsichern statt die christliche Idee göttlicher Vorbestimmung des Schicksals tröstend zu bestätigen.

Das ex-tempore-Element des Volkstheaters mit seiner engen Verbindung zwischen Spielern und Publikum aufnehmend, wird nun auch das Publikum im Parkett ins Spielgeschehen einbezogen. Es entstehen drei Handlungsebenen: Das Marionettentheater als Spiel im Spiel in Interaktion mit dem Publikum auf der Bühne, dieses wiederum in Interaktion mit dem Publikum jenseits der Rampe. Das Theater, das »Abbild des Erdentreibens« sein soll (I/891), wird von einem ausschließlich auf sein Geschäft bedachten Theaterdirektor im Verein mit einer Dichterfigur, der von Direktor und Publikum gleichermaßen bedrängt wird, veranstaltet. Bei laufender Vorstellung muß dieser Dichter immer mehr Konzessionen an das Unterhaltungsbedürfnis der die Aufführung mit Kommentaren begleitenden Zuschauer machen. Was sich dem Bühnenpublikum als Stück darbietet, ist unschwer als Selbstparodie Schnitzlers zu erkennen: Ein mehr zu Stimmungen als zu Taten neigender Anti-Held vom Schlage Anatols, der mit einem süßen Mädel liiert ist und sich à la »Liebelei« wegen einer dämonischen Herzogin duellieren muß, schlägt seiner jungen Geliebten als Ausweg vor, sich gemeinsam das Leben zu nehmen, was diese à la Beatrice ablehnt um stattdessen einen Nachfahren des Bürgersohnes Brackenburg aus Goethes Egmont zu heiraten, dem sie bereits versprochen ist. Als der Selbstmörder von einer den Tod personifizierenden Marionette geholt werden soll, bricht das Mißfallen des Publikums, das keine Tragödie sehen will, über die Veranstalter herein. Augenblicklich verwandelt sich die Figur des Todes in einen Wurstel, um das Stück so im letzten Moment noch zur Komödie zu wenden. Bereits zuvor wurden die Marionetten durch ihre sichtbare Einkleidung als Rollenträger, durch die klischeehafte Handlung, die sie vorstellten und durch ihren Widerstand gegen den für sie vorgesehenen Part im Stück eingesetzt, um den Illusionscharakter der Darbietung in Frage zu stellen. Als sich schließlich zwei Figuren aus Dramen von Schnitzlers Kollegen Richard Beer-Hofmann und Hermann Bahr zum Bühnenpublikum gesellen, der eine aus einer Tragödie, der andere aus einer Komödie, greift das Unbehagen über den ambivalenten Ausgang des Spiels auch auf das Publikum jenseits der Rampe über. In den Streit zwischen Bühnenzuschauer und Theaterdirektor mischt sich ein Herr aus dem Parkett, der den Dichter attackiert:

Der Herr: Ach was . . . Sie kommen ja auch nur vor!
Der Direktor: Und Sie? . . . He! . . . Sie! . . . . Wollen Sie mir einreden,
                        daß Sie ein wirklicher Theaterbesucher sind?
Der Herr: Ich bitte!
Der Direktor: Sie gehören da herauf . . . Vorwärts! rasch!
Der Bissige: Das ist ja der reine Zirkus! (Er geht ins Parkett hinunter)
                        (I/892 f.).

Nicht nur Theaterdirektor und Dichter werden so in den Bereich der Fiktion mit einbezogen, die Überschreitung der Rampe und der Austausch zwischen dem Publikum auf der Bühne und dem im Parkett bezieht alle Rezipienten des Stücks in den Bereich der Illusion ein. Anstelle eines himmlischen Gerichtes erscheint am Ende als deus ex machina der Abgesandte einer ihm selbst unbekannten Macht, um die allgemeine Verwirrung zu lösen, doch trägt er weniger zur Klärung bei, als daß er Fragen aufwirft. Während die Marionette den Tod nur in lächerlicher Form einzubringen vermochte, vergegenwärtigt das pathetische Auftreten des schönen Jünglings effektvoll für einen kurzen Moment die Dimension des Untergangs. Er läßt alle auf der Bühne Stehenden, inklusive des Herrn aus dem Parkett, zusammensinken, indem er ihre Drähte durchschneidet. Dem Zuschauer jenseits der Rampe legt er damit die Frage nach der eigenen Bestimmung vor. An dieser Stelle kehrt das Stück an seinen Ausgangspunkt zurück, die Frage bleibt offen. Als Zeichen von Sinnlosigkeit und Transzendenzverlust erheben sich die Figuren auf der Bühne und beginnen das Spiel von vorne.

Mit seinen anti-illusionistischen Einaktern steht Schnitzler im Einklang mit jener Theaterreformbewegung um 1900, die entgegen dem vorherrschenden Naturalismus den Kunstcharakter des Theaters wieder unterstreichen wollte (Christopher Balme [Hg.], Das Theater von Morgen. Texte zur Theaterreform 1870–1920. Würzburg 1988). In diesem Kontext versteht sich die Marionette nicht allein als Symbol für die Machtlosigkeit des Willens bzw. die Fremdbestimmung des Menschen, sie fungiert mehr noch als Ausdrucksmittel der Künstlichkeit des Theaters. Statt unkontrollierter Identifikation ist vom Zuschauer bewußte geistige Aktivität gefordert (Bayerdörfer, 1976). Seine Lebendigkeit bezieht das Geschehen in diesen Einaktern aus der Aufhebung der Trennung von Bühne und Zuschauerraum und der Kommunikation zwischen Spielern und Publikum. Der Verzicht auf eine literarische Textvorlage zugunsten von Aktualität und Spontanität des Gespielten verweist auf die um 1900 nach französischem Vorbild auflebende Form des Kabaretts und des Varietés. Modell des »Kakadu« dürfte das 1881 in Paris gegründete »Chat noir« sein (Colin, 1978, S. 221). Mit seinem ausgeprägten Interesse für das volkstümliche Theater bereitet Schnitzler die kritische Auseinandersetzung mit Volksfesten und trivialen Kunstformen vor, die in der Literatur der Weimarer Republik eine wichtige Rolle spielen wird. Über die psychische Funktion des Stegreifspiels als Ventil für angestaute Aggressionen der Spieler und masochistische Lust des dekadenten Publikums stellt sich eine Verbindung zur therapeutischen Form des Rollenspiels her, die seit den 20er Jahren von dem in Wien tätigen J. L. Moreno praktiziert wurde. Während Otto Brahm vornehmlich Schnitzlers Dramatik in der Nachfolge Ibsens schätzte, fanden sich für jene andere Richtung in Deutschland neue Intendanten: »Zum großen Wurstel« wurde in seiner ersten Fassung 1901 in Ernst von Wolzogens Überbrettl uraufgeführt, »Der tapfere Cassian« hatte 1904 in Max Reinhardts »Kleinem Theater« Premiere, fiel dort allerdings durch. Die Pantomime »Der Schleier der Pierette« (1910), die eine gestraffte Umarbeitung des Renaissance-Dramas darstellt und die noch einmal Schnitzlers Interesse für das von den Symbolisten wiederbelebte Genre des Puppentheaters demonstriert, fand bei den russischen Theaterreformern Wsewolod Meyerhold und Alexander Tairow Anklang. Sie bearbeiteten es für das Petersburger Studio bzw. die Moskauer Kammerspiele.

Literatur

Einakter, Einakterzyklen: Aspetsberger, Friedbert (1966): Drei Akte in einem – Zum Formtypus von A. S.s Drama. In: ZfdPh 85, S. 285–308. *Melchinger* (1968) S. 40 ff., 104 ff. *Bayerdörfer*, Hans-Peter (1972): Vom Konversationsstück zur Wurstelkomödie. Zu A. S. Einaktern. In: Schillerjahrbuch 16, S. 516–575. *Kluge*, Gerhard (1974): Die Dialektik von Illusion und Erkenntnis als Strukturprinzip des Einakters bei A. S. In: Schillerjahrbuch 18, S. 482–504. *Selling* (1975). *Doppler*, Alfred (1975): Die Form des Einakters und die Spielmetapher bei A. S. In: Wirklichkeit im Spiegel der Sprache. Wien. S. 7–30. *Scheible*, Hartmut (1982): Im Bewußtseinszimmer. A. S.s. Einakter. In: TuK 10, 2, S. 220–288.

Anatol

Kritische Edition: Offermanns, Ernst L. (1964): Anatol: Anatol-Zyklus. Anatols Größenwahn. Das Abenteuer seines Lebens. Berlin. (Komedia).
Interpretation: Lederer, Herbert (1962): A. S. before Anatol. In: GR 36, 4, S. 269–281. *Klarmann*, Adolf (1962): Die Weise von Anatol. In: Forum 9, S. 263–265. *Chiarini*, Paolo (1963): L'Anatol di A. S. e la cultura vienese 'Fin de Siècle. In: Studii germanici 1, N. S. S. 222–252. *Sticca*, Sandro (1966): The Drama of Being and Seeming in S.'s »Anatol« and Pirandello's »Cosi è se vi pare«. In: JIASRA 5, 2, S. 4–28. *Stroka*, Anna (1968): Der Impressionismus in A. S. »Anatol« und seine gesellschaftlichen und ideologischen Voraussetzungen. In: GW 12, 76, S. 97–111. *Hirsch*, Rudolf (1971): Hugo von Hofmannsthal über Schnitzlers »Anatol«..In: Neue Rundschau 82, 4, S. 795–797. *Baumann*, Gerhart (1972) A. S.: Spiel, Figur und Gesellschaftsspiel. In: *Ders.*: Vereinigungen. München S. 145–172. *Fritsche* (1974) S. 84–97. *Scheuzger* (1975) S. 45 ff. *Scheible* (1976) S. 43–46. *Janz* (1977) S. 1–26. *Menhennet*, Alan (1986): S. and the Experience of Time: From Anatol to Casanova. In: MAL 19, 3–4, S. 163–178. *Rasch*, Wolfdietrich (1986): Die literarische Décadence um 1900. München, S. 198–210. *Perlmann* (1987) S. 76–82.
Rezeption: Hammer, Stephanie (1986): Fear and Attraction: »Anatol« and »Liebelei«. Productions in the United States. In: MAL 19, 3–4, S. 63–74.

Reigen

Rezeption: Heine, Wolfgang (1922): Der Kampf um den Reigen. Vollständiger Bericht über die sechstägige Verhandlung gegen Direktion und Darsteller des Kleinen Schauspielhauses Berlin. Berlin. *Marcuse*, Ludwig (1962): Obszön. Geschichte einer Entrüstung. München. *Mendelssohn*, Peter de (1962): Zur Geschichte des »Reigen«. Aus dem Briefwechsel zwischen A. S. und S. Fischer. S. Fischer Almanach. Das 76. Jahr. Frankfurt. *Aspetsberger*, Friedbert (1965): Der Prozeß gegen die Berliner Aufführung des »Reigen« 1922. In: Akzente, 12, S. 211–230. *Delius*, Annette (1976): S.s »Reigen« und der Reigen Prozeß: Verständliche und manipulierte Mißverständnisse in der Rezeption. In: Deutschunterricht 28, 2, S. 98–115. *Gombocz*, Istvan (1982): Ein Tauziehen zwischen Dichtung und Polizeimacht. Der Fall »Reigen« – aus Budapester Sicht. In: TuK 10, 2, S. 411–426. *Schneider*, Gerd K. (1986): The Reception of A. S.s »Reigen« in the Old Country and the New World: A Study in Cultural Differences. In: MAL 19, 3–4, S. 75–90.
Interpretation: Alewyn, Richard (1960): Nachwort zu »Liebelei«, »Reigen«. Fischer Bücherei. Wieder abgedruckt (1974) in: *Ders.*: Probleme und Gestalten. Essays. Frankfurt. S. 299–304. *Hannum*, Hunter G. (1962): »Killing Time«: Aspects of S. Reigen. In: GR 37, S. 190–206.

Sanders, Jon Barry (1968): A. S.'s »Reigen«. Lost Romantisim. In: MAL 1, 4, S. 56–66. *Neuse*, Erna (1972): Die Funktion von Motiven und Stereotypen Wendungen in S.s »Reigen«. In: Monatshefte 64, 4, S. 356–370. *Couch*, Lotte S. (1972): Der Reigen: S. und Sigmund Freud. In: Österreich in Geschichte und Literatur 16, 4, S. 217–227. *Schiffer*, Helga (1983): A. S.s »Reigen«. In: TuK. 11, 1, S. 7–34. *Bossinade*, Johanna (1984)· »Wenn es aber . . . bei mir anders wäre.« Die Frage der Geschlechtsbeziehungen in A. S.s »Reigen«. In: Gerhard Kluge (Hg.): Aufsätze zur Literatur und Kunst der Jahrhundertwende, Amsterdam, S. 104–119. *Wagenknecht*, Christian (1985): »Um den Reigen«: Karl Kraus und A. S. In: Akten S. 153–163. *Rüdiger*, Horst (1983): S.s »Reigen und seine Parodie«. In: Jean-Louis *Bandet* (Hg.): Mélange offerts à Claude David pour son 70e anniversaire. Bern. S. 383–401.

Paracelsus: Stroka, Anna (1969): A. S.s Einakter »Paracelsus«, »Die Gefährtin« und »Der grüne Kakadu«. In: GW 13, 110, S. 57–66. *Swales* (1971) S. 133–138. *Selling* (1975) S. 36–54. *Urner*, Hans (1975): S.s Paracelsus. In: Paracelsus. Werk und Wirkung. Festgabe für Kurt Goldhammer. Hg. Sepp Domandl. Wien. S. 345–352. *Schiffer*, Helga (1984): Experiment und Ethos in A. S.s »Paracelsus«. In: Gerhard Kluge (Hg.) vgl. »Reigen« S. 329–357. *Perlmann* (1987) S. 82–88.

Die Gefährtin: Just (1968). *Lothar*, Ernst (1968): S. oder die zweifache Dämonie. Zu den Einaktern »Die Gefährtin«, »Lebendige Stunden«, »Komtesse Mizzi«. In: Macht und Ohnmacht des Theaters. Reden, Regeln, Rechenschaft. Wien. S. 178–181. *Selling* (1975) S. 54–67.

Der grüne Kakadu: Schinnerer, Otto P. (1931): The Suppression of S.s »Der grüne Kakadu« by the Burgtheater. Unpublished Correspondance. In: GR 6, S. 183–192. *Friedrichsmeyer*, Erhard (1969): A. S.s »Der grüne Kakadu«. In: ZfdPh 88, S. 209–228. *Singer*, Herbert (1969): S.s »Der grüne Kakadu«. In: Herbert Steffen (Hg.): Das deutsche Lustspiel II. Göttingen. S. 61–77. *Swales* (1971) S. 273–277. *Baumann* (1972) siehe »Anatol«. *Kilian* (1972) S. 66–72. *Urbach* (1974) S. 165–167. *Selling* (1975) S. 67–129. *Scheible* (1976) S. 71–78. *Colin*, Amy-Diana (1978): A. S.s Der grüne Kakadu. In: LuK 124, S. 220–231. *Sandig*, Holger (1980): A. S.: »Der grüne Kakadu«. In: Ders.: Deutsche Dramaturgie des Grotesken um die Jahrhundertwende. München. S. 143–148.

Lebendige Stunden: Pos, W. P. (1973): A. Precious Jewel in S.s »String« of One-Act-Plays. In: Essays on Drama and Theatre. Festschrift für B. Hunningher. Amsterdam. S. 129–139. *Urbach* (1974) S. 169–177.

Komtesse Mizzi oder Der Familientag: Swales (1971) S. 282. *Offermanns* (1972) S. 44–47. *Kilian* (1972) S. 80–83. *Schwarz*, Egon (1976): S.s vielschichtige Wahrheit. Eine Interpretation von »Komtesse Mizzi oder Der Familientag«. In: Herkommen und Erneuerung. Essays für Oskar Seidlin. Hg. Gerald Gillespie u. a. Tübingen 1976. S. 268–281.

Marionetten: Bayerdörfer, Hans-Peter (1976): Eindringlinge, Marionetten, Automaten. Symbolistische Dramatik und die Anfänge des modernen Theaters. In: Schillerjahrbuch 20, S. 504–538. *Melly*, Barbara (1980): La maschera e il volto: »marionetten« di A. S. In: AdILLG 5, 1978/79, S. 49–62.

Komödie der Worte: Swales (1971) S. 167–177. *Kilian* (1972) S. 101–109. *Offermanns* (1973) S. 39–44, 82–83. *Kluge*, Gerhard (1983): A. S.s Einakterzyklus »Komödie der Worte«. In: Hans Dietrich Irmscher (Hg.): Drama und Theater im 20. Jahrhundert. Festschrift für Walter Hinck. S. 78–91.

4.2 Sozialpsychologische Dramen

»Arme-Leut-Stücke:
Zuerst den Hunger abgetan –
Dann fangen die Probleme an.«
(AuB 13)

Hermann Bahr, der Programmatiker unter den Wiener Autoren, macht in seinem Aufsatz »Die Krisis des Naturalismus« (1891) den Aufbruch zu einer neuen literarischen Richtung an der Schwerpunktverlagerung von den »états de choses« zu den »états d'àmes«, den Sachzuständen zu den Seelenzuständen fest. Die »litterarische Physik« der Naturalisten werde abgelöst von der Psychologie, wobei diese Umorientierung weniger als Reaktion gegen den in Österreich erst spät rezipierten Naturalismus, sondern als dessen Erweiterung zu verstehen sei (Zur Überwindung des Naturalismus, Schriften 1877–1904, Gotthart Wunberg [Hg.], Stuttgart 1968, S. 49). Was Bahr hier an der Romankunst von Zola und Bourget zeigt, gilt in gleicher Weise auch für die Dramatik. Sozialkritik setzt nun nicht mehr vornehmlich bei den Formen materiellen Elends an, sie wird in der Nachfolge Ibsens zur Bewußtseinskritik. Mit dem gleichaltrigen Gerhart Hauptmann verband Schnitzler einerseits Sympathie und Bewunderung, andererseits lehnte er gerade bei dem naturalistischen Drama »Die Ratten« die »ethisch-intellektuelle Atmosphäre« als »unbehaglich« (Tgb 15. 01. 1911) ab. Geschlechtskrankheiten, ungewollte Schwangerschaften und Abtreibungen gehören auch bei Schnitzler zum Problemfeld seiner Werke, freilich treten sie nur noch in Andeutungen als Gefahrenhintergrund bzw. in Nebenhandlungen in Erscheinung (Möhrmann, 1982). Wenn der vierte Stand kaum mehr eine

Rolle spielt, so nicht, weil sich darin Blindheit eines großbürgerlichen Autors gegenüber sozialen Mißständen manifestiert, sondern weil Schnitzler das bürgerliche Publikum der anerkannten Bühnen da treffen will, wo es sich unmittelbar betroffen fühlen muß, statt auf larmoyante Mitleidsregungen für die Schwächeren abzuzielen. Gesellschaftskritik ist bei Schnitzler Kritik an der eigenen Schicht und damit auch Selbstkritik. Der Ansatz bei der psychischen Verfassung seiner Helden soll keineswegs den Blick auf kollektive soziale Phänomene verstellen. Allerdings liegen für ihn die Quellen der in seinen frühen Dramen aufgerollten Konflikte nicht allein in der sozialen Ungleichheit zweier Liebenden, sondern entspringen vor allem aus dem Spannungsfeld von erotischen Wünschen und moralisch begründeten Verboten. So wird eine an den natürlichen Bedürfnissen beider Geschlechter vorbeigehende Sexualmoral zum eigentlichen Verursacher der Ausbeutung des erotisch zugänglichen Mädchens aus kleinbürgerlichen Verhältnissen durch den für die bürgerliche Ehe bestimmten jungen Herrn. In Rezensionen, die Schnitzler für die medizinische Fachzeitschrift »Internationale Klinische Rundschau« verfaßte, ergreift er in den frühen 90er Jahren immer wieder die Gelegenheit, auf den »Widerspruch in den Gesetzen, welche einerseits die Natur und andererseits die Gesellschaft fordert« hinzuweisen. Nicht ohne Ironie weist er ärztliche Kollegen, die mit Strenge für sexuelle Abstinenz außerhalb der Ehe eintreten, auf die Realität hin, »daß die im geschlechtsreifen Alter abstinenten jungen Leute bedeutend seltener vorkommen als solche, welche dem sexuellen Verkehr huldigen« und prangert die »durch jahrhundertelange Gewohnheit begründete Anmaßung des Mannes« an, die der Frau mehr Entsagung abverlangt als sich selbst (IKR 4, 47 [1890] Sp. 1939).

Die Situation der Frau: »Das Märchen«, »Liebelei«

Schnitzlers frühe Thesenstücke kreisen zum einen um gesellschaftspolitisch aktuelle Fragen wie den Duellzwang, doch geht es dabei zugleich immer um die Situation der Frau: In »Märchen« (1894) wird das auch von Autoren wie Sudermann und den Brüdern Mann aufgegriffene Thema des »gefallenen« Mädchens ausgearbeitet. »Liebelei« (1895) lotet die seelische Belastung einer Violinspielerstochter aus der Vorstadt aus, die erkennen muß, daß sie ihrem großbürgerlichen Geliebten nicht mehr war, als bloß ein süßes Mädel; das 1894 entstandene Stück

»Freiwild« skizziert die prekäre Lage einer unterbezahlten Provinzschauspielerin, die von Theaterdirektor und Publikum gleichermaßen wie ein Stück Wild gejagt wird; »Das Vermächtnis« (1898) führt vor, daß für eine nicht-standesgemäße Partnerin die Türen zum Bürgertum auch unter besonders günstigen Bedingungen letztlich verschlossen bleiben; »Der Ruf des Lebens« (1906) schließlich verlagert die Ausbeutung der Frau in die Familie selbst, wo die Heldin ihre Jugend der Pflege ihres egoistischen kranken Vaters opfern muß. Schnitzlers Interesse gilt jungen Frauen, die Kraft ihrer physischen Attraktivität versuchen, den beengten sozialen und familiären Verhältnissen ihrer Herkunft zu entrinnen. Es sind Frauen, die wie die Schauspielerinnen Fanny Theren aus »Märchen« und Anna Riedel aus »Freiwild« in die Illusionswelt des Theaters fliehen, um sich dort nicht nur ihren Lebensunterhalt zu verdienen, sondern zugleich aus ihrer Rolle als »Abgestempelte« bzw. »Arme-Leute-Tochter« auszubrechen, Frauen, die sich wie Christine in »Liebelei« mit Notenschreiben etwas hinzuverdienen. Wenn das Publikum aber zwischen der Darstellerin und ihrer auf der Bühne verkörperten Rolle nicht mehr unterscheidet, weil es nicht an ihrer Kunst, sondern an ihren Beinen interessiert ist, zeigt sich, daß der Ausbruch nur partiell erfolgreich ist. Was als Zugang zur großen Welt erhofft wurde, entpuppt sich als Form der Prostitution und damit der Demütigung der Frau.

Nicht immer geht die erotische Ausbeutung über Klassengrenzen hinweg auf die Initiative der sozial überlegenen Männer zurück. In »Märchen« veranstaltet die Mutter der Heldin Fanny wöchentliche »jours« nach bürgerlichem Vorbild, um für ihre beiden Töchter aus dem Kreise der geladenen Künstler, Studenten, Ärzte etc. einen Ehemann zu finden. Wenn die »jungen Leute« von Maskenbällen und Hochzeitsfeiern der besseren Gesellschaft auf eine Stunde in die Wohnung der drei Frauen kommen, können diese sich der Illusion hingeben, dazuzugehören. Dabei ist es nicht nur der Makel der verlorenen Jungfernschaft, der Fanny zur mesalliance für die geladenen Herren werden läßt. Ihr ehemaliger Geliebter, der Arzt Witte, heiratet lieber eine »gute Partie« (I/137), die neben ihrer Wohlanständigkeit auch wohlhabend ist. Frauen, die sich, wie Fanny, einem Mann vor der Ehe hingeben, werden pauschal als minderwertig von Charakter, naiv und dumm abgetan. Ihnen gegenüber fühlt man sich »außer obligo« (I/167). Als Lückenbüßerin erfüllen sie nur so lange ihre Funktion, bis der junge Herr standesgemäß heiratet. Sozial und psychologisch motivierte Deklassierung der

ehemaligen Geliebten werden auf diese Weise vermengt. Der
Dichter Fedor Denner, der sich, unwissend über Fannys Lage,
in sie verliebt, wendet sich zunächst in einem Streitgespräch ve-
hement gegen eine a-priori-Verurteilung aller »Gefallenen«,
nachdem er aber Fannys Geschichte erfahren hat, nimmt er im
Ergebnis dieselbe Haltung ein, wie seine Freunde. Fannys
Hoffnung auf das Vergessen ihrer Vergangenheit erweist sich
für Fedor als unmöglich. Er kann sich wohl bewußt über die alten, »sterbensmüden Ideen« (I/147) hinwegsetzen, aber nicht
die alles gegenwärtige Gefühl zersetzende Erinnerung töten.
Das »Märchen«, das sich zunächst als bloß im Bewußtsein exi-
stierendes Problem darstellte, gewinnt über ihn im Verlauf der
Auseinandersetzung die Macht eines materiellen Hindernisses.
Für Fanny, die sich für die Enge einer bürgerlichen Ehe zu
schade gewesen war und sich durch ein überstürztes Abenteuer
den Weg zu einer dauerhaften Liebesbeziehung verbaut hat,
wird ihre Karriere als Schauspielerin zum Ausweg. Zeigt sich an
ihrem Schicksal die Unmöglichkeit einer Liebe außerhalb der
bürgerlichen Norm, so wird diese pessimistische Perspektive
zugleich kritisch kontrastiert mit dem abstoßend wirkenden
»Ideal einer echten deutschen bürgerlichen Ehe« (I/185) zwischen Fannys Schwester Klara und dem Beamten Wandel, die
auf eine innere emotionale Bindung von vorneherein verzichtet.
Aus dieser Sicht der konventionellen Ehe einerseits und ander-
seits dem berechtigten Wunsch nach einer erfüllten Partnerbeziehung leiten Schnitzlers Heldinnen die Rechtfertigung ihres
Normenverstoßes ab.

Dies gilt auch für das »süße Mädel«, einen Typus, den
Schnitzler zwar nicht in die Literatur eingeführt hat – es gibt ihn
bereits bei Nestroy, der Terminus selbst stammt von Ernst von
Wolzogen (Urbach, 1968, S. 40 f.) –, der ihn aber weithin bekannt gemacht hat. In »Liebelei«, Schnitzlers gelungenstem sozialpsychologischen Drama, werden die genannten Rechtferti-
gungsgründe kritisch in Frage gestellt. Liebe ist seitens des
männlichen Partners Fritz degeneriert zur »Liebelei«. Unfähig
zu wahren Gefühlen betreibt er die Liebe als Spiel. Das süße
Mädel Christine dagegen, das sich ihm zunächst für einige
schöne Abende hingibt, entwickelt entgegen dem allgemein
vorausgesetzten Rollenverständnis ein tiefes Gefühl. Damit
bleibt die »Liebelei« kein leichtfertiges Abenteuer, wie es ursprünglich von seiten des männlichen Partners geplant war. Es
entsteht eine Spannung zwischen Authentizität und Täuschung.
Das Drama verdeutlicht die Disharmonie zwischen zwei unglei-

chen Partnern, die es nicht verstehen, die Gefühle des anderen richtig einzuschätzen. Die Frauen, die die Studenten Fritz und Theodor in ihre Wohnung einladen, sind für sie, ähnlich wie für Anatol und Max, keine Individuen, sondern Typen, die jeweils verschiedene Bedürfnisse befriedigen. Sie sind entweder »dämonische« Überfrauen, zu denen sie sich in einer Haßliebe hingezogen fühlen, oder »liebe Frauerl« (I/217), die als Erholung von nervenaufreibenden Ehebruchabenteuern fungieren. Während jedoch bei Anatol das geregelte Nacheinander vorherrschte, gerät Fritz durch die gleichzeitige Beziehung zu einer verheirateten Frau und einem »Engel« (I/219) aus der Vorstadt in einen Konflikt. Erst als es bereits zu spät ist und er sich der solipsistischen Sentimentalität des Abschiednehmens hingeben kann, interessiert er sich für die kleine Welt des süßen Mädels, die schon Anatol seiner mondänen Freundin Gabriele ausgemalt hat. Wie dieser beutet Fritz die Anziehungskraft seiner sozialen Überlegenheit aus und weiß dabei, daß er die Wünsche jener »süßen Mädel«, ihrem bedrückenden Milieu auf Dauer zu entfliehen, nicht erfüllen wird. Auf der Suche nach dem Unverfälschten, Lebendigen, Anspruchslosen steigen beide als Voyeure für kurze Zeit hinab in die kleine Welt der Vorstadt. Von sozialem »Bewußtsein«, wie die Naturalisten es verstanden, kann dabei nicht die Rede sein. Im Duell mit dem Gatten der verheirateten Geliebten stirbt Fritz und zerstört damit das Selbstwertgefühl der schwächeren Partnerin, die sich um ihre Illusion von der wahren Liebe betrogen sieht. Mehr als über Fritzens Tod gerät Christine in Verzweiflung darüber, wie wenig sie dem Geliebten bedeutet hat. Ihre Hoffnung, einen dritten Weg zu finden zwischen der auf Verzicht, Pflichtgefühl und Langeweile aufgebauten Ehe mit einem »fix« angestellten Kleinbürger einerseits und der Existenzform der Schlager Mizi andererseits, für die Theodor nicht mehr als der erste Liebhaber ist und die die ihr zugewiesene Rolle als süßes Mädel akzeptiert, zerschlägt sich. Wenn Christine auch keine Ansprüche auf eine Ehe mit Fritz gestellt hat, so hat sie doch nicht mit der völligen Bedeutungslosigkeit ihrer innerlichen Bindung gegenüber Äußerlichkeiten wie dem Duellzwang und ihrem Ausschluß vom Begräbnis als nicht gesellschaftsfähig gerechnet. Das Interesse der Forschung gilt der Weiterführung der literarischen Tradition des bürgerlichen Trauerspiels (Laermann 1977; Fritz 1982). In »Liebelei« hat sich die soziale Grundkonstellation auf den Konflikt zwischen Groß- und Kleinbürgertum, die Tragik vom äußeren, metaphysisch begründeten Zwang auf die Kollision unvereinbarer Gefühlsansprüche verlagert. Christines Tragik, und von einer solchen kann man durchaus sprechen, entfaltet sich erst, nachdem der kollektiven Moral durch das Duell Genüge getan ist (Fritz, 1982).

Der Duellzwang: »Freiwild«

Während es die Stärke der »Liebelei« ausmacht, daß die soziale Problematik völlig aus der psychischen Situation der Heldin heraus aufgerollt wird, zeigt sich die Schwäche des Dramas »Freiwild« an der Vordergründigkeit sozialer Mißstände. Hinter der konventionellen Form des Thesenstücks, bei dem Pro und Contra des Duellzwangs in Streitgesprächen herausgearbeitet werden und dabei zugleich viel Kritisches über die soziale Rolle der Schauspielerin gesagt wird, bleiben die inneren Motive der Figuren schematisch und blaß. Die Provinzschauspielerin bekommt bald den Unterschied zwischen einem Sommertheater und einem »Kunstinstitut« zu spüren. Theater ist nach Meinung des Direktors allein auf sinnliche Erregung des Publikums angelegt. Auf die Kooperation seiner Angestellten auch außerhalb der Vorstellung rechnet er. Von zwei Seiten erhält Anna Angebote, ihrer durch die Notwendigkeit des Broterwerbs und das erpresserische Vorgehen des Theaterdirektors verursachten materiellen Notsituation zu entgehen. Der Privatier und ehemalige Offizier Paul bietet ihr als Freund finanzielle Unterstützung an, der Offizier Karinski will sie dagegen nur zum obligatorischen Souper einladen, um sie für den Rest seines Sommeraufenthaltes zu seiner Geliebten zu machen. Von Karinskis aggressivem Vorgehen provoziert, ohrfeigt Paul den Konkurrenten öffentlich, lehnt aber die prompt ausgesprochene Duellforderung ab. Statt mit Anna zu fliehen, tritt Paul nochmals dem in seiner Ehre nun tödlich beleidigten Offizier entgegen und wird von Karinski erschossen. Wie der stimmungsabhängige Dichter Fedor ist Paul kein Moralist alten Schlages. Er schafft sich seine eigenen Werte. Beide sind sie moderne Helden, deren Ansätze zum Bruch mit den Konventionen nicht zum Fortschritt führen, weil sie zu halbherzig vorgetragen werden. Innere Zerrissenheit und Widersprüchlichkeit sind die Merkmale dieser Helden. So ist Paul zwar zunächst nicht bereit, sein Leben für die Provokation eines Haudegens zu riskieren, weicht aber diesem Risiko nicht aus, als es gilt, seine Entscheidung gegen das Duell zu verteidigen. Er stellt sich Karinski schließlich doch und zwar nicht weil seine Ehre auf dem Spiel steht, sondern einfach weil er sich vor Verfolgung durch den entehrten Offizier schützen will. Er stirbt also weder aus tiefer Liebe zu Anna noch für die prinzipielle Auflehnung gegen das Duell. Sein Tod erscheint als sinnloses Opfer, während der sich dem Ehrenkodex unterwerfende Aggressor als der Durchsetzungsfähigere von der Bühne tritt. Als bittere Ironie läßt es sich daher nur deuten, wenn Handlangern, wie Rohnstedt und Wellner, gleichsam als Hinweis auf die fortbestehende Unvernunft, das letzte Wort belassen wird.

Gerade in dem resignativen Ende liegt das kritische Potential des Stückes. Der Zuschauer wird indirekt aufgefordert, die vorgeführte Entwicklung zu verhindern, indem er sich nicht zum Sekundanten machen läßt und sich dem Ja-Sagertum der Vertreter der Reaktion verweigert. Schnitzler war, wie aus seiner Beantwortung einer Rundfrage über das Duell bekannt ist (AuB 321 ff.), kein grundsätzlicher Gegner des Duells, verurteilte aber den Duellzwang, der seitens einer militärischen Führungsschicht ausgeübt wurde und auch Zivilisten ständige Bereitschaft zu gewalttätiger Auseinandersetzung abverlangte (Laermann, 1977, S. 131 ff.). Sein Stück, das im dritten Akt ähnlich wie bei »Märchen« die ursprünglich formulierte These widerlegt, zeigt, daß sich der kollektive Zwang eben doch durch die Hintertür einer subjektiven Motivation Einlaß verschafft. Pauls Handeln, als sei das soziale Übereinkommen nicht mächtiger als der Verstand des einzelnen (Brahm an Schnitzler 30. 09. 1896), läßt sich nicht durchhalten (Scheible, 1976, S. 53 f.). Mit dieser »Botschaft« erscheint Schnitzler weniger als Sozialrevolutionär, zutage tritt vielmehr sein Selbstverständnis als Analytiker und Ankläger. Unmittelbare Ansätze zu einer Reformierung der Gesellschaft oder gar des Individuums, wie Kilian (1972, S. 74) sie bei Schnitzler ausmacht, finden sich in Wirklichkeit hier ebensowenig wie in anderen Dramen. Schnitzler vertraute darauf, daß ein positives Gegenbild als Negation der Negation hinter der sozialen Anklage aufscheint.

Die bürgerliche Familie: »Das Vermächtnis«

Unmittelbar unter dem Eindruck der bevorstehenden Geburt seines außerehelichen Kindes von Marie Reinhard und damit des eigenen Normenverstoßes entstand »Das Vermächtnis«. In der Grenzsituation des bevorstehenden Todes eröffnet der Pro-

fessorensohn Hugo seiner erstaunten Familie, daß er Vater eines
vierjährigen Sohnes ist und übergibt diesen zusammen mit seiner bis dahin geheimgehaltenen Lebensgefährtin dem Schutz
seiner Familie. Als seine Eltern die beiden illegitimen Familien-
mitglieder endlich nicht nur notgedrungen, sondern auch innerlich zu akzeptieren beginnen, stirbt das Kind. Nachdem auf
diese Weise das entscheidende emotionale Zugmittel ver-
schwunden ist, entledigt man sich der Mutter wieder. Diese
sieht, da sie nun sämtlicher sozialen Bindungen entkleidet ist,
keinen anderen Ausweg als den Selbstmord. Der formelle gesellschaftliche Verkehr der Professorenfamilie wird als wesentlicher angesehen als die Sorge für das Wohl einer »Mätresse« des
Sohnes. Schnitzler lokalisiert diese Begebenheit in der Familie
eines liberalen Professors um aufzuzeigen, daß auch Mitglieder
der »Freisinnigen Partei« nicht wirklich fortschrittlich denken,
wenn es um ihr Privatleben geht. Deutlich unterscheidet sich
der Versuch des Professors, seine Tochter in einer Ehe mit dem
ungeliebten, aber angepaßten Arzt Ferdinand unterzubringen,
vom Verständnis und der Großzügigkeit, die der kleinbürgerli-
che Vater Christines in »Liebelei« für die Wünsche der Tochter
aufbringt. Der Versuch, die Doppelmoral des Professors – Geliebte ja, »Hängenbleiben« nein (I/431) – zu umgehen, führt bei
dem Sohn zu einem Kompromiß ohne echte Zukunftschancen.
Weil er den Widerstand des Vaters, von dem Hugo finanziell
abhängig war, gegen eine Verbindung mit einer nicht standesgemäßen Partnerin fürchtete, wagte er es nicht, die Mutter seines
Sohnes, die Beamtentochter Toni, zu seiner Gattin zu machen.
Damit hat er die Norm durchbrochen, ohne durch seine Güte,
die ihn davon abhielt, die Geliebte rechtzeitig zu verlassen, etwas im Ergebnis Positives erreicht zu haben. Den Aufstieg in
eine Familie des gehobenen Bürgertums verschafft er seiner Geliebten durch das verspätete offene Bekenntnis zum gemeinsamen Kind nicht. Diesen erreicht nur, wer sich, wie der Arzt
Ferdinand, bedingungslos den gegen individuelles Glück ge-
richteten Anstandsregeln unterwirft. Aus ärmlichen Verhältnissen stammend arbeitete er sich vom Hauslehrer des Sohnes hoch
zum Bräutigam der Tochter des Hauses. Rigider als das liberale
Bürgertum selbst geht er gegen die mangelnde Bereitschaft zum
Triebverzicht bei der hübschen jungen Frau vor, die sich den sozialen Aufstieg leicht machen wollte, indem sie gegen das ver-
stoßen hat, »was anständige Menschen Pflicht und Sitte nennen« (I/458).

Zur Form der sozialkritischen Dramen

Schnitzler versucht in seinen sozialkritischen Dramen durch präzise und detailreiche Bühnenanweisungen, den Kontrast zwischen den bürgerlichen Wohnungen des Wiener Ringstraßenmilieus und der ärmlichen aber sauberen Dachstubenidylle der Vorstadt abzubilden. Letztere erscheinen mit ihren kleinen Bücherstellagen, gemalten Wänden und künstlichen Blumen wie ein Abklatsch der bürgerlichen Welt. Absichtlich wird auf die Einheit des Ortes verzichtet. Da es um Bewußtseinsprozesse geht, und das Verfließen der Tage selbst eine dramatische Aussage übernimmt, wird auch auf die Einheit der Zeit in der Regel verzichtet. Die Diskussion zwischen Brahm und Schnitzler um die geradezu in drei Einakter zerfallene Struktur des »Rufs des Lebens« illustriert, daß selbst die Einheit der Handlung zugunsten einer Episierung aufgegeben ist (Br I an Brahm vom 01. 10. 1910). Es geht Schnitzler eher um soziale Zuständlichkeiten als um den dramatischen Konflikt. In deutlicher Abgrenzung zu naturalistischen Dramatikern steht auch sein Umgang mit der Sprache. Dialekt und Soziolekt treten überraschenderweise in den sozialkritischen Dramen, wie etwa im »Freiwild«, nur sparsam auf. Im übrigen herrscht eine eher einheitliche Hochsprache mit Wiener Lokalkolorit vor. In dieser Angleichung der sprachlichen Umgangsformen deutet sich bereits an, warum das süße Mädel als Partnerin für den jungen Herrn aus gutem Hause im Gegensatz etwa zu einer Frau des vierten Standes durchaus angemessen ist, die Dirne dagegen nicht. Melodramatik kennzeichnet das Frühwerk »Märchen«, das noch dem Stil des Burgtheaters und seiner Tragödinnen angepaßt ist. Christines Verzweiflung äußert sich in einer Sprachnot, die an Schillers Luise Millerin erinnert: »Ja – für eine Frau . . . (zu Mizi gewendet) für *diese* Frau – für diese Frau, die er *geliebt* hat – Und ihr Mann – ja, ja, ihr Mann hat ihn umgebracht . . . Und ich . . . was bin denn ich? Was bin denn ich ihm gewesen . . .?« (I/261).

Ungeachtet der Gattungsbezeichnung »Schauspiel« und der dreiaktigen Form, nähert sich Schnitzler in der »Liebelei« deutlich dem Tragischen. Komisches fehlt völlig. Kennzeichnend für »Freiwild«, in eingeschränktem Maße auch für »Märchen«, ist dagegen die Mischung von Tragischem und Komischem. Während der Konflikt zwischen Paul und Karinski auf eine tragische Zuspitzung zuläuft, liefert das Geschehen rund um das Provinztheater mit Sprachwitz und komischen Typen reichlich Motive für eine Komödie. Eine Verbindung von Tragik und

Komik wird in dem eingebauten Eifersuchtsdrama um den Offizier Vogel, die Schauspielerin Pepi und den Komödianten Enderle erreicht, das wohl als Anspielung auf die in den 90er Jahren Triumphe feiernde Leoncavallo-Oper »Bajazzo« gemeint ist. In »Märchen« bietet die Theater-, Literaten- und Künstlerszene Anlaß zu einigen ironischen Seitenhieben auf die »Modernen« und die Rezeption ihrer künstlerischen Produkte. Wie schwer es sich Schnitzler mit den Dramenschlüssen, d. h. mit der Intention seiner frühen Werke gemacht hat, läßt sich an den drei Fassungen von »Märchen« ablesen, die von Resignation über Zusammenbruch bis hin zur Emanzipation der Heldin weiterentwickelt wurden. Der dritte Akt, der entgegen den Erwartungen des Thesenstücks Fedors anfängliches Engagement gegen das Märchen von der Gefallenen revidiert und auf ein glattes Happy-End verzichtet, stieß auf Ablehnung bei den Kritikern der Uraufführung. Daß das Märchen als harte Realität bestätigt wird, wurde als kontroverser empfunden, als die gar nicht mehr originelle Verherrlichung der freien Liebe (Scheible, 1976, S. 48; Möhrmann, 1982, S. 512 ff.). Nicht ohne Selbstkritik führt hier ein »moderner« Autor vor, daß sich die aufgeklärten Sprüche seiner Kollegen in der Realität des Handelns nicht bewähren. Während »Freiwild« und »Vermächtnis« geradezu provokativ den Untergang der Helden vorführen, schließt »Liebelei« mit einem offenen Ende. Christine eilt von der Bühne, Theodor und Mizi folgen ihr. Weiring, der weit von dem aus dem bürgerlichen Trauerspiel bekannten strengen Vater entfernt ist, vielmehr Verständnis für die Glücksansprüche seiner Tochter aufbringt, spürt, daß er sie verloren hat. Ob dies allerdings den Tod der Heldin bedeutet, wie Scheible (1976) es sieht und auch Max Ophüls' Verfilmung deutet, oder nur den psychischen Zusammenbruch (Urbach 1968), scheint für den Zuschauer von sekundärer Bedeutung. Wahrscheinlicher im Sinne von Schnitzlers realistischer Perspektive ist die letztendliche Unterwerfung der Heldin unter die banale Maxime, »Das Leben geht weiter« – ohne daß das Drama damit an Tragik einbüßen würde.

Impressionismus als Sozialkritik: »Der einsame Weg«

Eine Sonderstellung gegenüber den bisher genannten sozialkritischen Dramen nimmt das 1904 mit großem Erfolg durch Otto Brahm uraufgeführte fünfaktige Schauspiel »Der einsame Weg« ein. Formal wie inhaltlich beweist Schnitzler hier, daß er über die von sozialer Anklage geprägten frühen Thesenstücke hinausgewachsen ist. Gemeinsam mit »Märchen«, »Freiwild«, »Liebelei« und »Vermächtnis« trägt »Der einsame Weg« zum letzten Mal die Einordnung »Wien – Gegenwart«. In späteren Dramen vermeidet Schnitzler das Prädikat »Gegenwart« konsequent. Bereits im zweiten Jahrzehnt des neuen Jahrhunderts spürt er offenbar, daß die Welt, aus der er stammt, auf grundlegende Veränderungen zutreibt. Beginnend mit »Das weite Land« (1911) und »Professor Bernhardi« (1912) erscheint daher der Blickwinkel bereits rückwärtsgewandt, auf jenes Wien um 1900, das für seine Generation prägend war.

Verglichen mit den frühen Schauspielen fällt in dem Drama um die beiden Künstler, Julian Fichtner und Stephan von Sala, die Intensität der Atmosphäre auf. In dem aus Gesprächsszenen komponierten Gesellschaftsstück entsteht diese Dichte durch eine in gehobenem Sprachgestus evozierte Herbststimmung und Todesmotivik. Das Stück ist strukturiert durch zwei gleichberechtigte Handlungsstränge, das sozialkritische Familiendrama um den Kunstprofessor Wegrat einerseits und das die Ästheten- und Impressionismus-Thematik aufgreifende Junggesellenstück um von Sala und Julian andererseits. Im Vordergrund steht, wie in »Das Vermächtnis«, die Thematik der außerehelichen Vaterschaft, doch bleibt das Drama nicht bei der Beschreibung der materiellen Bedingungen und Werte bürgerlichen Lebens um 1900 stehen. Die vorgeführten Kommunikationsprobleme von Menschen, »die einander in Familie und Freundeskreis so nahe sind und die doch alle voneinander nichts wissen« (I/774), weil sie sich im Grunde nicht »kümmern umeinander« (I/830), erhalten den Rang des Allgemeingültigen.

Der dreiundzwanzigjährige Felix Wegrat erfährt nach dem Tod seiner Mutter, daß der Maler und Freund der Familie, Julian, sein leiblicher Vater ist, der sich als einsamer, alternder Junggeselle nach familiärem Rückhalt sehnt. Vor ihrer Heirat mit Wegrat hatte er Gabriele verführt, sie aus Bindungsangst und Flucht vor der Verantwortung am nächsten Morgen aber verlassen. Durch eine Parallelhandlung wird die sozialkritische Dimension noch vertieft: Zur selben Zeit, als Julian Felixens Mutter verführte, schwängerte er auch die Schauspielerin Irene Herms, die ihr Kind abtreiben ließ. Zu der von Henrik Ibsen übernommenen Thematik der »Lebenslüge« (Jeffrey B. Berlin, Die Beziehungen zwischen Ibsen und Schnitzler, in: Text und Kontext 10, 2, S. 383–398, S. 391) läßt Schnitzler Verteidiger wie Kritiker zu Wort kommen, ohne daß der Streit endgültig entschieden würde. Der umworbene Felix, der zunächst unter Hinweis auf die Alltäglichkeit solcher Lebenslügen zu begreifen glaubt, warum seine Mutter zeitlebens geschwiegen hat, ruft, als er Julians ebenso egoistischen wie selbstherrlichen Versuch erkennt, den vermeintlichen Vater aus seiner in Jahren der verantwortlichen Sorge erworbenen Position zu verdrängen, erbittert aus: »Hier hat man die Lüge ins Ewige getrieben. Darüber kann ich nicht weg. Und die das getan, war meine Mutter, – der sie dahin gebracht hat, waren Sie, – und die Lüge bin ich selbst, solange ich für einen gelte, der ich nicht bin« (I/832). Wo der Zeitpunkt für eine mögliche Sühne verpaßt ist – dies wirft der »wiedergefundene« Sohn seinem leiblichen Vater Julian vor – da ist falsche Wahrheitsliebe nicht am Platze. Der betrogene Wegrat, Repräsentant bürgerlicher Sicherheit und Kontinuität, der nur in Kategorien des Besitzes denkt und Konflikte vermeidet (Offermanns, 1973, S. 22; Scheible, 1976, S. 8), geht ohne eigenen Verdienst als positive Figur aus dem Stück hervor. Die Reintegration des Außenseiters Julian in die bürgerliche Welt, deren Kernzelle die Familie ist, scheitert hingegen an seinem Hochmut und an der erneut bekräftigten sozialen Rücksichtslosigkeit. Julian wird an seine selbstgewählte Junggesellenexistenz zurückverwiesen.

Julian und Sala sind in ihren sozialen Beziehungen gleichermaßen destruktiv, wobei Julian in der Illusion, richtig gehandelt zu haben, verhaftet bleibt, während Sala die Problematik der eigenen Existenzform durchschaut (Melchinger, 1968, S. 73). Sala sieht die Disposition des Egozentrikers selbst klar: Die innere Erlebniswelt hat total Besitz ergriffen von der Außenwelt, Erinnerung verdrängt das gegenwärtige Erleben, die Gegenwart ist nur insofern von Belang, als sie Reservoir zukünftiger Erinnerungen ist (Doppler, 1979 S. 10). Anatol tritt in den beiden Parallelfiguren Julian und Sala in einen handelnden Abenteurer und einen von Selbstreflexion und Mißtrauen beherrschten Typus auseinander (Offermanns, 1973, S. 14). Liebe ist für beide nur als Selbstliebe und Mittel zur Steigerung des Ich möglich: »Haben wir je gezögert, anständige Menschen zu betrügen oder zu belügen, wenn wir dadurch um eine Stunde des Glücks oder der Lust reicher werden konnten?« (I/826). Den in der Sekundärliteratur als »impressionistisch« bezeichneten Helden entlarvt Schnitzler hier erneut als bodenlosen Egoisten. Damit markiert das Drama bereits den Übergang von einer bloßen Spiegelung zur Kritik dieses Typus (Offermanns, 1973). Sinnbild eines Freiheitsdrangs und Strebens nach außergewöhnlichen Erfahrungen ist das Reisemotiv. Auch hier schreckt Sala und mit ihm das Kulturvolk, für das er steht, bei der geplanten Expedition, die unwillkürlich einen militärischen Anstrich erhält, nicht vor der Einvernahme des Fremden zugunsten des eigenen Genusses zurück (Scheible, 1976, S. 86). Johanna, Felix' Schwester, die Sala liebt und bewundert, geht an ihrer Beziehung zu diesem, aus der Stimmung des Augenblicks heraus lebenden Menschen zugrunde. Salas Heiratsantrag hat in der jungen Schwärmerin ein unentwirrbares Gemisch aus Glück und Verzweiflung hervorgerufen. So kommt es zu dem Paradox, daß Johanna mit Sala den Tod teilt, weil er sie um ein gemeinsames Leben bittet (Urbach, 1968, S. 81). Als Symbol der Ziellosigkeit und der vertanen Chancen glücklich zu leben, endet ihre Liebesgeschichte im Doppelselbstmord. Bleiben auch die Motive, die zum Selbstmord der labilen, mit einem Hang zum Märchenhaften ausgestatteten jungen Frau führten, bloß angedeutet, macht Salas Gefühl der Verantwortung immerhin deutlich, daß er seinen physischen Verfall und seine Liebesunfähigkeit als Auslöser erkennt. Als Sala durch Felix' Andeutung, er habe nicht mehr lange zu leben, den letzten Stoß erhält, verläßt der schwer Herzkranke die Szene, respektive das Leben, innerlich vernichtet und in dem Bewußtsein, nicht mehr als ein bloßer Mitspieler und Dialogpartner für die anderen gewesen zu sein. Seine egozentrische Lebensform bis zum Ende durchhaltend nimmt er seinen Tod selbst in die Hand. Auch an der jungen Generation, verkörpert durch Felix, der seine Abenteuerlust nur noch durch eine militärische Laufbahn zu kanalisieren vermag, und an der Selbstmörderin Johanna, läßt sich die pessimistische Perspektive des Stückes ablesen.

Das Drama lebt aus dem zwiespältigen Gefühl von Sympathie und Kritik, das die beiden Ästheten, besonders der zur Affektiertheit neigende Sala, beim Zuschauer erregt. In diesem handlungsarmen Drama der Stagnation bzw. des fragwürdigen Fortschritts wird nichts endgültig abgehandelt, kein Problem aus der Welt geräumt. Schnitzler begnügt sich damit, ein Schlaglicht auf eine Gesellschaft zu werfen, in der die Menschen isoliert nebeneinander herleben und in der die Lüge als Friedensträger verteidigungswürdig erscheint, die Wahrheit dagegen zerstörerisch, aber wenig reinigend.

Der Lebensbegriff der Jahrhundertwende: »Der Ruf des Lebens«

Ein Nachzügler der sozialkritischen Dramen ist »Der Ruf des Lebens«, der aus der Novellenidee »Vatermörderin« hervorging. Vor allem im ersten der drei nur lose verknüpften Akte spielt das Interesse für die Situation der Frau als Unterdrückte und für ihre Emanzipation nochmals die zentrale Rolle, wohingegen die Zurückverlagerung in die Mitte des 19. Jahrhunderts bereits auf die Reihe der historischen Dramen verweist. Die soziale Problematik der sich in der Pflege des 79jährigen Rittmeisters aufopfernden Marie mündet ebenso wie die Kritik am sinnlosen Todesmut der Soldaten in eine weitgefaßte Lebensproblematik. Die Bereitschaft zur Tilgung einer vor dreißig Jahren von dem Regiment der blauen Kürassiere aus Feigheit auf sich genommenen Schuld durch die nachrückende Generation erscheint eher als kollektiver Wahnsinn denn als bewunderungswürdiger Opfergeist. Allgemeine Aggression der in Friedenszeiten unausgelasteten Offiziere, Privatfehden und das Gefühl der gerechtfertigten Sühne für persönliche Verfehlungen sind die Motive, für die man sich in die Schlacht wirft. Politische Gründe dagegen bleiben unbeachtet. Schnitzlers Kritik am Militarismus der Gesellschaft läßt sich am Charakter einzelner Vertreter festmachen. Der Rittmeister, den es ungerührt läßt, wenn 20jährige zur Wiedergutmachung seines persönlichen Versagens in den sicheren Tod gehen und der seiner Tochter jedes Vergnügen mißgönnt; der Oberst, der selbst zu feig ist, seinem Rivalen die Vorwürfe ins Gesicht zu sagen, sich aber das Recht anmaßt, Unschuldige und Unbeteiligte in einer sinnlosen militärischen Aktion hinzuopfern; schließlich Max, den die Frauen, die für ihn zugrunde gehen, weit weniger interessieren als Männerfreundschaft und Männerrivalität, sie alle sind Repräsentanten derselben inhuman agierenden sozialen Gruppe. Marie, die mehr von der Anziehungskraft der Uniform erfaßt ist als von individueller Sympathie, erlebt in einer einzigen Nacht mehr als sie verkraften kann: Aus Verzweiflung, die letzte Gelegenheit vor dem Ausrücken der blauen Kürassiere zu versäumen, vergiftet sie ihren Vater, beobachtet aus ihrem Versteck im Zimmer des gesuchten Partners den Eifersuchtsmord des Obersten an seiner Frau, die ebenfalls Max liebt, durchlebt die Erfüllung ihrer erotischen Wünsche, aber auch die Verweigerung des gemeinsamen Liebestodes und muß nach Maxens sinnlosem Selbstmord erkennen, daß ihr der Mut und der Grund fehlen, sich ebenfalls selbst zu töten. Unterdrückung, Liebe und Entsagung wechseln in diesen drei Akten rasch nacheinander und evozieren damit die Idee des rauschhaften Durchbruchs zum Leben, wie sie zur Zeit der Jahrhundertwende kultiviert wurde. Maries Ausgangssituation erinnert an das von Freud in einer Fallstudie beschriebene Schicksal der Anna O., die über der aufopferungsvollen Pflege ihres kranken Vaters hysterisch geworden war. Die Heldin in Schnitzlers Stück entkommt einer solchen Gefahr durch die Warnung eines psychosomatisch geschulten Arztes. Die Sicherheit einer bürgerlichen Ehe mit einem Förster hatte sie nicht angestrebt. Nicht erst durch ihre exzessiven nächtlichen Erlebnisse, sondern bereits durch ihr offenes Bekenntnis zu ihren erotischen Wünschen, hatte sie die Aussicht auf ein Glück in der bürgerlichen Existenz verspielt. Um ihrem Leben wieder einen Sinn zu geben, beschließt sie, nach dem Vorbild der im Krimkrieg berühmt gewordenen Florence Nightingale als Sanitätsschwester in den Krieg zu ziehen. Sie kehrt damit nach einem kurzen Ausbruch ins Abenteuer zurück zur Rolle der sich aufopfernden, entsagenden Frau.

Literatur

Pelinka, Anton (1982): Die Struktur und die Probleme der Gesellschaft zur Zeit A. S.s. In: LuK 163/164, S. 59–66. *Barthofer*, Alfred (1986): Eine alte Scherzfrage? Anmerkungen zu sozialkritischen Aspekten im Werke A. S.s. In: Neophilologus 70, 1, S. 75–91.
Märchen: Urbach (1974) S. 143–148. *Scheible* (1976) S. 46–51. *Möhrmann*, Renate (1982): S.s Frauen und Mädchen. Zwischen Sachlichkeit und Sentimentalität. In: DD 13, 68, S. 507–517. *Farley*, Timothy (1984): A. S.s sociopolitical »Märchen«. In: Petrus W. Tax u. a. (Hg.): A. S. and his age. Bonn, S. 104–119. *Rieckmann*, Jens (1985): Aufbruch in die Moderne. Die Anfänge des Jungen Wien. Österreichische Literatur und Kritik im Fin de siècle. Königstein. S. 147 ff.
Liebelei: Alewyn, Richard (1960): Nachwort zu »Liebelei« und »Reigen«. Fischer Bücherei. Wieder abgedruckt in: ders.: (1974) Probleme und Gestalten. Essays. Frankfurt. S. 299–304. *Stroka*, Anna (1967): Die Gesellschaftskritik in A. S.s frühen Bühnenwerken. In: GW 11, S. 41–56. *Melchinger* (1968) S. 40–66. *Swales* (1971) S. 181–200. *Urbach* (1974) S. 149–155. *Scheible* (1976) S. 57–64. *Janz* (1977) S. 27–54. *Morse*, Margret (1977): Decadence and Social Change. In: MAL 10, 2, S. 37–52. *Möhrmann* (1982) vgl. »Märchen«. *Fritz*, Axel (1982): Vor den Vätern sterben die Töchter. S.s »Liebelei« und die Tradition des bürgerlichen Trauerspiels. In: TuK 10, 2, S. 303–318. *Rieckmann* (1985) vgl. »Märchen« S. 147 ff.

Freiwild: Urbach (1974) 155–159. *Scheible* (1976) S. 51–57. *Laermann* (1977) S. 131–152. *Madlener*, Elisabeth (1985): »... Die Duellfrage ist in ihrem Kern eine Sexualfrage.« In: Wolfgang Pichler (Hg.): Début eines Jahrhunderts. Wien, S. 163–176.

Das Vermächtnis: Weiss, Robert O. (1972): The Human Element in A. S.s. Social Criticism. In: MAL 5, 1–2, S. 30–44. *Urbach* (1974) S. 162 f.

Ringel, Erwin (1981): Das Selbstmordproblem bei S. In: LuK 161/162, S. 33–51.

Der einsame Weg: Melchinger (1968) S. 57–80. *Offermanns* (1973) S. 14–22. *Fritsche* (1974) S. 154–164. *Scheible* (1976) S. 85–88. *Doppler*, Alfred (1979): »Der Ästhet als Bösewicht – ?« S.s Schauspiel »Der einsame Weg«. In: MAL 12, 1, S. 1–18. *Thompsen*, Bruce (1983): The end of the lovely road: a study of S.s. »Der einsame Weg«. In: B. O. Murdock u. a. (Hg.): Studies in nineteenth century Austrian literature. Glasgow. S. 102–118.

4.3 Historisches Drama und Renaissancekult

Bereits anhand der Einakter »Der grüne Kakadu« und »Paracelsus« war darauf hingewiesen worden, daß man es bei Schnitzlers historischen Dramen eher mit einem bloß äußerlichen Kostüm zu tun hat (Offermanns, 1982). Wenn er etwa bei der Arbeit an dem Drama »Der Schleier der Beatrice« schwankt, ob er die Kulisse des frühen 19. Jahrhunderts oder die der Renaissance wählen soll, zeigt dies, daß es ihm kaum darum ging, eine spezifische historische Dimension zu erschließen. Selbst in der dramatischen Bearbeitung des 14. Juli 1789 kommt es ihm letztendlich in der Hauptsache auf zeitunabhängige Phänomene an. Seine skeptische Beurteilung einiger historisch belegter revolutionärer »Taten« läßt er beiläufig einfließen (Colin, 1978, S. 225 f.). Das Interesse für die historische Aufmachung entspringt bei Schnitzler zunächst einer genuinen Freude an der Bühne als Welt der Täuschungen, »der Verkleidungen der lustigen und traurigen Späße« (JiW 27). Der von Anfang an gehegte Wunsch, gerade in dem Theater akzeptiert zu werden, in dem Schiller und Grillparzer heimisch waren, ist ein wesentlicher Faktor. In den Geschmack des traditionsbewußten Burgtheaterpublikums war der Sohn eines den Musen zugetanen Vaters von klein auf hineingewachsen. Bereits als Kind hatte er Umgang mit Burgschauspielern, wie z. B. Adolf von Sonnenthal, die bei Johann Schnitzler in Behandlung waren. Bis zu seinen ersten literarischen Versuchen lassen sich die Ansätze zu einem klassizistischen Formbewußtsein, das in größeren zeitlichen Abständen immer wieder durchbrach, zurückverfolgen.

Eine Huldigung an Grillparzer: »Alkandis Lied«

Mit dem »dramatischen Gedicht in einem Aufzug«, »Alkandis Lied« (1890), knüpft Schnitzler an das Vorbild der Jung-Wiener, Franz Grillparzer, und speziell an dessen »dramatisches Märchen in vier Aufzügen«, »Der Traum ein Leben« (1834), an. Während sich später das Beatrice-Drama mit der »Eifersucht wegen eines Traums« (JiW 98) befaßt, geht es in dem frühen Traumspiel um die Eifersucht *im* Traum, die, vor der Wachwirklichkeit verborgen, unterschwellig wirksam ist. In beiden Fällen hat ein nur gewünschter, nicht ausgeführter Treuebruch verheerende Folgen. Eingeblendet als Spiel im Spiel übernimmt der Traum eine analytische Funktion (Bayerdörfer, 1972, S. 553 ff.). Er bewirkt die Austreibung einer seelischen Krankheit, um so die Voraussetzung für die Wiederherstellung des häuslichen Friedens zu schaffen. Die gewalttätigen Rachewünsche, die der eifersüchtige König Assad gegenüber seiner Gattin und dem von ihr verehrten Dichter Alkandi auf dieser Erlebnisebene austobt, geben dem orientalischen Märchen eine betont düstere Atmosphäre. So zögernd, wie am Ende dieses Alptraums die Verzeihung der zu Unrecht beschuldigten Ehefrau kommt, so unbestimmt ist auch die Zukunft ihrer Ehe. Diese läßt sich nach Auffassung des jungen Schnitzlers nie endgültig vor potentieller Untreue und deren Folgen schützen. Das Happy-End (Rieckmann, 1985, S. 146) ist für das Königspaar und die Zuschauer mehr als getrübt. Bei aller Nähe zu Grillparzers Besserungsstück begnügt sich Schnitzler damit, latent vorhandene Aggressionen an die Oberfläche zu holen, enthält sich im übrigen aber jeder expliziten moralischen Belehrung. Während bei seiner literarischen Vorlage der bedrängend quälende Alptraum eine positive Wirklichkeit vorbereitet, ist der böse Traum bei Schnitzler nur graduell schlimmer, weil exzessiver und unverblümter, als die Wachwirklichkeit. Indem er die finsteren Seiten der menschlichen Psyche vermittels eines Traumes zur Abbildung bringt, nimmt Schnitzler eine Umwertung dieses literarischen Motivs vor, die sich ähnlich später auch bei dem jungen Hofmannsthal, besonders aber bei Strindberg findet.

»Der Schleier der Beatrice«

Zeigen in der frühen dramatischen Huldigung an Grillparzer
Versmaß, Märchenmetaphorik und die melodramatische Verwendung der Musik bereits einen für die Generation der Jahrhundertwende typischen Hang zur Stilisierung, so gilt dieses
Interesse am Artifiziellen erstrecht für das Renaissancedrama
»Der Schleier der Beatrice«. Um 1900 waren die Arbeiten Jacob
Burckhardts bekannt und geschätzt. Die Epoche der Renaissance galt nicht nur als fortschrittlich und vorbildlich, in der
Nachfolge Nietzsches hatte man auch etwas übrig für die amo-
ralische Herrenmoral, die Nietzsche besonders in der historischen Figur Cesare Borgia II. verkörpert sah. Wo immer zarte
unbewußte Regungen nach drastischer Verbildlichung verlang-
ten, wie etwa in Schnitzlers Einakter »Die Frau mit dem Dolche«, wurde auf die Kostümierung der Renaissance zurück-
gegriffen. Attraktiv waren für die von viktorianischer Moral
gepeinigten Zeitgenossen die dieser Epoche zugeschriebenen
freien Sitten. Gefallen fanden die überfeinerten Décadents der
Jahrhundertwende aber auch an der barbarischen Grausamkeit
jener vergangenen Epoche. In Erwartung der bevorstehenden
Erstürmung der Stadt Bologna durch die von Cesare Borgia geführten päpstlichen Truppen spitzt sich das Hochzeitsfest am
herzöglichen Hofe im Zeichen des carpe diem zum orgiasti-
schen Rausch zu: Frauen reißen sich die Kleider vom Leib
(I/656), während einem Boten die Augen ausgestochen werden
und er anschließend inmitten der Lustbarkeiten des Festes an
einen Baum gebunden wird, damit ihm »das Lachen und die
Seufzer wilder Lust umtön'« eh man Befehl gibt, »in den Mor-
gentau/Zertretenen Wiesengrüns sein Haupt zu schleudern!«
(I/654). Das dramatisch heraufbeschworene »Grüßen einer hin-
geschwundenen Welt« (I/677) galt selbstverständlich in erster
Linie dem mit historischen Kenntnissen ausgestatteten Bil-
dungsbürgertum. Es stellt sich die Frage, ob Schnitzler selbst
mit dieser Form des Dramas nicht der Gefahr einer Herabwür-
digung des Theaters zum bloßen Nervenkitzel Vorschub leistet,
die er im »Grünen Kakadu« so treffend persifliert hatte. Daß der
Renaissance-Kult eine bedenkliche Abkehr von den politischen
Realitäten der eigenen Gegenwart bedeutete, ja daß sich in dem
Interesse für Renaissance, für höfische Geselligkeit und Ro-
koko (Die Schwestern oder Casanova in Spa), für Papsttum
(Beatrice) und germanisches Gefolgschaftswesen (Der Gang
zum Weiher) Spuren reaktionärer Tendenzen der Jahrhundert-

wende-Literatur abzeichne, wurde in der Forschung wiederholt betont (Jost Hermand, Der Schein des schönen Lebens. Studien zur Jahrhundertwende. Frankfurt 1972, S. 20).

Mit dem Rückgriff auf die historische Vergangenheit war für Schnitzler zweifellos der bereits erwähnte Wunsch verbunden, sich in den Augen der Zeitgenossen als »echter« Dichter zu profilieren, indem er die »ewigen« Fragen in den Mittelpunkt rückt. Symptomatisch für diese Erwartungshaltung ist Alfred Kerrs Rezension (1901), die das Drama aus der Figurenkonstellation heraus analysiert:

»Wer ist Beatrice? [. . .] Sie ist ein Fall; eine Zusammenfassung; ein Ur-bild. Beatrice ist eine andere Rasse – mit der wir den ewigen Lebenskrieg führen; die als Stellvertreterin eingesetzt ist [. . .] des großen, triebhaften Alls [. . .], die sich vom Urzustande so weit noch nicht entfernt hat, wie der grübelnde auf Grund von Erwägungen egoistische Männerich« (Alfred Kerr, Gesammelte Schriften in zwei Reihen, 1/1, Berlin 1917, S. 133).

Im »Lebenskrieg« mit dieser durch ihre Unkompliziertheit be-strickenden sechzehnjährigen femme enfant stehen der »Allzu-bewußte«, kernlose Augenblicksmensch Filippo Loschi und der Herzog, der als Gegentypus zu dem handlungsschwachen Dichter durch und durch Mann der Tat und der schnellen Ent-schlüsse ist. Drei Typen arbeiten sich hier aneinander auf (Ur-bach, 1968, S. 80). Nachdem Beatrice ihrem Geliebten Filippo gestanden hat, sie habe sich im Traum als Gemahlin des Her-zogs auf dem Thron sitzen sehen, während der gefeierte Poet als einer in der Menge vor ihr auf die Knie fallen mußte, schickt der Dichter sie aus Eifersucht und gekränkter Eitelkeit fort. Als Beatrice daraufhin dem Herzog in die Arme läuft, der sie zu sei-ner Gefährtin für die letzte Nacht vor der Schlacht auserwählt, verlangt sie gemäß der Prophezeiung des Traums, seine Frau zu werden. Nach der Hochzeit aber entschwindet sie zu ihrem Ge-liebten, um, durch ihre Tat gleichsam rehabilitiert und verzwei-felt zugleich, zusammen mit Filippo Selbstmord zu begehen. Dieser zieht es jedoch vor, allein zu sterben. Entsetzt flieht Bea-trice und vergißt dabei das Geschenk des Herzogs, einen kost-baren Schleier. Zurück im Schloß wird sie zur Rede gestellt und muß den Herzog an den Ort führen, wo sie den Schleier verlo-ren hat. Neben der Leiche des toten Geliebten wird Beatrice, die selbst ihren Tod fordert, von ihrem Bruder erstochen. In dem Motiv der Eifersucht wegen eines Traums treibt Schnitzler das neue, im Zeichen Nietzsches umgewertete Menschenbild der

Zeit auf die Spitze. Für Filippo wiegen die »frechen Wünsche«, die sich nur im Traum äußern können, nicht nur genausoviel, sondern mehr als ausgelebte Begierden, denn »das Leben tut alles ab« (I/576). Nachdem Beatrice aber diesem Anspruch gemäß ihren Traum in Realität verwandelt hat, läßt sich die Mißstimmung des in seinem Überlegenheitsgefühl verunsicherten Filippo nicht mehr aus dem Weg räumen. Indem er seiner fragwürdig gewordenen Existenz aus Ekel und Trotz ein sinnloses Ende setzt, erweist sich der Dichter als moderner Held, zu dessen innerem Konflikt das breit angelegte Sittengemälde der Renaissance lediglich opulente Staffage ist.

Auch diesem Drama hat Schnitzler die Gattungsbezeichnung »Tragödie« vorenthalten. Nicht zuletzt weil er die klassische Tragödie für die Moderne außer Kraft gesetzt sieht, nennt Schnitzler das Stück schlicht »Schauspiel«. Beatrice, die Protagonistin, die in ihrer Unbewußtheit in der Tradition der Gretchen-Figur steht, ist mehr Opfer als eine zur tragischen Schuld fähige Täterin, einer der beiden Antagonisten kündigt seine Beteiligung am Geschehen bereits im 3. Akt auf, der Herzog schließlich bleibt nachdenklich zurück, angesichts der an Emilia Galotti erinnernden Erdolchung, mit der der Bruder die Würde des Bürgertums gegenüber den verderblichen Einflüssen der zügellosen Aristokraten- und Künstlerwelt wiederherstellt.

Die »Helden« der Geschichte: »Der junge Medardus«

Mußte ausgerechnet das Beatrice-Drama, das Schnitzler, zumindest was den Aufwand an Material und Schauspielern anbelangt, dem Burgtheater geradezu auf den Leib geschrieben hatte, nach bösartigen Querelen mit Paul Schlenther fernab in der Provinz in Breslau uraufgeführt werden, so brachte 1910 die Premiere der »Dramatischen Historie in einem Vorspiel und fünf Akten«, »Der junge Medardus«, endlich wieder einen großen Theatererfolg in Wien. Eingebettet in die 79 Personen aufbietende Schilderung der historischen Ereignisse bei der Belagerung und Besetzung Wiens durch Napoleon Bonaparte im Jahre 1809 ist die weitgehend frei erfundene Schilderung der Ereignisse, die zu dem historisch belegten Attentatsversuch des Pastorensohnes Friedrich Staps auf Napoleon führten.

In Anlehnung an das Vorbild von Schillers Vorspiel »Wallensteins Lager« (Derré, 1966, S. 302) vergegenwärtigt Schnitzler die Vorgänge aus der Sicht des einfachen Volkes. Es gelingt ihm dabei, ein durchaus lebendiges, teilweise ironisch gebrochenes und insgesamt höchst kritisches Bild der Wiener Bevölkerung zu entwerfen. Durch die verschiedenen Phasen der historischen Geschehnisse hindurch, von der Aufstellung eines Freiwilligenheeres und der Organisation der Stadtverteidigung in einer Bürgerwehr, über die Kanonade und Kapitulation, bis hin zur Okkupation und schließlich zur Unterzeichnung eines Diktatfriedens werden einige Prototypen der Wiener Bürger beobachtet. Da ist der kriegsbegeisterte Berger, der großspurig auftritt, in der Stunde der militärischen Bewährung jedoch im Hintergrund bleibt: »Es dient jeder dem Vaterland, wie er kann. Ich bin halt mit meiner Flinten auf der Bastei gewesen. Bitte, meine Herrschaften, ich kann nichts dafür, daß kapituliert worden ist, eh' ich geschossen hab!« (II/197); da ist Frau Berger, die sich vor dem immer deutlicher sichtbar werdenden Elend in die Kirche zurückzieht; da ist des weiteren der Mitläufer und Vertreter des Pöbels, Wachshuber, der zunächst, kaum daß er zur Verteidigung der Stadt bewaffnet wurde, im Schutze der Masse einen französischen Boten erschlägt, um, als sich das Blatt gewendet hat, den Besatzern als Denunziant zuzuarbeiten; und da ist schließlich der ängstliche Bürger aus der Vorstadt, Föderl, den berechtigte Sorgen plagen, die Franzosen könnten ihre Wut über den gänzlich unsinnigen Widerstand der Wiener Bevölkerung zunächst an den außerhalb des Schutzes von Mauer und Bürgerwehr liegenden Wohnungen der sozial deklassierten Kleinbürger auslassen. Als einzig positiv gezeichneter Vertreter der Wiener Bürger tritt der besonnene und skeptische Eschenbacher auf. Er versucht, den schwärmerischen Patriotismus in seiner Umgebung durch den Hinweis auf die Lehren der Vergangenheit zu dämpfen. Im entscheidenden Augenblick aber setzt er sich durch Zivilcourage von der zwischen Angst und Selbststilisierung zu Märtyrern hin- und hergerissenen Masse ab. Es entspricht Schnitzlers skeptischer Sicht, wenn gerade dieser Einsatz mit dem Leben bezahlt werden muß. Aufgrund von Wachshubers Anzeige wird Eschenbacher wegen der Nichtauslieferung von strategisch wichtigen Karten standrechtlich erschossen.

Der anfänglich alles dominierende und bis zur Selbstzerstörung übersteigerte Heldenmut der jungen Krieger, die Napoleon entgegenziehen und ihm eine spürbare, das Gesamtergebnis aber nicht beeinflussende Niederlage beibringen, wird konterkariert von den schmerzlichen Erlebnissen der Daheimgebliebenen: Verwüstung der Stadt, Brotknappheit und Bettelei der Einheimischen, Zwangseinquartierung der Besatzer im eigenen Heim und Willkürakte einzelner Offiziere beherrschen den Alltag. Dabei zeichnen sich die Wiener Bürger nicht gerade durch übermäßigen Opfermut aus: Schon als das zweite Bürgerhaus brennt, ist man allgemein zur Kapitulation bereit. In der ihnen eigenen Mischung aus Scheinheiligkeit und Anpassungsfähigkeit behandeln sie ihre französischen »Gäste« mit größter Zuvorkommenheit. Besonders demaskierend ist eine allgemeine, selbst vor der Besichtigung des eigenen Untergangs nicht zurückschreckende Schaulust: Die Wiener schießen nicht, sie nehmen an der Kanonade als Schaulustige teil, sie helfen nicht beim Wiederaufbau verwüsteter Orte, sondern sie fahren zur Besichtigung hin. Mit seinen Paraden und seiner Hofhaltung in Schönbrunn ist Napoleon, der im Stück nie auftritt, für sie ein einzigartiges Schauspiel. Während skeptische Pragmatiker wie Eschenbacher hingerichtet werden und die im Lazarett arbeitende Anna Berger an Überanstrengung stirbt, kommen die sich ewig arrangierenden, wohlhabenden Wiener Bürger vom Schlage des Vater Berger mit dem Schrecken davon. Ihnen widmete Schnitzler die »Kennworte«:

Wie komm denn i dazu?
Es zahlt sich ja net aus!
Tun S' Ihnen nix an (AuB 273).

In den anläßlich des Ersten Weltkrieges entstandenen Aphorismen stellt sich wenige Jahre nach Fertigstellung des Stücks die Aktualisierung der historischen Darstellung ein:

»Ein gewisser Teil der Bevölkerung ist stets unter gewissen Bedingungen bereit, die Elemente der Bestialität, Raubsucht und Tücke frei walten zu lassen, und bei aller verhältnismäßigen Gutmütigkeit der Österreicher läge es durchaus nicht außerhalb aller Möglichkeit, auch sie entsprechenden Falls zu Akten der Brutalität und Grausamkeit anzueifern. Ich halte es für unwahrscheinlich, daß a priori die Wiener Plattenbrüder ein besseres Menschenmaterial darstellen als die französischen und belgischen Apachen« (AuB 189 f.).

Auf dem Hintergrund dieses Spektrums sozialen Verhaltens entrollt Schnitzler wie in einem Brennspiegel das Einzelschicksal des jungen Medardus, den Alfred Kerr »Herr von Hamlet'l« genannt hat (Derré, 1966, S. 304). Eine Art Anti-Held wie seine Mitbürger und Freunde ist auch dieser Bummelstudent. Der Sohn der ambitionierten Bürgerswitwe Klähr soll nach Wunsch seiner Mutter als Kriegsheld und als Rächer ihres durch die Franzosen umgekommenen Gatten auftreten. Der Selbstmord seiner Schwester, die sich zusammen mit dem im österreichischen Exil lebenden legitimen Erben des französischen Thrones, François von Valois, aus Verzweiflung über den Widerstand der hochadeligen Familie gegen eine Heirat mit einer österreichischen Bürgerlichen in die Donau stürzte, bringt Medardus jedoch von seinem vorgezeichneten Weg ab. Statt sich für eine anläßlich der gemeinsamen Beerdigung heraufbeschworenen Provokation seitens der Schwester von François, Hélène, zu rächen, läßt er sich von dieser femme fatale in die Pläne der Valois verstricken. Medardus durchläuft in der Folge einen vielschichtigen Desillusionierungsprozeß, bei dem er nicht nur Bürgerstolz und deutsch-nationale Begeisterung einbüßt, sondern in eine tiefgreifende Persönlichkeitskrise gerät. Karl Guthke (1961) sieht in dem Drama um den verhinderten Helden, für den sich vor jedem neuen Ziel ein neues Hindernis aufbaut, eine Tragikomödie, die angetrieben ist von tragischer Schicksalsironie (Karl S. Guthke, Geschichte und Poetik der deutschen Tragikomödie, Göttingen, S. 309): So wie es der Selbstmord der Schwester war, der seine Karriere als Schlachtenheld vereitelte, so ist es die unerwartet erwachte Haßliebe zu Hélène, die seine Rache an der Familie der Valois behindert und die auch letztlich sein geplantes Attentat von Napoleon auf Hélène ablenkt. Statt den französischen Feldherrn tötet er auf den Stufen von Schloß Schönbrunn die Frau, die in ihm die unentwirrbare Verbindung von erotisch sinnlicher Abhängigkeit und bürgerlichem Befreiungsethos entfacht hatte. Damit trifft diesen ambitionierten Bürgerssohn die »perfidie de la fortune« (Derré, 1966, S. 304): Er rettet den verhaßten Usurpator Napoleon. Nach dem Verlust seines Ziels, sich als Schlachtenheld zu bewähren, und der damit verbundenen Heilsgewißheit im Falle seines Todes, schwankt Medardus zwischen dem Gefühl des sinnlosen Lebens, das sich in seiner widerstandslosen Hingabe an die sinnliche Verführung durch Hélène ausdrückt, und dem neu erwachenden Wunsch nach einer Sinngebung. Das wiederholte Abdriften des Helden von seinem tollkühnen Vorsatz läßt eine Komödie des Heroischen entstehen (Blume, 1936; Urbach, 1968, S. 86). Nachdem das Attentat an Napoleon mißlang, bleibt ihm nur noch die Möglichkeit, seinen Heldenmut gegen sich selber zu lenken. Der Erhalt des Selbstwertgefühls wird mit der physischen Selbstzerstörung erkauft. Er lehnt Napoleons Gnadenangebot ab und wird auf diese Weise des »Krieges letzter und seltsamster Held« (II/215), der sogar Napoleon Hochachtung abzuringen vermag. Es siegen Egozentrik und Stolz, Mutter und Freund bleiben hilflos zurück.

Der erwachende Patriotismus mit seinen allein an das Gefühl
appellierenden nationalen Symbolen, wie Fahne und Hymnen,
wird in diesem Stück einer kritischen Beurteilung unterzogen.
So kontrastiert der Autor den verklärenden Idealismus und
Heldenmut der Familie Klähr mit der Flucht des Kaisers aus der
belagerten Stadt und mit dem feigen Verhalten der Obrigkeit,
die dem Volk aber nichtsdestoweniger ungeheure Opfer abverlangt. Andererseits grenzt sich der blauäugige Idealismus der
Kleinbürgersfamilie Klähr ab gegen das Verhalten der Ver-
schwörer um Hélène Valois, die das Prinzip der Legitimität
durch Mord und Intrige durchzusetzen versuchen. Die Schluß-
worte des trotzigen Medardus, »ich weiß, daß nicht eher Ruh'
auf Erden sein wird, als bis Bonaparte aus der Welt verschwindet« (II/214), entlarven nicht bloß das verhinderte Heldentum
des jungen Bürgers, dessen Dolch auf verwirrten Wegen gegen
die Vertreter des ancien régime gerichtet wurde, den Usurpator
Napoleon dagegen verschonte; sie verweisen zugleich auf die
politische Position des Bürgertums zwischen konservativem
Patriotismus und dem Freiheitskampf gegen die entmündigende
Willkürherrschaft. Hauptanliegen des Historiendramas, das
eine Nebenfigur der Geschichte in den Mittelpunkt stellt, aber
ist der Versuch, den Zeitgenossen durch die historische Distanz
hindurch einen Spiegel vorzuhalten und dies zu einer Zeit, als
der nächste große Krieg bereits in Sicht war.

Casanova: »Die Schwestern oder Casanova in Spa«

Im Verlauf des Ersten Weltkriegs, den Schnitzler wie kaum
einer seiner Dichterkollegen konsequent abgelehnt hat, vollzieht sich mehr und mehr ein Rückzug von den Problemen der
Gegenwart. Es entstehen Werke, die sich, wie die Autobiographie, im Rückblick mit der eigenen Person beschäftigen. Inspi-
riert durch Leseerlebnisse erarbeitet er die beiden Casanova-
Werke, »Casanovas Heimfahrt« (1918) und »Die Schwestern
oder Casanova in Spa« (1919), und auch »Der Gang zum Weiher« wird in dieser Phase begonnen. Wie das Casanova-Stück
spielt der »Weiher« in der Mitte des 18. Jahrhunderts, in der verfeinerten, sinnenfrohen Epoche des Rokokos. Beide parallel
entstandenen Casanova-Texte thematisieren dasselbe Motiv des
nicht erkannten erotischen Partners. Während die Erzählung
mit Casanova, der zur Identifikationsfigur der literarischen
Helden um 1900 wurde, aus der Perspektive des Krieges abrech-

net, indem sie ihn als bösen, die Jugend zerstörenden alten Mann charakterisiert, versucht Schnitzler im Lustspiel, den Glanz dieses Verächters des Lebens »nach Bürgerart« (II/733) noch einmal auferstehen zu lassen.

32jährig, nach der berüchtigten Flucht aus den Bleikammern auf dem Höhepunkt seines Ruhmes, erscheint der Held umringt von schönen Frauen, die sich bald um seinetwillen mit Haarnadeln bewaffnet ans Leben wollen. Nicht als gewissenloser Verführer wird er gezeigt, in vorbewußter Naivität (Offermanns, 1973, S. 123) stellt er sich lediglich zur Verfügung, »Wenn just [. . .] holder Zauberei Natur/Ihr Werk begonnen« (II/684). Bei allem Auf und Ab des Spielglücks und allen Verwirrungen der Liebesabenteuer behält er stets die Oberhand und verblüfft seine Mitmenschen obendrein noch durch seinen souveränen Umgang mit Gläubigern und Nebenbuhlern. Casanova bekommt immer was er will, sei es das benötigte Geld zur Begleichung seiner Spielschulden oder sei es eine Partnerin für die Nacht, nur bekommt er es stets auf unvorhersehbare Weise. Als er von den mehr oder minder eifersüchtigen Partnern der beiden Heldinnen, Anina und Flaminia, erfährt, daß er sich in der vorangegangenen Nacht im Zimmer geirrt hatte und statt bei der anvisierten lasziven Flaminia sein Schäferstündchen bei der als keusch geltenden Anina verbrachte, beantwortet er die als mathematisches Problem formulierte Aufgabe, welche der beiden Frauen »die zumeist Betrog'ne sei« (II/719), indem er vor allem sich selber aus der potentiell gefährlichen Situation zieht:

Betrogen alle Drei: Der Jüngling zweifach,
Einfach die Frau'n, auf ihre Weise jede
So glich sich alles aus, und ich erkläre:
Ungültig war das ganze Abenteuer (II/722).

Während sich der versehentlich betrogene Liebhaber Andrea als Reaktion auf das rückhaltlos offene, um Verzeihung bittende Geständnis Aninas in Grübeleien über die unwiederbringlich verlorene Unschuld verzehrt und seinen Nebenbuhler mehr wegen der Überlegenheit, die eine solche Trophäe über den Gehörnten einbringt, als wegen der durchlebten Sinnenfreuden haßt, botet Casanova seinen Spielpartner auf dem Parkett der Lebensklugheit aus. Die Andrea kennzeichnende Anmaßung einer totalen Beherrschung der Frau, bis in ihre unbewußten Wünsche hinein, liegt ihm fern. Casanova verschwendet sich an die Welt, statt nach Bürgerart von ihr ständig Schulden einzufordern. Seiner eigenen Grenzen bewußt hat er die Untreue als etwas Unabänderliches akzeptiert. Seine Überlegenheit über Bürger wie Andrea, die ihre eigene Innerlichkeit absolut setzen, gewinnt Casanova, indem er sein Leben bewußt aus dem Stegreif lebt und seine Rolle als Spielball eines unbekannten Regisseurs akzeptiert (Melchinger, 1968, S. 50 ff.). Dabei belastet er sich weder mit Erinnerungen noch mit Zukunftsängsten, wie seine impressionistischen Nachfolger Julian Fichtner und von Sala um die Jahrhundertwende. Er ist noch von keiner Reflexivität angekränkelt (Gleisenstein, 1981, S. 125). Ähnlich wie bei Beatrice und Medardus wird auch bei der Gegenüberstellung Casanovas mit Andrea die Korrumpierung des Bürgers durch die von Spiel, Duell und Mätressenwirtschaft geprägte Adelswelt thematisch. Während der Zwiespalt zwischen Anpassung und Auflehnung bei den beiden Spielpartnern zur Selbstzerstörung führen, gelingt es dem Diplomaten Casanova, seinem Antagonisten das Wort abzunehmen und ihn zu einem, wenn auch zähneknirschenden Kompromiß zu überreden.

»Die Schwestern oder Casanova in Spa« ist, abgesehen von dem Einakter »Literatur«, Schnitzlers einziges Drama, das die Gattungsbezeichnung »Lustspiel« trägt. Seine Komik gewinnt das Lustspiel aus Verzerrungen und retardierenden Einwendungen der Zuhörer bei der zweimaligen Nacherzählung der dramatischen Handlung in Novellenform. Komödienelemente wie die der Figur des in Prosa redenden schlauen Dieners Tito, die Verwechslungs- und die Geldthematik, vor allem aber der erneute Rückgriff auf die Versform belegen Schnitzlers Anlehnung an die Tradition. Sie lassen das Stück aber zugleich als geschickt angelegte Unterhaltung erscheinen, deren ernster Kern das altbekannte Problem von Sein und Schein wieder aufgreift. Mit der kurzschlüssigen Auflösung des Dramas in einer, dem Geschmack des 18. Jahrhunderts nachempfundenen Idylle wirkt dieses für Schnitzler ungewöhnlich heitere Komödienende absichtlich herbeigezwungen. Mit der sozialen Wirklichkeit nimmt es diese Komödie nicht auf, sie mündet vielmehr in eine, aus der Literatur einer vergangenen Epoche entlehnte unverbindliche Utopie der Menschenversöhnung (Offermanns, 1973, S. 123 ff.).

Wiederkehr der schwankenden Gestalten:
»Der Gang zum Weiher«

Ähnlich Kritisches läßt sich auch für Schnitzlers spätes Versdrama, »Der Gang zum Weiher« (1926), feststellen. Das Überhandnehmen der verdeckten, nur berichteten Handlung gegenüber der gespielten wird hier zum Problem der dramatischen Form. Über den im Titel genannten Gang wird im Drama zweimal lediglich berichtet, aber auch alle anderen wesentlichen Geschehnisse erfährt der Zuschauer nur aus Erzählungen der Figuren. Was bleibt, ist das Gespräch darüber, ohne daß allerdings die Konversation und die Langeweile selbst thematisch werden. Die Gegenwart, der traditionellerweise das Interesse des Dramatikers gilt, wird ausgespart zugunsten eines Rückblicks in die Vergangenheit bzw. zugunsten der an die Zukunft gestellten Erwartungen. So laufen gerade Schnitzlers späte Dramen Gefahr, zu reinen Lesedramen zu werden.

Im Hause des ehemaligen Reichskanzlers, Freiherr von Mayenau, erwartet man den von langjährigen Reisen ins Ausland zurückkehrenden Dichter Sylvester, dem die Tochter des Freiherrn, Leonilda, seit ihrer Kindheit in schwärmerischer Neigung zugetan ist. Als Sylvester, dessen Geliebte ein Kind von ihm erwartet, aus der Laune des Augenblicks heraus um die Hand der wesentlich jüngeren Leonilda anhält, rät der weitsichtige Vater ihm, für eine Bedenkzeit zunächst zu seiner schwangeren Freundin zurückzukehren. Unterdessen bringt der Sohn des Marschalls, Konrad, die Nachricht vom bevorstehenden Krieg sowie die Rückberufung des Freiherrn ins Reichskanzleramt. Während dieser in die Residenz reitet, um den Ausbruch des Kriegs durch diplomatische Verhandlungen in letzter Minute noch abzuwenden, bleibt Konrad im Schloß und begegnet nachts der nackt im nahegelegenen Weiher schwimmenden Leonilda. Das Drama entläßt den Zuschauer in ein ungewisses, im Tenor aber deutlich düsteres Ende: Die Friedensmission des Freiherrn scheitert, Sylvester begeht Selbstmord im Weiher als er Leonilda für sich verloren weiß, die Hochzeit von Leonilda mit Konrad wird auf die Zeit nach dem Kriegsende verschoben.

Noch einmal überprüft Schnitzler in diesem späten Stück, welche Wandlungen der Zusammenbruch des Ersten Weltkriegs für die Gesellschaft der Jahrhundertwende, auf die auch dieses Drama trotz historischer Kostümierung bezogen bleibt, für seine Charaktere mit sich gebracht hat. Der Dichter Sylvester, in seiner Fixierung auf die eigene Person ein später Nachfahre Anatols und Filippos, geht unter und mit ihm seine solipsistische Erkenntnisweise, die zwischenzeitlich bei dem freiherrlichen Sekretär Ungnad zu einem ins Lächerliche übersteigerten, trivialisierten Machismus verkommen ist. Der Freiherr ist als von lebensfeindlichen Moralgesetzen unabhängiger Vater

später Nachfahre des alten Weiring. Als einer, der noch auf Gespräch und Diplomatie setzt, wird er verdrängt von dem kamp-
feslustigen Sohn des Marschalls, der Militarismus und Nationa-
lismus bereits völlig verinnerlicht hat. Anselma schließlich, die
entsagende Frau, die ihre Chance zur Ehe verpaßt hat, wird abgelöst von der emanzipierten, ihre erwachende Sexualität beja-
hende Leonilda. Die Jüngere ist nicht mehr allein auf die Ehe fixiert und sieht sich durch den Verlust der Jungfräulichkeit nicht
automatisch zur Dirne degradiert. Leonilda ist eine Frau vom
Schlage Erna Wahls in »Das weite Land« und »Fräulein Elses«;
alle drei verkörpern den moralischen Wandel von der Vor- zur
Nachkriegsgesellschaft. Es geht Schnitzler auch in diesem
Drama nicht um die präzise Schilderung eines Zeitalters oder
um einen bestimmten historischen Konflikt. Wenn die Rede
von einem Grenzkonflikt ist, dann ist wahllos irgendeiner aus
der endlosen Reihe angesprochen, die bis zu Schnitzlers Gegenwart den Vorwand für den Ausbruch kollektiver Aggression
und militärischer Aktionen lieferte. In einzelnen Punkten boten
sich freilich Aktualisierungsmöglichkeiten: So dürfte die Charakterisierung des Fürsten als unentschlossenem, schwachem
Herrscher, der seinen »müd geword'nen« Haß hinter höhnisch-
wehem Lächeln und trüben Blicken versteckte (II/759), eine
Anspielung auf den greisen, immer freundlich lächelnden Habsburger Kaiser Franz Joseph I. sein; ihn haßte Schnitzler im übrigen ebensowenig, wie der Freiherr es tut. Als Regression in
eine mythische Urzeit deuten sich die evozierten Märchenbilder
von Leonildas schlafwandlerischen Gängen zum Weiher. Wenn
Schnitzler das einstmals beliebte Bild der Frau als Nixe in der
Phantasie des Zuschauers als eine Art Jugendstil-Tableau aufle-
ben läßt und die Weiher-Metapher als Seelen- und Lebenssym-
bol nochmals bemüht, wird der unzeitgemäße Charakter dieses
späten Dramas offenkundig. Mit Recht wurde in der eher spärli-
chen Forschungsliteratur zu Schnitzlers historischen Dramen
mehrheitlich auf die formale und thematische Rückständigkeit
hingewiesen (Glogauer, 1984). Seine kritischen Anspielungen
auf die historische Gegenwart bleiben zu halblaut, um sich angemessen Gehör zu verschaffen, seine Themen zu sehr rückwärtsgewandt. Während Schnitzler mit seinem erzählerischen
Spätwerk seine wichtigsten Texte schaffen sollte, erweist er sich
in der späten Dramatik als Epigone seiner selbst.

Literatur

Offermanns, Ernst L. (1981): Geschichte und Drama bei A. S. In: Scheible (Hg.) (1981) S. 4–53.
Alkandis Lied: Reik, Theodor (1912): A. S. vor dem »Anatol«. In: Pan 2, 32, S. 899–905. *Schinnerer*, Otto P. (1929): The Early Works of A. S. In: GR 4, 2, S. 153–197. *Bayerdörfer*, Hans-Peter (1972): Vom Konversationsstück zur Wurstelkomödie. In: Schillerjahrbuch 16, S. 516–575. *Rieckmann*, Jens (1985): Aufbruch in die Moderne. Königstein, S. 145 ff. *Perlmann* (1987) S. 70–76.
Der Schleier der Beatrice: Schnitzler, Arthur (1931): Zur Psychologie des Schaffens. Die Entstehung des »Schleiers der Beatrice«. In: Neue Freie Presse 24168 (25. 12. 1931) S. 38 f. *Reik*, Theodor (1913): A. S. als Psycholog. Minden, S. 218 ff. *Schinnerer*, Otto P. (1932): S.s »Der Schleier der Beatrice«. In: GR 7, 3, S. 263–279. *LoCicero*, Vincent (1965): S., O'Neill and Reality. In: JASRA 4, 3, S. 4–26. *Hinterhäuser*, Hans (1981): A. S. und die Romania. In: LuK 161/162, S. 62–72. *Perlmann* (1987) S. 108–114. – Zur Renaissancerezeption um die Jahrhundertwende vgl. allgemein: *Rehm*, Walter (1929): Der Renaissance-Kult um 1900 und seine Überwindung. In: Ders. (1969): Der Dichter und die neue Einsamkeit. Göttingen S. 34–77. *Hermand*, Jost (1972): Der Schein des schönen Lebens. Studien zur Jahrhundertwende. Frankfurt S. 20. *Ritter-Santini*, Lea (1981): Maniera Grande. In: Viktor Žmegač (Hg.): Deutsche Literatur der Jahrhundertwende, Königstein, S. 242–272.
Der junge Medardus: Derré (1968) S. 301–318. *Allen*, Richard H. (1970): 79 Personen: Character Relationships in S.s »Der junge Medardus«. In: Studies in German Literature of the Nineteenth and Twentieth Centuries, Chapel Hill, S. 149–156. *Urbach* (1974) S. 181–184.
Die Schwestern oder Casanova in Spa: Aspetsberger, Friedbert (1966): »Drei Akte in einem« – zum Formtyp von A. S.s Drama. In: ZfdPh 85, 285–308. *Melchinger* (1968) S. 47 ff. *Kilian* (1972) S. 110–116. *Offermanns* (1973) S. 110–127. *Stock*, Fridhjof (1978): Casanova als Don Juan. Bemerkungen über S.s Novelle »Casanovas Heimfahrt« und sein Lustspiel »Die Schwestern oder Casanova in Spa«. In: Arcadia 13, S. 56–65. *Gleisenstein*, Angelika (1981): Die Casanova-Werke A. S.s. In: Scheible (Hg.) S. 117–141. *Mauceri*, Maria Cristina (1986): Der Liebesabenteurer als »negativer Typus«: Zur kritischen Darstellung der Casanova-Figur bei A. S. In: MAL 19, 3–4, S. 149–162. *Menhennet*, Alan (1986): S. and the Experiment of Time: From Anatol to Casanova. In: MAL 19, 3–4, S. 163–178.
Der Gang zum Weiher: Derré, Françoise (1966): Une rencontre singulière: J. Giraudoux et A. S. In: EG 21, S. 17–32. *Dickerson*, Harold D. (1971): Water and Vision as Mystical Elements in S.s »Der Gang zum Weiher«. In: MAL 4, 3, S. 24–36. *Glogauer*, Walter (1984): Die Signifikanz von A. S.s Vers- und Prosasprache. In: LuK 19, S. 270–287.

4.4 Die späten Komödien

»auf dem Grunde jeder richtigen Komödie,
tief verborgen in vermauerten Räumen,
ruht ein tragisches Geheimnis«
(AuB 100)

Wie für das Frühwerk die sozialpsychologischen Dramen in der
Nachfolge Henrik Ibsens charakteristisch sind, so auffällig ist
Schnitzlers programmatisch verstandene Hinwendung zur Ko-
mödie in seinem dramatischen Spätwerk. Tragen bereits die
Zyklen »Anatol« und »Reigen« unverkennbar komödienhafte
Züge, so werden sie doch noch nicht als solche bezeichnet. Im
reiferen dramatischen Schaffen dagegen, beginnend mit der
Ehe-Komödie »Zwischenspiel«, über die politischen Komödien »Professor Bernhardi« und »Fink und Fliederbusch« bis
hin zu den Einaktern »Komödie der Worte« und der »Komödie
der Verführung«, nennt Schnitzler seine Stücke mit Vorliebe
Komödien. Und er tut dies umso bewußter, als die Stücke selbst
nur wenig Ähnlichkeit mit der herkömmlichen Poetik der Komödie aufweisen. Derartige der Erwartung der Rezipienten bewußt zuwiderlaufende Gattungsbezeichnungen wurden denn
auch Ausgangspunkt einer Forschungsdebatte um Schnitzlers
Komödienbegriff und dessen innovative Bedeutung innerhalb
der Literaturgeschichte. Mehr noch als mit Schnitzlers Humor
und seinem ironischen Verhältnis zur eigenen Gattungsform
(Rey, 1971, S. 76 ff.) haben wir es mit einer gezielten Autoren-
strategie zu tun. Im Schutze eines vordergründig postulierten
Unterhaltungstheaters wird Gesellschaftskritik lanciert. In dieser Vorgehensweise weist Schnitzler voraus auf das Komödienverständnis in der Literatur der 20er Jahre, besonders auf Autoren wie Ödön von Horváth. Klaus Kilian (1972) spezifiziert
Schnitzlers Komödienverständnis nach zwei wesentlichen
Aspekten. Zu beobachten sei zum einen das Spiel mit der Komödie als dramatischer Bauform. Als Folie, auf deren Hintergrund die Abgrenzung vom traditionellen Muster stattfindet,
dient immer wieder die »Wurstelkomödie«. Diese Metapher
repräsentiert jene, Schnitzlers Selbstverständnis entgegengesetzte, extreme Form der Komödie, die keinerlei ernstzunehmenden Inhalt mehr transportiert. Diesem engeren, poetologischen Komödienbegriff steht nach Kilian ein weiterer, ethisch
orientierter gegenüber, mit dem die Verhaltensweise des Rollenspiels als unaufrichtigem, lügenhaftem Umgang im zwi-

schenmenschlichen Miteinander angesprochen werden soll. Bezeichnend für Schnitzlers Menschenbild ist die pessimistische Feststellung, daß der einzelne sich seines Rollenspiels meist ebensowenig bewußt ist, wie den Marionetten des Wursteltheaters. Der Mensch ist Komödiant in einem Spiel, dessen Buch er nicht kennt. Er spielt anderen, aber auch sich selbst eine Komödie vor (Blume, 1936). Aufgabe des Schriftstellers ist es, die Bewußtmachung dieser Situation voranzutreiben. Am Beginn der »Komödie der Verführung« fällt ein Wort, das Schnitzlers Kritik an der Falschheit der Wiener-Walzer-Seeligkeit mit seinem Lob auf das goldene Wiener Herz umreißt: »Und wenn Sie ihnen die Brust aufreißen könnten – noch ihre Herzen lügen« (II/850). Mit der Stilmischung von Tragischem und Komischem, die nahezu alle Dramen Schnitzlers durchzieht, der er aber nur ein einziges Mal durch die Gattungsbezeichnung »Tragikomödie« für »Das weite Land« Rechnung getragen hat, nimmt er teil an einer Zeitstimmung für die Schopenhauers Philosophie maßgebend war: »Das Leben jedes Einzelnen ist, wenn man es im Ganzen und Allgemeinen übersieht und nur die bedeutsamen Züge heraushebt, eigentlich immer ein Trauerspiel; aber im Einzelnen durchgegangen hat es den Charakter des Lustspiels« (Die Welt als Wille und Vorstellung, Sämtliche Werke, Bd. 2, Julius Frauenstädt [Hg.], Leipzig 1919, S. 380). Thomas Mann sieht es in diesem Sinne als »Errungenschaft des modernen Kunstgeistes« an, daß er dem Tragikomischen den Vorzug gibt (Die Forderung des Tages, GW Bd. 11, Berlin 1930, S. 334). Wenn Schnitzler niemals eine reine Komödie verfaßt hat – sieht man einmal von Ausnahmen wie dem Einakter »Literatur«, dem Casanova-Lustspiel und der Journalistensatire »Fink und Fliederbusch« ab –, so erscheint dies nicht, wie Oskar Seidlin insinuiert, als Defizit (Einleitung zum Briefwechsel Schnitzler – Brandes, S. 23), sondern als bewußter Anschluß an die Moderne. Mit seinem Verzicht auf die Tragödie und der Hinwendung zur Komödie stellt sich Schnitzler in eine Traditionslinie, die von J. M. R. Lenz über Hasenclever bis hin zu Dürrenmatt mit der Signalwirkung dieser Gattung arbeitet. Der Negativität des Bestehenden glaubten diese Autoren nur noch mit der Komödie beikommen zu können. Die Komödie impliziert für Schnitzler nicht mehr das Versprechen einer höheren Harmonie, sondern ist Ausdruck eines Geschichtspessimismus (Kaulen, 1981, S. 198). Die Komödie wird sich selbst als Form problematisch und gewinnt mit der schrittweisen Demontage der in der aristotelischen Poetik vorgeprägten Gattungsmerkmale tragische Züge.

Auf die Differenzierung des Komischen und Tragischen als zeit-
spezifische Phänomene schließlich läßt Schnitzler seine Dichterfigur Albertus, den kritischen Beobachter der Ehe-Komödie
zwischen dem Kapellmeister und Komponisten Amadeus und
dessen Gattin, der Opernsängerin Cäcile, im »Zwischenspiel«
paradigmatisch hinweisen: »Das ist ja das Charakteristische aller Übergangsepochen, daß Verwicklungen, die für die nächste
Generation vielleicht gar nicht mehr existieren werden, tragisch
enden müssen, wenn ein leidlich anständiger Mensch hineinge-
rät« (I/925).

»Zwischenspiel«

Wie der Versuch eines aufgeklärten Künstlerehepaares, nach
siebenjähriger Ehe die erotischen von den familiären und
freundschaftlichen Banden abzukoppeln, an dem Anspruch
scheitert, einander die Wahrheit zu sagen, exemplifiziert die
1905 am Burgtheater uraufgeführte und von Schnitzler selbst
wenig geschätzte Komödie »Zwischenspiel«. Den scheinbar so
verständnisvollen, aufrichtigen Umgang miteinander entlarvt
Cäcilie, die Ehefrau, als von ihrem Mann Amadeus inszeniertes
Rollenspiel und Lüge: »da du mir deine Leidenschaft für die
Gräfin und ich dir meine Neigung für Sigismund gestand – das
ist nicht Wahrheit gewesen. Hätten wir einander damals unseren Zorn, unsere Erbitterung, unsere Verzweiflung ins Gesicht
geschrien, statt die Gefaßten und Überlegenen zu spielen, dann
wären wir wahr gewesen, Amadeus« (I/960). Die Vermessenheit einer rückhaltlosen Offenheit wird jäh zerstört. Schnitzler
begnügt sich nicht damit, die Widersprüche zwischen schein-
barer Toleranz und einer tiefsitzenden Ungleichheit innerhalb
der Partnerschaft aufzuzeigen. Es geht vor allem um die Auf-
deckung des unwillkürlich Komödienhaften im Verhalten des
Ehemanns. Ausgerechnet Amadeus, der so dezidiert für Offenheit eintritt, ist am stärksten für Spiel und Unaufrichtigkeit anfällig. Er versucht, seine Gattin zur Marionette in seinem Spiel
zu degradieren. Charakteristisch für die von Albertus erwähnte
Übergangsphase ist, daß der Held den Neuerungen, für die
er eintritt, selbst nicht gewachsen ist. Allzu rasch stellt sich
Amadeus, nachdem er das eigene Abenteuer ausgekostet hat,
um und fordert Cäcilie zurück. Er läßt sich sogar dazu hin-
reißen, den vermeintlichen Liebhaber seiner Frau zum Duell zu
fordern.

Das Attribut anständig gebührt daher eher Cäcilie. Sie ist es, die sich dagegen sträubt, ihr Leben zur Komödie herunterkommen zu lassen. Sie verhindert deshalb das glatte Happy-End, wenngleich sie es ebenso wünscht wie Amadeus. Stattdessen macht sie Ernst mit der Forderung, daß es auf die innere Einstellung und nicht auf die äußere Unversehrtheit ankommt, während für Amadeus seine Ehe gerade dadurch als noch nicht völlig zerrüttet erscheint, weil seine Frau ihre erotische Freiheit noch nicht in die Tat umgesetzt hatte. Cäcilie läßt sich nicht ohne weiteres wieder in die Ehe einbinden, weil ihre innere Verunsicherung durch die neu geweckten Wünsche noch anhält. Mit dem Wurstelprater-Marionettentheater, das sie ihrem Sohn von der Reise mitbringt, führt Schnitzler jenes Gegenbild der Komödie ein, von dem er sich absetzen will. Wie Albertus zieht auch er die widersprüchlichen den glatten Komödiensprüchen vor. Als Peterl zwischen den beiden Eheleuten erscheint, kommentiert die Dichterfigur: »Jetzt wäre doch der Augenblick, in dem ihr euch mit absoluter Sicherheit in die Arme stürztet, wenn ihr das Glück hättet, erfunden zu sein ... allerdings von einem andern als von mir« (I/958). Auf der Ebene des hier geführten poetologischen Diskurses geht es darum, die Konstruktion des »well made play« als inadäquat zu decouvrieren. Schnitzlers Schluß – dies wird ja bereits durch die Titelgebung signalisiert – vermeidet zwar die unmittelbare Versöhnung, ist aber nicht völlig unversöhnlich. Cäcilie, die sich zunächst noch einer einfachen Lösung widersetzt, dabei aber von einem »künftigen« Glück mit Amadeus spricht, bleibt weinend auf der Bühne zurück. Damit öffnet sich der Ausblick auf einen Neubeginn. Versöhnung wird in der Scheidung, Hoffnung im Leiden sichtbar (Offermanns, 1973, S. 39).

»Das weite Land«

Um eine Ehe, in der die Verständigung nicht mehr funktioniert, geht es auch in der Tragikomödie »Das weite Land« (1911). Beide Protagonisten machen eine Midlife-Crisis durch. Der Fabrikant Friedrich Hofreiter, ein herrischer Ichmensch, wendet sich von seiner Frau ab, nachdem diese ihm den Abschiedsbrief eines jungen Pianisten gezeigt hat, der aus unglücklicher Liebe zu der verheirateten Frau Selbstmord begangen hat. Genias Absicht, ihren seit langem innerlich von ihr entfremdeten Gatten durch diesen letzten Versuch zur Aufrichtigkeit zurückzugewinnen, kehrt sich ins Gegenteil. Sie schürt auf diese Weise seine Eifersucht und führt die endgültige Abkehr herbei. Getrennt voneinander erleben beide ein außereheliches Liebesabenteuer: Hofreiter auf einer Bergtour mit der jungen, aufgeschlossenen Erna Wahl, Genia mit dem Marinefähnrich Otto. Als Hofreiter diesen aus dem Schlafzimmer seiner Frau klettern sieht, bleibt er zunächst unberührt, fordert den jungen Mann jedoch kurz darauf überraschend zum Duell und erschießt ihn. Bevor Hofreiter seine Frau auf immer verlassen kann, erscheint ihr gemeinsamer Sohn.

Am Zustand einer Ehe wird der Zustand einer Gesellschaft sichtbar, deren Charakteristika Brüchigkeit, Unruhe, Statik und Konservativismus sind. Auflösungserscheinungen werden besonders in den Familien- und Freundschaftsbeziehungen offenkundig: Der Sohn Hofreiters lebt getrennt von seinen Eltern in England, wo er zur Schule geht; Friedrich und Genia können ihren Abenteuern damit ungestört nachgehen; der Marinefähnrich Otto kennt seinen Vater nicht einmal; Hofreiters Beziehung zu seinem einzigen Freund, dem Arzt Mauer, ist zwiespältig und schließt die Lüge ein; seinen Feind Natter, mit dessen Gattin er ein Verhältnis hat, macht er zu seinem Sekundanten. Die Floskel »Les amis de nos amis« (II/317), mit der Hofreiter freigiebig seine Badener Villa für Gäste zur Verfügung stellt, macht den Spielcharakter dieser sozialen Bindungen spürbar. Wenngleich immer in Gesellschaft empfindet man sich als völlig unabhängig und isoliert:

Erna: [...] ich gehöre dir.
Friedrich: Ich niemandem auf der Welt. Niemandem. Will auch
            nicht... (II/319 f.)

Die Unruhe dieser, jenseits materieller Sorgen lebenden »Freizeit-Gesellschaft« äußert sich in Rastlosigkeit und Fluchtwünschen. So pendelt Hofreiter ständig zwischen seinem Büro in Wien und seinem Haus in Baden, er flieht vor der Auseinandersetzung mit Genia in die Berge und träumt von Amerika. Als konservativ erweist sich die Gesellschaft um den aller Aufklärung fernstehenden Glühbirnenfabrikanten in ihren politischen Zielen, die sich in der Forderung nach besseren Automobilverbindungen erschöpfen, ebenso wie in dem Festhalten an der »lächerlichen Eitelkeits- und Ehrenkomödie« (II/312) des Duells, das zum Sinnbild des Durcheinanders von abenteuerlichen und konventionellen Impulsen wird (Offermanns, 1973, S. 53). Nach wie vor zeigt sich die Ständegesellschaft mit ihren

Gräfinnen und Dollarprinzessinnen als intakt. Erst die junge Generation gibt sich erotisch freizügig und scheut sich nicht, ihren Gefühlen gemäß zu handeln und zu sprechen. Hofreiters männliche Herablassung nach einer gemeinsamen Liebesnacht mit Erna Wahl, »Du kannst mir dankbar sein, daß ich dich nicht ›kompromittiert‹ habe« (II/297), trifft die selbstbewußte junge Frau nicht.

Sprache und Sprechen, die zweifelhafte Kunst, Abgründiges im Parlando zu berühren, stellt die zentrale Problematik dieser gesellschaftskritischen Tragikomödie dar. Eine Gesellschaft entblößt sich hier gleichsam in ihrem am Oberflächlichen haftenden Konversationston. Schnitzler greift damit, wie Alfred Doppler (1971) ausführt, einen sprachphilosophischen Diskurs auf, der auf Nietzsches und Fritz Mauthners Sprachskepsis zurückgeht. Die Sprache erscheint dabei als Gebilde, das lediglich den Schein der Wirklichkeit trägt, für eine präzise Verständigung aber unzulänglich ist. In trivialen Äußerungen, Doppeldeutigkeiten und scheinbar unbedeutenden Andeutungen kündigt sich Bedeutsames an, aber gerade in dem Moment, wo Wesentliches zur Sprache kommen soll, wird die Geselligkeit zum Hindernis, das Gespräch auf Unverfängliches umgeleitet. Nie wird etwas ausdiskutiert, zu Ende besprochen. Zur Vernunft bringt man jemanden nicht durch ein offenes Gespräch, sondern indem man ihm das »Wort abnimmt« (II/240). Die Ehegatten sprechen kaum miteinander, stattdessen konfrontiert Hofreiter seine Frau laufend in der Gegenwart von Gästen mit faits accomplis. Man konversiert über Kant, Schopenhauer, Nietzsche (II/231), redet von Zeitungsartikeln über Ausgrabungen auf Kreta, während es unter der Oberfläche brodelt. Grundlage für die tiefsitzende Unfähigkeit, sich dem anderen mitzuteilen und dabei auch auf Interesse zu stoßen, ist die Egozentrik, wie sie in einer humoristischen Szene des dritten Aktes zum Ausdruck kommt:

Rosenstock: Da sind auch Briefe für Sie, Herr Hofreiter.
Friedrich: [. . .] So? Ah, da ist ja auch einer von Genia.
Gustl legt sich Briefe auf die Stirne.
Frau Rhon (zu Gustl): Was machen Sie denn da?
Gustl: Ich lese nämlich Briefe schon lange nicht mehr. Ich leg sie mir einfach auf die Stirne und weiß, was drin steht (II/283).

Friedrich telegraphiert während seiner Abwesenheit täglich, obwohl oder gerade weil er weiß, daß er Genia nur Belangloses zu sagen hat. Auch er weiß, was er von Genias Antworten zu halten hat, ganz gleich welchen Inhalts sie sind: »Kannst auch lügen, aber antworten mußt du. Ich werd' schon wissen, ob's wahr ist« (II/237). Im ersten zweier komplementärer Gespräche der Ehegatten, die ihre Beziehung thematisieren, ist Friedrich der Fragende. Genia ist die Abwehrende: »wozu darüber reden« (II/234). In einem unvermittelten Ausbruch werden aber alsbald die jahrelang verdrängten Demütigungen durch Friedrichs Affären an die Oberfläche gespült. Genia leidet unter der inneren Distanz zu ihrem Mann, die er selbst als »eigentümlichen Cachet« diagnostiziert, für die er aber, durch Genias Vorwürfe in die Defensive gedrängt, jegliche Verantwortung ablehnt. Als sich im zweiten Gespräch die Verhältnisse umkehren, Genia die Rolle der Fragenden und Friedrich die des Abwehrenden übernehmen, sind beide nicht mehr imstande, den modus vivendi des Nicht-Aussprechens zu durchbrechen: »Friedrich: Ja, mein Kind, wenn du wirklich findest, daß es erst ausdrücklich festgestellt werden muß... also schön: Ich fühle mich seit einiger Zeit nicht besonders wohl« (II/260). Ebenso versteckt äußert Genia ihre Liebeserklärung: »was du mir... Gott... ist es denn wirklich notwendig, das erst mit Worten zu sagen!...« (II/260). Das Gespräch bewegt sich im Kreis, es bleibt statisch. Konflikte können nicht abgebaut werden, weil es weder zu einer Aussprache noch zur vernünftigen Einsicht kommt. Wie in der Komödie »Zwischenspiel« verbirgt sich hinter diesem Kommunikationsstau eine Unausgeglichenheit der Gefühle zueinander. Nicht wirkliche Eifersucht, sondern die Wut über die herausragende Stellung, die Genia durch die unglückliche Liebe des jungen Pianisten erlangt hat, treibt Friedrich zur Trennung. Ihm geht es vor allem darum, die Dominanz innerhalb der Ehe auf seiner Seite zu behalten (Willenberg, 1981, S. 85).

Daß dieser Held auch in die Reihe der impressionistischen Helden gehört, geht besonders deutlich aus den Umständen hervor, die zum Duell mit dem Marinefähnrich führen. Nachdem er zunächst nicht vorhatte, auf die Affäre seiner Frau zu reagieren, führen zwei Motive zu einer Abwendung von seiner toleranten Haltung: Die Erpressung durch den Bankier Natter, der seine Gelegenheit gekommen sieht, sich ohne eigenes Risiko für den Ehebruch Hofreiters mit seiner Frau zu revanchieren (Laermann, 1981, S. 149), und das im Moment aufblitzende Gefühl des Lebensneides, ausgelöst durch den »frechen, jungen Blick« (II/318) Ottos. Kühle Überlegung, er müsse sich gegen die von Natter in Umlauf gebrachten Gerüchte zur Wehr setzen und die unvermittelt aufsteigende Stimmung zur tödlichen Revanche motivieren seinen Entschluß. Als Überlebender zurück von der endgültigen Klarstellung der Machtverhältnisse (II/306) scheut er sich nicht, mit der Mutter des von ihm soeben Erschossenen zu plaudern, als sei nichts geschehen. Er beweist damit, daß er weiterhin in dem Mißverhältnis von Sprache und Handlung zu verharren gedenkt. Genia dagegen überwindet diese Verantwortung und Betroffenheit leugnende Haltung. Sie, die als Wissende mit Erna und Frau Meinhold in ein harmloses Gespräch verwickelt und zur Passivität verurteilt war, während die Männer zur Tat schritten, nimmt es schließlich auf sich, die Todesnachricht zu überbringen. Wenn das Verhältnis von Tragik und Komik in dieser »Tragikomödie« unausgeglichen bleibt, dann liegt dies an dem Anspruch Schnitzlers, die Zustandsbeschreibung einer Gesellschaft zu leisten. Im Sinne von Schopenhauers Diktum erweist sich das Leben nur im Detail betrachtet als komisch. Diese Dimension eröffnet der episodisch angelegte dritte Akt, in dem Genia als Heldin der tragischen Handlung keinen Auftritt hat. Der Komödienakt teilt als retardierendes Element das tragische Geschehen in einen ersten Teil, der die Eheproblematik entwickelt, und einen zweiten, der die Lösung im Duell herbeiführt, die Eheproblematik selber aber signifikanterweise wieder offen enden läßt. Schnitzlers Ehekomödien »Zwischenspiel« und »Das weite Land« bestätigen aufs deutlichste die Feststellung, daß die Verdrängung des Gestischen, Wurstelkomödienhaften zugunsten des Sprachlichen in der Komödie zu einer Annäherung an das ernste Drama geführt hat (Walter Müller-Seidel, Dramatische Gattungen, Fischer Lexikon Literatur Bd. 2, Teil 1, Wolf-Hartmut Friedrich u. a. [Hg.], Frankfurt 1965, S. 164).

»Professor Bernhardi«

Eine Komödie über Politik und öffentliche Meinung, in der es Komödiencharaktere und Intrigen gibt, die aber dennoch wenig Anlaß zum Lachen gibt, legt Schnitzler mit »Professor Bernhardi« vor. Wegen ihrer politischen Brisanz wurde sie zunächst in Wien von der Zensur verboten und konnte dort erst nach der Abschaffung der alten Zensurgesetze 1918 aufgeführt werden. Die Uraufführung fand daher 1912 in Berlin am Kleinen Theater statt. Interessant ist, daß bei der Begründung des Wiener Zensurverbots zwar die Ablehnung der »tendentiöse[n] und entstel-

lende[n] Schilderung hierzuländischer öffentlicher Verhältnisse« zur Sprache kam, man also Einwände gegen die »Parla-
mentsparodie« (II/417) und die Negativcharakterisierung eines
Minister für »Kultus und Konkor« [dat] (II/450) hatte, die im
Stück zentrale Problematik des Antisemitismus in dieser Begründung aber unerwähnt blieb (Janz, 1985). Es kommen Vorgänge zur Sprache, die sich in der von Johann Schnitzler zusammen mit elf weiteren jungen Dozenten 1872 gegründeten Wiener »Poliklinik« zugetragen haben, ohne daß freilich das Le-
bensschicksal des Vaters Ziel der Darstellung wäre (Br II an
Brandes, 27. 2. 1913).

Bernhardi ist, wie Schnitzlers Vater, Leiter einer mehr von
der ideellen als von der materiellen Rückendeckung eines katho-
lisch-aristokratischen Kuratoriums abhängigen Privatklinik. Er
hindert einen Pfarrer am Eintritt in das Krankenzimmer einer
Totgeweihten, die sich für genesen hält und ihren Bräutigam erwartet. Wie beiläufig wird mit dem Motiv der illegalen Abtreibung das soziale Thema angeschlagen. Indem Bernhardi aus
Mitgefühl für das menschliche Leid der jungen Frau handelt,
stellt er sich als Arzt und Klinikchef in Opposition zu den herrschenden Gesetzen. Da die Kranke hinter Bernhardis Rücken
auf das Eintreffen des Pfarrers vorbereitet worden war, stirbt sie
desillusioniert und ohne die letzte Ölung erhalten zu haben.
Bernhardi hat sein Ziel, die Kranke im Wahne ihres Glücks sterben zu lassen, also nicht erreicht. Dennoch muß er die Folgen
seines Affronts gegen einen Vertreter der Kirche tragen. Damit
ist eine klassische Tragödiensituation angelegt. Drei Komödien-
stränge, die Organisation eines Wohltätigkeitsballs, die Intrige
um die Nachfolge von Professor Tugendvetter und der Kunst-
fehler eines in der Provinz praktizierenden Arztes konterkarie-
ren diese Anlage zur Tragödie: Bernhardis Konflikt mit dem
Pfarrer und sein gleichzeitiger Einsatz für die Besetzung des Juden Wenger sind für die deutsch-nationale und klerikale Partei
im Parlament Anlaß zu einer Interpellation, die den letzten Anstoß zu Bernhardis Verdrängung aus dem Direktorium gibt und
zur Anklage und Verurteilung wegen Religionsstörung führt.
Bernhardi besteht nun darauf, seine Strafe abzusitzen, lehnt jedoch die Rolle eines politischen Führers, die man ihm anträgt,
ab und verzichtet sogar auf eine persönliche Rache an denen, die
gegen ihn intrigierten.

Das Stück ist eine dramatische Auseinandersetzung mit dem
von Bernhardi repräsentierten Liberalismus und eine Abrechnung mit dem Antisemitismus. Daß dieser seit den 70er Jahren

zur politischen Kraft herangewachsen war, berichtet Schnitzler in seiner Autobiographie: Deutschnational gesinnte Kommilitonen erklärten im Waidhofener Beschluß die Juden »ein für allemal als satisfaktionsunfähig«, d. h. als »von Geburt aus ehrlos, jeder feineren Regung bar« und somit auch den Verkehr mit einem Juden als entehrend (JiW 152). Ursache für die politischen Ränke, die gegen den Chef der Poliklinik geschmiedet werden, ist die wachsende Feindseligkeit, mit der die Öffentlichkeit der Tatsache begegnet, daß sich die fähige Ärzteschaft in der Mehrheit aus dem assimilierten Judentum rekrutiert. Als Bernhardi sich für den fähigeren Kandidaten Wenger entscheidet, verprellt er seine christlichen Kollegen. Schnitzler markiert die beiden feindlichen Lager jeweils durch Vertreter, die nach Herkunft, politischer Haltung und Werdegang als typisch für eine spezifische Gruppe gelten können. Die Juden hinter Bernhardi werden repräsentiert durch den alten Pflugfelder, der sich anläßlich der Vorfälle für den aktiven politischen Kampf einsetzt, den loyal auf der Linie Bernhardis stehenden Löwenstein und den zum Einlenken ratenden Skeptiker Cyprian. Scharf konturiert sind daneben die Überläufer und jüdischen Selbsthasser, die durch Schmiß oder gar Taufe Anpassung an die deutsch-nationale, katholisch-klerikale Partei demonstrieren. Während Schreimann sich als Konvertit vom christlichen Lager erpressen läßt, laviert der ehemalige Burschenschaftler Adler zwischen den Fronten und fällt dabei Bernhardi in den Rücken. Juden vom Schlage Adlers und Schreimanns arbeiten damit der antisemitischen Partei in die Tasche. Die jüngere Generation wird durch den Anpasser und Aufsteiger Wenger und den überall Verrat witternden Kurt Pflugfelder vertreten, der Antisemit und Antiarier zugleich ist. Schnitzler bekennt sich in einem Brief an Richard Charmatz (Br II 4. 1. 1913) persönlich zu dieser skeptischen Haltung. Freilich dient die Empfindlichkeit des jungen Pflugfelders gegenüber antisemitischen Angriffen christlicher Gegner wie Professor Filiz als Beweis für die abwiegelnde These, der Antisemitismus sei eine fixe Idee der Juden (Janz, 1985, S. 110). Auf christlicher Seite erscheint in dem fachlich unfähigen aber großspurigen Opportunisten Hochroitzpointner das Bild einer dem Faschismus anheimfallenden jungen Generation (Rey, 1971). Die vulgäre Praxis der Judenfeindschaft, die während Karl Luegers Regierungszeit als Bürgermeister von Wien geschürt wurde, ist in Form des »Nieder mit den Juden [...]. Nieder mit den Freimaurern« (II/423) schreienden Pöbels bereits spürbar. Durch den Druck, der von außen auf den Klinikchef ausgeübt wird, gelingt es der christlichen Minderheit in einem vorbereiteten »Putsch« ihn aus der Leitung zu verdrängen. Bernhardis Ironie und Überlegenheit – »ich unterwerfe mich keinem Urteil« (II/414) – weicht angesichts der offenkundigen Intrigen, die innerhalb und außerhalb seines Einflußbereiches gegen ihn angezettelt werden, einer tiefen Verunsicherung bis hin zu einer Selbststilisierung zum Märtyrer (Müller-Seidel, 1985, S. 78). Er nimmt Zuflucht zu religiösen Vorbildern: »Wer nicht für mich ist, ist wider mich« (II/416) (Janz, 1985, S. 114). Dem Gefühl gekränkter Eitelkeit folgend tritt er noch vor Feststellung des Abstimmungsverhältnisses zurück und überläßt das Feld kampflos seinen Feinden. Dieses Verweigerungsverhalten führt er auch bei dem Gerichtsverfahren konsequent weiter, indem er auf aktive Verteidigung, Gnadengesuch und schließlich formelle Rehabilitation verzichtet.

Bernhardis Ethik ist der seiner Antagonisten, des vermeintlichen Freundes und Karrieremachers Flint und des Pfarrers Reger, entgegengesetzt. Während Pfarrer und Minister, die beide ein vermeintlich »höheres Ziel« im Auge haben, rasch über den individuellen Glücksanspruch hinwegschreiten, gilt es für Bernhardi, sich an jedem einzelnen Fall als Mensch zu beweisen. Nicht allein Bernhardis Verwurzelung im Altliberalismus, auch seine Herkunft aus dem Judentum lassen ihn das Gewicht auf die Bewährung im alltäglichen Handeln legen. Er steht als Aufklärer im Gegensatz sowohl zu der vom Pfarrer vertretenen vor-aufklärerischen Haltung des Dogmatismus wie auch zu Flints post-aufklärerischem Wertrelativismus (Kaulen, 1981, S. 182). Als der Pfarrer den aus dem Gefängnis entlassenen Bernhardi aufsucht, um zu rechtfertigen, daß er die Rettung der »heiligen Sache« einem offenen Einstehen für einen unschuldig Angeklagten vorzog, entwickelt sich ein Religionsgespräch von ganz besonderer Dynamik. Ohne Einsicht in sein eigenes Fehlverhalten kommt der Pfarrer, um vom Opfer seiner Handlungsweisen »Absolution« (II/435) zu erlangen und so seine Überlegenheit endgültig zu bekräftigen. »Der Priester will Andacht, der Pfaffe Unterwerfung« heißt es in Schnitzlers Typenlehre (AuB 142). Getroffen von Bernhardis Reserviertheit nimmt er sein Bekenntnis zurück und wirft ihm in einem plötzlichen Umschlag von der Defensive zur Aggression seinerseits »Antipathie« und »Vermessenheit« (II/434 f) vor. Es ist schließlich Bernhardis Toleranz und menschlicher Größe, »auch dort zu verstehen, wo ich nicht verstanden werde« (II/435), zu verdanken, wenn beide nicht als Feinde, sondern lediglich im Bewußtsein der unüberbrückbaren Kluft zwischen ihnen auseinandergehen. Glauben und Vertrauen in Gott genügen ihm nicht, oberster sittlicher Wert ist für ihn vielmehr Gerechtigkeit. Eine analoge Szene in Schnitzlers spätem Drama »Im Spiel der Sommerlüfte« (1930) zeigt dieselbe Psychologisierung eines katholischen Geistlichen gegenüber einer Freundin. In der Umkehrsituation einer Beichte, bei der sich der Pfarrer ausspricht, wird der Zusammenhang von menschlicher Schwäche und der Zuflucht zur Einbindung in die Geborgenheit christlicher Gebote und Verbote deutlich. Konfrontiert mit einer persönlichen Konfliktsituation zieht sich der junge Kaplan vor der Sympathie und fragenden Unruhe seiner Gesprächspartnerin in seine innere Beziehung zu Gott zurück und gelobt »wenn jemals wieder Zweifel meine Seele versuchen sollten, mich demütig nur meinem Gotte zu vertrauen, doch niemals wieder ein sterbliches Wesen – und wäre es meinem Herzen unter allen das teuerste – in meine irrende Seele schauen zu lassen« (II/1021). Auch hier wird der Prozeß der gegenseitigen Verständigung auf der Basis menschlichen Mitgefühls einseitig von seiten des Geistlichen abgebrochen, auch hier dient der kirchliche Rückhalt als Stütze, wo eigenverantwortliches Handeln von Fall zu Fall den einzelnen überfordert.

William Rey (1971) überschreibt ein Kapitel seiner Studie über »Professor Bernhardi« »Bernhardi – Der mutige Mensch«. Er tritt der These entgegen, Bernhardi sei am Ende des Stückes ein gebrochener, resignierter Mann und weist mit Recht darauf hin, daß es zur Konsequenz dieser Figur gehört, sich nicht zum Volkshelden und politischen Führer machen zu lassen, sondern weiterhin als einzelner wirken zu wollen. Umso mehr gilt dies, als in keiner anderen Figur eine tragfähige Alternative vorgeführt wird. In einem Brief an Georg Brandes kommentiert Schnitzler, »daß die Angelegenheiten der Welt von den Bernhardis [...] erheblicher gefördert werden, als von den Pflugfelders, von den Gerechten mehr als von den Rechthaberischen, von den Zweiflern mehr als von den Dogmatikern aller Parteien« (9. 12. 1915). Aber Bernhardi bleibt von Kritik nicht verschont. Das abschließende Gespräch mit dem Hofrat, der sowohl als Salonanarchist wie als Sinnbild des für Wiener Verhältnisse typischen Fortwurstelns gesehen wurde (Schnabel, 1984, S. 380), faßt die Zwiespältigkeit von Bernhardis Handlungsweise nochmals zusammen. Weder ist er bereit, konsequent den Weg des Reformers zu beschreiten, noch findet er sich mit dem Opportunismus seiner Zeitgenossen ab. Er gerät auf diese Weise

ein gutes Stück in die Sackgasse der Rechthaberei und des Starr-
sinns. Lediglich sich selbst und denen, die es ohnehin schon
wußten, hat Bernhardi bewiesen, daß er ein anständiger Mensch
ist. Seine bloß defensive Haltung läßt ihn mehr den politischen
Folgen verfallen, als er wahrhaben will (Scheible, 1976, S. 106).
   Der Komödienbegriff, der diesem Drama zugrundeliegt, ist
ein ironisch reflektierter. Dies wird deutlich wenn etwa der Jude
Bernhardi als Vorsitzender eines zwölfköpfigen Kollegiums in
die Nähe Christi gestellt wird, Hochroitzpointner und Flint
dagegen die Rollen von Judas und Pilatus übernehmen. Die ari-
stotelische Forderung nach dem ernsten Helden für die Tragödie wird auf die Komödie übertragen, das Happy-End weicht
einem sich selber lächerlich werdenden Protagonisten. Rey
(1971) deutet die Wahl der Gattungsbezeichnung »Komödie«
als Ausdruck eines religiösen Vertrauens in die Welt als beste
aller möglichen, die sowohl Platz für Flint wie für Pfarrer Reger
hat. Heinrich Kaulen (1981) und Rolf-Peter Janz (1985) dagegen
verweisen auf die äußerst skeptische Dimension, die das Stück
verglichen mit Lessings »Nathan der Weise« aufweist. Schnitzler betreibt, so Kaulen, in diesem Stück Aufklärung über die
Aufklärung, er entwickelt das, was Adorno und Horkheimer
die »Dialektik der Aufklärung« genannt haben.

»Fink und Fliederbusch«

In seinem dramatischen Spätwerk galt Schnitzlers Interesse in
besonderem Maße jener Sphäre, in der sich Politik und Sprache
treffen. Die Macht des Wortes, das Wirklichkeit nicht nur verfälscht, sondern selber Tatsachen schafft, wird im späten Komödienwerk wiederholt zum Thema. Zu denken ist an die zweifache sprachliche Bearbeitung der Vorgänge in Bernhardis Eli-
sabethinum, einmal als Angriff aus deutsch-nationaler, klerika-
ler Sicht, zum zweiten als Entgegnung darauf aus der Sicht von
Bernhardis Freund Pflugfelder.
   Das Eigenleben, das sprachliche Berichterstattung gegenüber
Ereignissen entwickelt, macht sich auch der Journalist Fliederbusch in der 1917 erschienenen Komödie »Fink und Fliederbusch« zunutze. Er schreibt, seinem Einkommen und beruflichen Fortkommen zuliebe, gleichzeitig für die liberale »Gegenwart« und das Klatschblatt »Elegante Welt« im politischen Res-
sort. Anläßlich der sozialdemokratischen Interpellation über
die gewalttätige Niederwerfung eines Bergarbeiterstreiks be-

richtet dieser journalistische Doppelagent aus zwei entgegengesetzten Perspektiven. Im Zuge des auf diese Weise entfachten
Zeitungskrieges wird er in ein Duell gegen sich selbst verwickelt.
Mit ihrem auf eine Pointe zulaufenden Plot, ihrer Intrige und
ihren Charakteren weist diese Journalistensatire deutliche Merkmale einer Komödie auf. Schnitzler beläßt seine Figur, anders als
in dem ernsten Stück »Professor Bernhardi«, absichtlich im Ty-
penhaften, um die satirische Wirkung zu unterstützen. Auf nu-
ancierte Psychologie wird verzichtet. Offermanns (1970) sieht
in der grotesken Übersteigerung der Darstellung eine Verbindung des dramatischen Spätwerks Schnitzlers zu Autoren wie
Wedekind, Kaiser, Sternheim und Brecht. Wie die Ärztekomö-
die kommt auch das Journalistenstück ohne die traditionelle
Liebesgeschichte aus. Reine Männerwelten werden entworfen.

Die Beschreibung zweier zu Schnitzlers Lebzeiten existierender Zeitschriften, der liberalen Literaturzeitschrift »Die Gegenwart« (1872–1930) und der Wiener illustrierten Revue »Die Elegante Welt« (1887–1890) bildet den Hintergrund für einige
grundsätzliche Gedanken zur Geisteshaltung des Journalisten.
In seinem Diagramm »Der Geist im Wort« erläutert Schnitzler
zum Typus des Literaten, den er als Gegentypus des wahren
Dichters auffaßt: »Der Dichter scheint sich vom Literaten
manchmal nur durch seine geringe Geschicklichkeit in den Bemühungen um einen äußeren Erfolg zu unterscheiden« (AuB
139). Bemerkenswert ist, daß er bei seiner Grundsatzkritik gegen den Journalismus als Geisteshaltung auch deren jüdische
Vertreter nicht verschont. Kajetan, der »externe Mitarbeiter«
der »Gegenwart«, der bei allen Blättern seine Nekrologe bereits
vor dem Tod der betreffenden Person abgibt und zur Stim-
mungsmache für positive Besprechungen seiner eigenen
Stücke in allen Redaktionen erscheint, ist der Prototyp eines
solchen rückgratlosen Literaten. Der Umgang dieses Brot-
schreibers mit dem Medium Sprache ist so beliebig, daß Produkte aus seiner Feder jederzeit »nach Bedarf gekürzt oder ver-
längert werden können« (II/ 639); andererseits scheut er nicht
davor zurück, vom Leben eine Anpassung an die Erfordernisse
seiner sprachlichen Elaborate zu verlagern. Bei dem erwarteten
Pistolenduell, dessen ohnehin schwere Bedingungen er ins Absurde übertreibt, will er seinen Kollegen aus der »Gegenwart«
sterben lassen, weil sein frei erfundener Nekrolog auf diesen
besser gelungen ist, als der für den anderen Kandidaten.

Fliederbusch läßt sich unter dem Druck seines ausbeuteri-
schen Arbeitgebers in der jüdisch geführten »Gegenwart« mehr

und mehr vom Lebensstil der Reichen, die er in der Redaktion der »Eleganten Welt« kennenlernt, korrumpieren. Der in dem Unterhaltungsblatt vorherrschende Hedonismus zieht ihn mehr an, als die von Hektik und scharfem Umgangston geprägte Arbeitsatmosphäre des liberalen Blattes. Nachdem er sich grundsätzlich bereit erklärt hat, seine Feder in den Dienst einer politischen, ihn persönlich aber wenig betreffenden Sache zu stellen, ist der Schritt zum Doppelagenten nur noch ein kleiner. Aus seiner Disposition der Kernlosigkeit und inneren Unentschiedenheit schlägt er Kapital. Gerade weil seine Artikel für ihn lediglich rhetorische Fingerübungen ohne inhaltlichen Rückhalt sind, werden sie von Redakteuren und Lesern als vorbildliche journalistische Produkte geschätzt. Seinen durchschlagenden Erfolg verdankt er der Tatsache, daß die gegensätzlichen Standpunkte der beiden Zeitungen, ganz wie bei ihm selbst, nur an der Oberfläche bestehen. Das Ziel der liberalen »Gegenwart«, »Gegensätze auszugleichen« (II/575), führt in der Realität zu einem unsicheren Lavieren zwischen einer Abgrenzung gegen die Sozialdemokratie und einer Anbiederung gegenüber dem politischen Establishment. Wenn der Chefredakteur »Leuchter« in unwillkürlicher Übereinstimmung mit dem Wort des konservativen Grafen Niederhof von der Relativität der Wahrheit (II/575) spricht und den Doppelagenten Fliederbusch schließlich um jeden Preis engagieren will, obwohl der sich auf keine politische Linie festlegen läßt, tritt die Kernlosigkeit als Strukturmerkmal des Journalismus schlechthin offen zutage. Auf der Gegenseite machen sich die Gegner der verführerischen Phrasen, »die seit den Zeiten der Französischen Revolution« (II/ 597) das Volk aufwiegeln, für »Vaterland und Glauben« (II/573) stark. Im Zuge einer religiösen Umorientierung setzen sie sich zugleich für das traditionell liberale Ziel der Bekämpfung des Duellzwangs ein. Graf Niederhof, dessen Parlamentsrede den Anlaß für das absurde Duell Fink gegen Fliederbusch gab, findet es übertrieben, sich für eine politische Gesinnung zu duellieren. Als Repräsentant der ruling class fehlt es ihm an persönlichem Engagement, für etwas einzutreten, das er selbst nicht als Überzeugung, sondern als Metier betreibt. Politische Gegensätze zu akzeptieren gehört für den ehemaligen Jockey zu seinem Selbstverständnis als »sportsman« (II/632). Die auf diese Weise heraustretende »Identität der Gegensätze« (II/646) zwischen den verfeindeten Parteien ist Garantie für das Happy-End. Nachdem Niederhof zur Belebung der Presselandschaft rabiate Schreiber aller politischer Lager – darunter Fliederbusch

103

– für seine Neugründung um sich gesammelt hat, lädt er seine künftigen Feinde vorderhand zu einem Frühstück in sein Lusthaus. Der Lustspielschluß ist erreicht. Einziger Gegenpol zu der gänzlich korrumpierten Gesellschaft auf der Bühne ist das Publikum, an das der Autor mit dieser sarkastischen Komödie appelliert (Offermanns, 1970).

»Komödie der Verführung«

Schnitzlers letztes bedeutendes dramatisches Werk erschien 1924. Es trägt noch einmal die Gattungsbezeichnung »Komödie« im Titel. »Im Spiel der Sommerlüfte«, das sechs Jahre später als Buch erschien und 1929 im Deutschen Volkstheater in Wien uraufgeführt wurde, ist nur noch ein Nachklang. Es trägt keine Gattungszuordnung und schlägt thematisch wie durch seine zeitliche Einordnung in das Fin de siècle einen Bogen zurück zu den frühen Dramen.

In der »Komödie der Verführung« drückt sich in Struktur und Sprachgebung ein für das Spätwerk charakteristischer Wille zur Künstlichkeit aus. Wie in einer Versuchsanordnung wird hier eine Gesellschaft (Urbach, 1985, S. 32) vorgeführt, die sich zusammensetzt aus Vertretern des Adels, des gehobenen Bürgertums und Künstlerpersönlichkeiten. Werktätige oder auch nur regelmäßig Arbeitende kommen nicht vor. Mit betont distanziertem Blick zeigt das Drama diese »bessere« Gesellschaft am Zeitpunkt des Untergangs: Das Stück spielt zwischen Juni und August 1914.

Der erste Akt beginnt in der konventionellen Form einer Verwicklungskomödie: Im Verlauf eines Frühlingsfestes knüpfen drei Frauen Liebesbeziehungen zu dem Privatier Max, nachdem eine der drei, die Gräfin Aurelie, sich aus drei für diesen Abend herbeizitierten Freiern den Privatgelehrten Falkenir erwählt hat, von diesem aber sofort wieder freigegeben wird. Spielbewußtsein, Promiskuität und Klaustrophobie dieses die Sexualpartner untereinander austauschenden exklusiven Kreises werden in der doppelten Dreierkonstellation sichtbar. In der Folge bleiben jedoch beide im Titel gegebenen Versprechen unerfüllt: Die vorgeführten Beziehungen sind nicht mehr von der Art, wie sie in Mozarts Don Giovanni, dem Vorbild, auf das angespielt wird, auftauchen. Die Männer sind keine Verführer im eigentlichen Sinne mehr, die Frauen zu selbstbewußt, um sich verführen zu lassen. Auch gibt es kein Happy-End nach Art der konventionellen Komödie: Die »Komödie der Verführung« ist eine Darstellung der »Verführbarkeit«. So stellt sich auch eine Verbindung von erotischer und politischer Auflösungserscheinung her. Eingestreut zwischen den Komödieneingang und den pessimistischen Schluß ist ein Geschehen, das beständig zwischen Komödie und Tragödie oszilliert: Riskante Geldspekulationen, die der Bankier Westermann mit den Gerüchten vom Kriegsausbruch betreibt, enden in einem Debakel. Ironischerweise geschieht der Selbstmord aufgrund eines falschen Alarms seitens des kriegsbegeisterten Staatsanwaltes Braunigl, der den Krieg als ethisch-moralisch reinigende Kraft begrüßt. Ironisch gebrochen zeigt Schnitzler auch das wenig patriotische Verhalten der gesellschaftlichen Führungsschicht. Prinz Arduin, der durch seine diplomatischen Aufträge frühzeitig Einblick in die auf Krieg zusteuernden Ereignisse gewann, hat sich durch Abstoßen seines Landbesitzes und Kauf einer Jacht darauf vorbereitet, das kriegführende Europa rechtzeitig zu verlassen. Zusammen mit Judith, die er als Gefährtin bei einem Spiel auf dem Maskenball für seine Reise gewonnen hat, begibt er sich auf eine Weltreise. Die dritte Frau schließlich, die Violinistin Seraphine, entscheidet sich, das Kind, das sie von Max erwartet, allein aufzuziehen. Sie bleibt mit ihrem Vater zur Erholung in Dänemark. Der Juwelierssohn und Rentier Max, eine Reinkarnation des impressionistischen Abenteurers, der mit seiner unmittelbaren Sinnlichkeit als Erwecker der Frauen agiert (Offermanns, 1973, S. 132 ff.), denkt zunächst nicht daran, zum Kriegsdienst in sein Vaterland zurückzukehren. Erst als der verführte Verführer alle seine Partnerinnen verloren hat, läßt er sich ausgerechnet von dem sich der Kriegspropaganda verschreibenden Dichter Ambros Doehl zur Rückkehr überreden. Aurelie, von dem Mann ihrer Wahl zurückgewiesen, gerät in eine Identitätskrise, als sie die von Falkenir angesprochene verborgen in ihr schlummernde Anlage zur Untreue in einem Abenteuer mit Max bestätigt sieht. Als der Maler Gysar, in dem Schnitzler auf Goya anspielt (Kluge, 1984) und zugleich dem von ihm hochgeschätzten und berüchtigten Gustav Klimt ein literarisches Porträt setzt, ein Akt-Bild von ihr anfertigt, das diese verborgene Facette ihrer Persönlichkeit für alle sichtbar auf die Leinwand bannt, weiß sie nicht mehr, welches der verschiedenen Bildnisse, die sie von sich selber hat, das gültige ist. Als Falkenir, nicht zuletzt angesichts der veränderten politischen Situation in seiner Auffassung von der Funktion der Liebe gewandelt, zu Aurelie zurückkehrt, läßt diese sich aus ihrer Haltlosigkeit nicht mehr zurückholen.

Sein innerer Wandel vom kühlen Verstandesmenschen zum verantwortungsbewußten Partner kommt zu spät. Als verzweifelter Beweis seiner Konsequenz wehrt er sich nicht gegen den Untergang, zu dem Aurelie den Anstoß gibt. Der Liebestod, mit dem das Drama endet, ist Ausdruck sittlich-moralischer Schwäche nicht eines individuellen Paares, dazu ist es psychologisch zu wenig motiviert, sondern Symbol des Untergangs der gesamten Gesellschaft, deren Repräsentanten sie sind. Török (1971) deutet die lächelnde Glückseligkeit mit der das Paar im Meer versinkt, als Anspielung an Wagners »Fliegenden Holländer« und damit als Anspielung auf einen Traditionszusammenhang, bei dem es nicht mehr nur um psychologische Motivationen, sondern um die Wurzel einer von Absolutheitsansprüchen überfrachteten, asozialen Geistesverfassung geht. Die Handlung durchziehende Märchenmotivik ist als Hinweis auf Realitätsflucht und einen vagen Utopismus zu verstehen, dem diese Wohlstandsgesellschaft anheimgefallen ist. Sie ist auch für die Stilisierung des Todes verantwortlich. Hinter der Maskerade des idealen Liebestodes verbirgt sich die nihilistische Selbstzerstörung zweier zur Aussprache wie zur Liebe unfähiger Monomanen.

Robert Musil sah in seiner Rezension zur Wiener Uraufführung der »Komödie der Verführung« 1924 Schnitzlers Intention in der Abkehr von »realistischen Lebenskommentaren« zu dem ihm »fremden Gebiet der absoluten Gestaltung aus der Idee heraus« und beurteilt Schnitzlers Lösung gemessen am Ziel eines Ideendramas sowohl inhaltlich wie formal und sprachlich als unbefriedigend. Kritisch bewertete er das Überhandnehmen der verdeckten Handlung, wie es auch in »Der Gang zum Weiher« auftritt: »Es ist ein sehr langes Stück, aber das Merkwürdige ist, daß trotzdem das meiste in den Zwischenakten geschieht. [...] Nie wird das Aktuelle erlitten, immer das Zwischenaktuelle« (GW Bd. 9: Kritik. Adolf Frisé [Hg.], 1978, S. 1664–1668). Distanziert verhielt sich auch ein weiterer Vertreter der jungen Dichtergeneration. Franz Kafka stand dem Wiener Fin-de-siècle-Autor und dessen späten dramatischen Arbeiten ablehnend gegenüber (Eduard Goldstücker, Kafkas Kritik an Schnitzler, in: Akten, S. 118–126). Schnitzler, der sich mehr und mehr auf die immerselben Themen zurückzog, konnte seinerseits mit der jungen Generation der Expressionisten nichts anfangen. Er war weder bereit noch fähig, angesichts der immer deutlicher werdenden Kritik seine rückwärtsgewandte Perspektive aufzugeben.

Literatur

Zwischenspiel: Swales (1971) S. 200–214. *Kilian* (1972) S. 73–80. *Green*, Jon D. (1973): Musical Structure and Meaning in A. S.s »Zwischenspiel«. In: MAL 6, 1–2, S. 7–25. *Offermanns* (1973) S. 25–39. *Scheible* (1976) S. 88–91.

Das weite Land: Liptzin, Sol (1931): The Genesis of S.s »Das weite Land«. In: Journal of English and German Philology 30,3, S. 392–404. *Doppler*, Alfred (1971): Die Problematik der Sprache und des Sprechens in den Bühnenwerken A. S.s. In: Alois Eder (Hg.): Marginalien zur poetischen Welt. Festschrift für Robert Mühlher zum 60. Geburtstag. Berlin, S. 283–297. *Kilian* (1972) S. 117–126. *Stroka*, Anna (1971): A. S.s Tragikomödien. In: GW 14, S. 55–73. *Offermanns* (1973) S. 49–55. *Schlein*, Rena (1975): Das Duellmotiv in S.s Dramen »Ritterlichkeit«, »Das weite Land« und »Das Wort«. In: MAL 8, 3–4, S. 222–235. *Swales*, Martin (1977): S.s Tragic-Comedy: A Reading of »Das weite Land«. In: MAL 10, 3–4. S. 233–245. *Madl*, Cäcilie (1979): Flucht aus der chaotischen Wahrheit, Formen der Erfahrungsgeschichte. Veränderungen um die Jahrhundertwende. In: Henry James' »The Ackward Age«, A. S.s »Das weite Land«. In: Literatur für Leser. München, S. 159–183. *Willenberg*, Heiner (1981): Die Kunst des Gesprächs: »Das weite Land«. In: Scheible (Hg.) (1981) S. 81–98. *Bergel*, Kurt (1986): The Recent Reception of A. S.s. »Das weite Land« on Two American Stages. In: MAL 19, 3–4, S. 91–96.

Professor Bernhardi

Selbstzeugnis: A. S. (1913) Zum »Professor Bernhardi«, In: Der Merkur 4, S. 135.

Interpretation: Liptzin, Sol (1931): The Genesis of S. s »Professor Bernhardi«. In: Philosophical Quarterly 10, S. 348–355, (1932) S. 175–195. *Horwath*, Peter (1967): A. S. s »Professor Bernhardi. Eine Studie über Person und Tendenz. In: LuK 12, S. 88–104, LuK 13, S. 182–193. *Weiss*, Robert O. (1969): The »Hero« in S. s Comedy »Professor Bernhardi«. In: MAL 2, 4, S. 30–33. *Rey*, William H. (1971): A. S. »Professor Bernhardi«. München. Kilian (1972) S. 84–100. *Offermanns* (1973) S. 94–109. *Urbach* (1974) S. 185–192. *Scheible* (1976) S. 102–106. *Berlin*, Jeffrey B. (1980): The Priest Figure in S.s »Professor Bernhardi«. In: Neophilologus 64, 2, S. 433–438. *Kaulen*, Heinrich (1981): Antisemitismus und Aufklärung. Zum Verständnis von A. S.s »Professor Bernhardi«. In: ZfdPh 100, S. 177–198. *Bertil*, Nolim (1982): Der alte und der neue Klerus. Eine Studie zu A. S. s »Professor Bernhardi«. Anläßlich einer schwedischen Aufführung des Stückes. In: TuK 10, 2, S. 383–398. *Schwarz*, Egon (1983): Die gebrechliche Beschaffenheit individueller Ethik oder Der doppelte »Scherenschnitt« in A. S.s »Professor Bernhardi«. In: Hans Dietrich Irmscher u. a. (Hg.): Drama und Theater. Festschrift für Walter Hinck. Göttingen, S. 71–77. *Schnabel*, Werner W.

(1984): »Professor Bernhardi« und die Wiener Zensur. Zur Rezeptions-
geschichte der S.-Komödie. In: Schillerjahrbuch 28, S. 349–383.
Schwarz, Egon (1985): A. S. und das Judentum. In: Gunter E. Grimm
u. a. (Hg.): Im Zeichen Hiobs. Königstein, S. 67–83. *Janz*, Rolf-Peter
(1985): »Professor Bernhardi« – »ein medizinischer Dreyfuß«? Die
Darstellung des Antisemitismus bei A. S. In: Akten, S. 108–117. *Müller-Seidel*, Walter (1985): Moderne Literatur und Medizin. Zum literarischen Werk A. S.s. In: Akten, S. 60–92.

Fink und Fliederbusch: Ewing, Blair (1966): The Politics of Nihilism:
S.s »Last Man«. In: JIASRA 5, 3, S. 4–13. *Offermanns*, Ernst L. (1970):
A.S.s Komödie »Fink und Fliederbusch«. In. MAL 3, 2, S. 7–24. *Kilian*
(1972) 97–100. *Offermanns* (1973) S. 56–80. *Scheible* (1976) S. 106–113.

Komödie der Verführung: Melchinger (1968) S. 62–66. *Török*, Andreas
(1971): Der Liebestod bei A. S.: Eine Entlehnung von Richard Wagner.
In: MAL 4, 1, S. 57–59. *Kilian* (1972) S. 126–130. *Offermanns* (1973)
S. 128–177. *Rey*, William H. (1977): »Judith-Aurelie-Seraphine« Zu
S.s. »Komödie der Verführung«. In: Leland P. Phelps (Hg.): Festschrift
für Herman Salinger. Chapel Hill, S. 133–144. *Kluge*, Gerhard (1984):
Zum Thema Verführung in A. S.s »Komödie der Verführung«. In:
ZfdPH 103, S. 551–563. *Urbach*, Reinhard (1985): A. S.s dramatischer
Altersstil – »Komödie der Verführung«. In: Akten, S. 32–40.

5. Die erzählenden Schriften

Stand Schnitzlers literarische Arbeit zunächst ganz im Zeichen der Dramatik, so notiert er bereits am 01.10.1911 ins Tagebuch: »Als Erzähler behaupte ich mich besser wie als Dramatiker.« In diesem Sinne urteilt auch die Forschung, wenn sie die späte Prosa als Gipfel des literarischen Schaffens des Wiener Autors bezeichnet (Rey, 1968). Während die Dramatik die soziale Analyse in den Mittelpunkt stellt, entwickelt Schnitzler in den Erzähltexten seine genaue psychologische Kenntnis. Er charakterisiert seine Figuren nicht nur durch soziales Milieu und psychische Disposition, en passant läßt er zur Einordnung des geistigen Horizonts seiner meist weiblichen Helden Hinweise auf deren bevorzugte Lektüre einfließen. So ist es vielsagend, daß die Witwe Berta Garlan sich für die Langeweile ihres Kleinstadtlebens mit Friedrich Gerstäckers Abenteuerliteratur entschädigt oder daß Fräulein Else ihr Vorbild aus Guy de Maupassants Roman »Notre Coeur« (1890) bezieht, dessen Heldin eine den modernen emanzipierten Frauentypus verkörpernde, frigide Schönheit ist. Auf die Grenzen der Leseerlebnisse läßt Schnitzler den Helden der Erzählung »Sterben« aufmerksam machen, mit deren Buchausgabe bei Samuel Fischers Verlag im Jahr 1895 sein Erfolg als Prosaschriftsteller begann. Angesichts seiner fatalen Lage entlarvt der Held Nietzsche und Schopenhauer als »niederträchtige Poseure« (I/143), die nicht wirklich wissen, wovon sie reden. Lesen, besonders das Lesen von Prosa, soll bei Schnitzler nicht zur schwärmerischen Entgrenzung anregen, wie dies bei dem jungen Hofmannsthal der Fall war, sondern zur kritischen Beobachtung. Josef Körners (1921) Wort von den literarischen »Fallstudien«, mit dem das literarische Werk in die Nähe wissenschaftlicher Gebrauchsprosa gerückt wurde, hat man in der neueren Forschung allerdings mit gutem Recht als unangemessen zurückgewiesen.

Zwei Erzählstrategien sind besonders typisch für Schnitzler: Das Experiment und das Rätsel. Beide erfordern einen aktiv mitdenkenden, die Erzählung gleichsam aus der Distanz des Wissenschaftlers gegenüber einem Problem betrachtenden Leser, der sich nicht sofort von der subjektiven Perspektive eines Erzählers oder einer Figur gefangennehmen läßt. Naives Unterhaltungsbedürfnis soll ersetzt werden durch das Streben nach Erkenntnis, und zwar einer Erkenntnis, die sich gegenüber den eng begrenzten Ergebnissen der Wissenschaft bewährt. Es erscheint nicht als Widerspruch, wenn Schnitzler einerseits versucht, den analytischen Blick des Lesers zu schulen, und dabei andererseits auf die Grenzen rationalistischer Denkstrukturen hindeutet. Die Technik, den Zweifel des Lesers hervorzurufen statt Lösungen anzubieten, hat ihm freilich auch seitens der Literaturkritik und Forschung wiederholt den Vorwurf der »Unentschiedenheit« und »Doppeldeutigkeit« (Just, 1968, S. 126 f.) oder sogar der »illegitimen Spielerei« (Allerdissen, 1985, S. 151 f.) und der hilflosen Flucht vor der selbst heraufbeschworenen Problematik eingetragen.

Literatur

Baumann, Gerhart (1965): Die Welt von Gestern eines Dichters von Morgen. Frankfurt. *Politzer*, Heinz (1968): Diagnose und Dichtung. Zum Werk A. S.s. In: Das Schweigen der Sirenen. Stuttgart, S. 110–141. *Swales*, Martin (1981): A. S. In: Karl K. Polheim (Hg.): Handbuch der deutschen Erzählung. Düsseldorf, S. 421–432. *Nehring*, Wolfgang (1981): Der Beginn der Moderne. In: Polheim (1981) S. 382–408. *Geißler*, Rolf (1986): Experiment und Erkenntnis. Überlegungen zum geistesgeschichtlichen Ort des Schnitzlerschen Erzählens. In: MAL, 19, 1, S. 49–62.

5.1 Skizzen, Parabeln, Fabel

Wenn Schnitzler mit einem zweischneidigen Lob der Zeitgenossen zum Spezialisten der »kleinen Form« (Br I 559) erhoben wurde, so meinte man den Autor der Einakter und Novelletten, nicht den der skizzen- und lehrhaften Texte, mit denen sein Prosawerk beginnt. Da er diese selbst meist nur einmal in einer Zeitschrift veröffentlichte, manche später nicht mehr in seine Werkausgaben aufnehmen ließ und viele sogar im Nachlaß zurückbehielt, gehören diese Texte zu den vergessenen, von der Forschung kaum beachteten Arbeiten des Oeuvres.

Es handelt sich um ironische Milieubeschreibungen wie die beiden Kaffeehausstudien »Er wartet auf den vazierenden Gott«

(1886) und »Exzentrik (1902), melancholische Stimmungsbilder wie »Amerika« (1889) sowie um eine Reihe von Parabeln. Bei letzteren geht es um die Destruktion eines zu Unrecht als gültig postulierten sittlichen Gesetzes: So fehlt es in »Die drei Elixire« (1894) an Treue zwischen den Liebenden, in »Um eine Stunde« (1899) an Altruismus, in »Die grüne Krawatte« (1903) an Toleranz, in »Die dreifache Warnung« (1911) wird der freie Wille als Illusion entlarvt, in »Die Hirtenflöte« (1911) schließlich können Erkenntnisdrang und Gattenliebe nicht mehr in Einklang gebracht werden. Die kurzen satirischen Texte »Die grüne Krawatte« und die Fabel »Geschichte eines Genies« (1907) enthalten mit ihren Charakterskizzen der Neider, Verleumder bzw. Dilettanten Ansätze zu einer Typenlehre, wie Schnitzler sie später in den beiden Diagrammen »Der Geist im Wort und Der Geist in der Tat« (1927) systematisierte.

Wie der »geistreiche Sonderling« (JiW 210) und bedeutendste Vertreter der kleinen Prosaform unter den Jung-Wienern, Peter Altenberg, ist der Held in Schnitzlers erster, 1886 in der Deutschen Wochenschrift veröffentlichten Prosaskizze, »Er wartet auf den vazierenden Gott« ein »Genie des Fragments« (I/11). Der Kaffeehausliterat Albin fängt alles an, kann aber nichts zu Ende führen. Er notiert unzählige Aperçus und läßt seine Reflexionen ungeklärt in einem Gedankenstrich auslaufen. Mit schwärmerischer, ungezügelter Phantasie fabuliert er wohlklingende Phrasen, die sich bestenfalls, wie der Titel der Erzählung, für Verballhornungen eignen. Wie Albin verwahrte auch der junge Schnitzler in den 80er Jahren in seiner Schublade viel Unfertiges. Auch er begann seine Novellen gern nachts im Kaffeehaus und nahm sich vorzugsweise des Themas »Treue« an. Albin ist also nicht zuletzt ein ironisches Selbstporträt. Mit der Vollendung und Veröffentlichung des vorliegenden Textes jedoch signalisiert Schnitzler die Überwindung dieser Entwicklungsphase. Wie der Erzähler distanziert er sich nun von jenen, die ihre »Inspiration vorübergehen lassen und mit allen ihren Plänen gemütlich weiterbummeln, ohne was Rechtes anzufangen« (I/14).

Dieselbe Form des von Wortwitz und trockenem Humor getragenen Gesprächs zwischen dem Kaffeehausliteraten und seinem Freund nutzt der Autor nochmals zu einer Satire auf die Bohème. In »Exzentrik« (1902) wird nicht nur der betrogene Gönner einer Varieté-Sängerin der Lächerlichkeit preisgegeben, der Erzähler selbst wird in dieses ironische Spiel miteinbezogen. Dabei avanciert der Akt des Erzählens zum eigentlichen

Gegenstand: In minutiöser satirischer Genauigkeit gibt der Held nachts im Kaffeehaus seinem Freund die haarsträubende Geschichte von der wiederholten Untreue seiner Geliebten mit den jeweils neu eintreffenden Varietékünstlern preis.

Wie der Kaffeehausliterat Albin nähert sich Schnitzler in der Parabel »Die drei Elixire« dem Thema Treue aus pessimistischer Perspektive. Unter Zuhilfenahme von drei orientalischen Wundersäften befreit sich der Held zunächst von quälenden Zweifeln über die Glaubwürdigkeit der Liebesschwüre seiner Geliebten, indem er sie zwingt, vergangene Abenteuer zu gestehen. Nachdem seine Zweifel so zur noch unerträglicheren Gewißheit geworden sind, löscht er mit einem zweiten Elixier ihre Erinnerungen an frühere Liebhaber und zugleich alle gegenwärtigen unerfüllten Wünsche gegenüber anderen Männern aus. Mit dem dritten Elixier schließlich, mit dessen Hilfe er auch von der Zukunft der Geliebten Besitz ergreifen will, tötet er sie. Der totale Zugriff, der bei der Partnerin den letzten Rest an freier Entscheidung eliminieren soll, ist mit dem Leben nicht mehr vereinbar. Der Widerspruch von männlicher Libertinage und der Forderung nach weiblicher Jungfräulichkeit tritt offen zutage. Selbstbetrug und Inkonsequenz des Mannes, der die totale erotische Freiheit ebenso wie die totale Verfügungsgewalt über die Geliebte für sich beansprucht, werden entlarvt.

Sorgt die Absurdität dieses Besitzanspruchs noch für eine ironische Distanz, hinter der sich auch Selbstkritik seitens des Autors verbirgt, so meldet Schnitzler seine Zweifel an den Forderungen der christlichen Ethik in der Parabel »Um eine Stunde« in eher pathetischem Ton an. In der Stunde des Todes zeigt sich, daß keinem Menschen die Aussicht auf Erlösung verlockend genug ist, auch nur eine Stunde seines Lebens für das Glück eines anderen zu opfern. Der Lebenswille ist stärker als christliche Nächstenliebe und romantisches Liebesideal. Sogar die Bereitschaft des Jünglings, sein Leben für eine Stunde zu opfern, in der er der sterbenden Geliebten seine Liebe gestehen kann, erweist sich zuletzt als bloßes Lippenbekenntnis, das dem tieferliegenden Lebenstrieb unterliegt.

Antichristlich ist auch die Botschaft der Parabel »Die dreifache Warnung«. Für einen totgeweihten Jüngling, der selbstbewußt alle Warnungen vor Unrecht und Gefahr mißachtet, gibt es keine Rettung, und zwar nicht, weil er falsch entscheidet, sondern weil alles, sein Trotz, seine Verzweiflung, sogar seine Aufforderung an die übermächtige Stimme, »gib dich mir zu erkennen«, vorbestimmt waren. Ohne Erwachen im Jenseits stürzt er »hinab, tiefer als Millionen Abgründe tief – in ein Dunkel, darin alle Nächte lauerten, die gekommen sind und kommen werden vom Anbeginn bis zum Ende der Welten« (II/10). Gott wird in diesem philosophisch-programmatischen Text nur als eine der möglichen Erklärungen neben anderen genannt, die vorgeführte Unausweichlichkeit des Schicksals zu begründen. Dieselbe, für Schnitzlers Denken entscheidende Frage nach dem Determinismus steht auch im Zentrum seines aphoristischen Werkes. Wenn er dort zu bedenken gibt, daß der freie Wille als alltägliche ethische Entscheidungsgewalt nur im Rahmen der durch die Kausalität gesetzten Grenzen möglich ist, räumt er dennoch ein:

»Am Anfang aller Dinge muß irgendetwas wirksam gewesen sein, das wir nach unseren Denkgesetzen nicht anders bezeichnen können, denn als Wille, wenn wir das Wort Gott nicht vorziehen. War aber irgendeinmal ein Wille da, so ist nicht einzusehen, ja nicht einmal zu begreifen, warum er nicht immer da gewesen sein sollte« (AuB 31).

Als lehrhafte Dichtung gibt sich auch die 1911 erschienene Erzählung »Die Hirtenflöte«, wenn sie sich in der ornamentalen Ausschmückung der einzelnen Abschnitte auch von den übrigen, durchwegs kürzeren Parabeln abhebt. Der Text beschäftigt sich mit dem Spannungsverhältnis, das sich aus dem Vorhandensein unbewußter Wünsche bzw. unerfüllter Möglichkeiten auf der einen, dem in einer Partnerschaft erhobenen Anspruch auf Treue und Verzicht auf der anderen Seite notwendig ergibt. Seine Anlage erinnert an eine Versuchsanordnung: Nach dreijähriger Ehe schickt der alternde Astronom Erasmus seine junge Frau Dionysia in die Welt hinaus. Von den beengenden Verhältnissen der bürgerlichen Ehe befreit soll sie Wünsche, derer sie sich selbst gar nicht bewußt war, unmittelbar befriedigen können, um sich auf diese Weise selbst kennenzulernen. Nach einer ersten Nacht mit einem Hirten, dessen Flöte die zunächst widerwillig dem Befehl ihres Gatten folgende Dionysia aus dem Haus gelockt hatte, erlebt sie eine Reihe von Abenteuern, die an Intensität und Exzessivität ständig zunehmen. Während die Dramenhelden Filippo Loschi und Casanovas Gegenspieler Andrea ihre Geliebten zurückstoßen, als deren unbewußte Wünsche offenkundig werden, verhält sich Erasmus wie der Dichter Sylvester es verspricht (II/793) und der Gelehrte Falkenir es durchführt (II/871): Er ist verständnisvoll und scheinbar zuvorkommend. Dennoch entlarvt Schnitzler dieses Verhalten als problematisch. Auf seiten der Intellektuellen, die auf diese

Weise ihre Nietzsche-Anhängerschaft (Herbert W. Reichert, Nietzsche's »Geniemoral« and Schnitzlers Ethics, in: Friedrich Nietzsche's Impact on Modern German Literature, Chapel Hill 1975, S. 4–28) unter Beweis stellen, findet eine Überbewertung des »Dionysischen« statt. Die von den Frauen zunächst bereitwillig erbrachten Verzichtsleistungen, die als Träger sozialer Stabilität fungieren, werden dagegen von diesen Männern gering geachtet. Die Kritik zielt auf diejenigen, die wie Erasmus glauben, asoziale Triebhaftigkeit könnte durch Bewußtmachung und Verwandlung in aktives Durchleben unschädlich gemacht werden. In Wirklichkeit erweist sich dieser Großmut als destruktiv. Es fehlt Erasmus an Liebe und Sorge für die Partnerin. Vorurteilslosigkeit ist nur Maskerade der Gefühlskälte. Über den Ausgang des Experiments, das er selbst in Gang gesetzt hat, zeigt Erasmus keinerlei Überraschung. Deshalb nimmt sein Versuch zum Schluß doch noch einen unvorhergesehenen Verlauf: Als Erasmus die Heimgekehrte mit der Haltung eines in seiner Hypothese bestätigten Forschers empfängt, versteht Dionysia, daß sie nur Versuchsobjekt war. Hinter der »steinernen Fratze« (II/40) vermeintlicher Weisheit verbirgt sich für sie nichts als uneingestandener Hochmut. Dionysias Identitätsfindung scheitert, weil sie in ihrem Partner nichts verändert hat. Deshalb verläßt sie den Mann, den sie geliebt hat. Der Rationalist wird hier vom »entfesselten Weib« (Gutt, 1978) in die Schranken gewiesen. Während Erasmus nach dem endgültigen Verlust Dionysias zur Tagesordnung seines Forscherlebens zurückkehrt, gelangt sein Geistesverwandter Falkenir in der »Komödie der Verführung« zumindest zur Einsicht seiner Torheit, wenn er damit auch zu spät kommt.

Literatur

Die dreifache Warnung: Just (1968) S. 127–130. *Grote*, Marie (1970): Themes and Variations in the Early Prose Fiction of A. S. In: MAL 3, 4, S. 22–47.

Die Hirtenflöte: Reid, Maja D. (1971): »Die Hirtenflöte«. In: MAL 4, 2, S. 18–27. *Gutt* (1978) S. 90–92. *Geißler*, Rolf (1986): Experiment und Erkenntnis. Überlegungen zum geistesgeschichtlichen Ort des Schnitzlerschen Erzählens. In: MAL 19, 1, S. 49–62. *Allerdissen* (1985) S. 108–112.

5.2 Novelletten

Unternimmt man den Versuch, Schnitzlers erzählende Schriften traditionellen Gattungen zuzuordnen, stößt man in zweifacher Hinsicht auf Schwierigkeiten: Ebenso uneinheitlich wie Schnitzlers eigener Umgang mit Gattungsbezeichnungen ist die Meinung der Forschung. Im Tagebuch tauchen Texte mal als »Erzählung«, mal als »Novelle« oder »Novellette« auf. In der Sekundärliteratur wird etwa »Frau Berta Garlan« der Novelle zugeschlagen (Wolfgang Nehring, Der Beginn der Moderne, in: Karl K. Polheim (Hg.), Handbuch der deutschen Erzählung, Düsseldorf 1981, S. 382–408), die Zeitgenossen hingegen rezipierten das Werk als Roman. Differenzen dieser Art lassen sich im Kontext der Grenzüberschreitungen erklären, die kennzeichnend für die Literatur der Moderne wurden. Benno von Wiese (Die deutsche Novelle von Goethe bis Kafka, 2 Bde., Düsseldorf 1956, 1962), der die Novelle von ihrem historischen Wandel her betrachtet, ordnet Schnitzlers erzählende Schriften der Phase des Übergangs von der strengen Novellenpoetologie des 19. Jahrhunderts zum freien Umgang mit der Gattung zu. Die Auflösung der Grenzen zwischen Erzählung und Novelle wird evident bei Schnitzlers Konzentration auf die innere Erlebnisebene der Figuren. In den Vordergrund rückt eine Spiegelung des erzählten Ereignisses in der subjektiven Bewältigungsstrategie der Figuren. Erich von Kahler hat diese Entwicklung in der literarischen Moderne als »Verinnerung« des Erzählens bezeichnet (Untergang und Übergang, München 1970, S. 7–51). Mehr noch als bei den frühen Novelletten zeichnet sich diese Hinwendung zur Seelenanalyse bei den späten Novellen ab. Schnitzlers frühe, wegen ihrer Kürze hier als »Novellette« bezeichneten Texte weisen ebenso wie die großen, späten Novellen zwar die für die Gattung konstitutive Silhouette auf. Deutlich erlangt allerdings bereits die Form des Erzählens die Oberhand gegenüber dem Ereignis. Erst das »Wie« des Erzählens macht die erzählte Geschichte zum unerhörten Ereignis. Die klassische Form des Erzählens, die einen über Ort und Zeit der Handlung und ihren Helden Auskunft gebenden Eingangssatz und ein abrundendes Ende aufweist, löst sich zusehends auf. Die Begebenheit beansprucht nicht mehr die von Goethe geforderte Einmaligkeit. Alltägliches und wiederkehrende Probleme treten an die Stelle der Kunde aus der Ferne bzw. aus früherer Zeit. Vergleichbares gilt für die Charaktere. Sie sind keine außergewöhnlichen Menschen, kennzeichnend ist eher die

Konzentration auf typische Figurenkonstellationen. Die gattungsspezifische dramatische Spannung der Novelle ist durch die Tatsache gesichert, daß Schnitzler für seine Themen häufig dramatische und epische Ausdrucksformen für gleich geeignet hielt. So verarbeitete er den Stoff des Einakters »Die Gefährtin« zuerst als Novelle in »Ein Witwer«, die Novellette »Der tote Gabriel« war ursprünglich als Einakter geplant. Vorbilder waren die französischen und russischen Erzähler der zweiten Hälfte des 19. Jahrhunderts, vor allem Flaubert, Maupassant und Bourget (zu Schnitzler und Maupassant vgl. Derré, 1966, S. 478–488; Schnitzler und Flaubert vgl. Surowski, 1985) bzw. Turgenew, Čechov und Dostoevskij. Schnitzlers Vorliebe für die kurze Form, besonders in den Jahren vor 1900, läßt zugleich Anklänge an die angelsächsische Tradition der Kurzgeschichte erkennen. Thematisch interessiert er sich nicht bloß, wie oft überbetont, für das Erotische. Im Leben zu kurz Gekommene, Behinderte, Einsame, potentielle Selbstmörder, Spieler und Verbrecher nehmen besonders im Frühwerk eine zentrale Rolle ein. Eine ganze Reihe von Arbeiten widmete er dem literarischen Porträt von Künstlerpersönlichkeiten. Ausnahmslos handelt es sich dabei um dilettantische Künstler.

Außenseiter: Spieler, Künstler

Die Novellette »Reichtum«, mit der Schnitzler im Jahre 1891 erstmals eine Erzählung in einer angesehenen Literaturzeitschrift, der »Modernen Rundschau«, plazierte, rückt Soziologie und Psychologie des Spielers ins Zentrum. Bis hin zur späten Novelle »Spiel im Morgengrauen« (1926/27) ließ diese Thematik ihn nicht mehr los. Erzählt wird, wie ein Anstreicher, der von einem Grafen vom Spieltisch eines einfachen Wirtshauses weggezogen und in den Klub der besseren Gesellschaft eingeführt wird, dort eine große Summe gewinnt und diese auf dem Heimweg vergräbt. Das im Zustand äußerster, rauschhafter Erregtheit angelegte Versteck kann er am nächsten Morgen nicht mehr finden. Es bleibt ihm daher nichts übrig, als sein Leben weiter in Armut zu fristen. Erst auf dem Sterbebett, als er erneut in einen dem am Abend des Spiels vergleichbaren Grenzzustand gerät, fällt ihm das Versteck wieder ein. Sein Sohn aber, der daraufhin den Schatz findet, verspielt diesen sofort wieder und verfällt in Wahnsinn. Die Frage nach Voraussetzungen und Erklärungen für die sich wie zwangsläufig zum Kreise schließende

Entwicklung steht in diesem frühen Werk deutlich im Vordergrund. Die mißglückte Karriere des Vaters und die Trostlosigkeit seiner Tagelöhnerexistenz lassen ihn immer wieder aus dem Alltag ausbrechen in die Welt der Abenteuer, die allein der Spieltisch ihm bieten kann. Obwohl auf bestem Wege, ein erfolgreicher Maler zu werden, kann auch der Sohn sich der Anziehungskraft des Spiels nicht entziehen. Ererbt vom Vater ist nicht nur die kreative Veranlagung, sondern auch die Spielleidenschaft. Der Ausbruch der akuten geistigen Verwirrung erscheint als letzte Konsequenz einer labilen seelischen Konstitution. Die Künstlerpersönlichkeit rückt in diesem in seiner sozialen wie psychologischen Perspektive gleichermaßen pessimistischen Text in ein zweifelhaftes Licht. Das Künstlertum des Sohnes speist sich vor allem aus der Stimulation von Leidenschaften, die als Quelle der Inspiration dienen. Der bewußte Wille zur Form und ausdauernde Arbeit fehlen. Was dem Vater noch gelang, den Verlust mit Haltung zu tragen, ist dem ihn an Begabung übertreffenden Sohn nicht mehr möglich. Die Last der genetischen und sozialen Abstammung als Ursache für den geistigen Verfall wurde von französischen Romanciers wie Paul Bourget besonders betont. Dem zeitgenössischen Leser war zudem der wissenschaftliche Hintergrund der Künstlerthematik bekannt. 1864 erschien »Genia e follia«, das Hauptwerk des italienischen Arztes Cesare Lombroso, in dem die physische und psychische Décadence als Bedingung des Künstlertums angesehen wird. 1891 rezensierte Schnitzler eine deutschsprachige Übertragung dieses Werkes. Die Rezension erschien unter dem Titel »Der geniale Mensch« in der »Internationalen Klinischen Rundschau« (5, 1, Sp. 21 ff.).

Theatermilieu

Während sich die Naturalisten der äußeren, objektiven Dimension sozial Unterprivilegierter zuwandten, begann Schnitzler früh, sich auf die innere Dimension zu konzentrieren. Hinsichtlich der Beschreibung sozialer Milieus galt sein Interesse – ähnlich wie bei Heinrich Mann – besonders der Welt der Bühne. Die zwischen großer Kunst und erotischer Freizügigkeit angesiedelte Lebensweise der reproduzierenden Künstler machte sie zu schillernden, viel beneideten und viel geschmähten Außenseitern in der bürgerlichen Gesellschaft. Schnitzler geht es darum, diese Welt des Scheins in ihrer oft grotesken Dimension

117

zu beleuchten. In den Texten, die sich mit dem Theatermilieu beschäftigen, versucht der Autor, die Mischung von Tragik und Komik als Oszillieren zwischen komischem Detail und ernstem existentiellem Hintergrund aufzudecken. Anspielungen auf Schnitzlers Liaison mit Adele Sandrock, die ihn schließlich mit seinem Freund Felix Salten betrog, während er selbst in Marie Reinhard eine neue bürgerliche Partnerin fand (vgl. Renate Wagner, Adele Sandrock und Arthur Schnitzler. Geschichte einer Liebe, Frankfurt 1975), liegen der Novellette »Der tote Gabriel«, zugrunde.

Scharfe soziale Gegensätze wie in der Gesellschaft selbst zeigen sich auch in der Welt des Theaters. Die Novellette »Der Ehrentag« (1897) lebt aus dem Kontrast zwischen der im Rampenlicht stehenden Operettendiva und dem kleinen Schauspieler, der ewig mit den Rollen des zweiten Knechts oder dritten Verschworenen (I/283) abgespeist und dabei auch noch zum Gespött seiner Kollegen wird. Der eifersüchtige Kaffeehausliterat August Witte inszeniert für den vermeintlichen Nebenbuhler einen Ehrentag, bei dem ihm anläßlich seines kurzen Auftritts als Diener Ovationen gekaufter Claqueure, gemischt mit dem Gelächter der unbeteiligten Zuschauer, entgegenschlagen. Die starre Trennung zwischen Bühne und Leben wird außer Kraft gesetzt, eine vertraute Grenze überschritten. Die groteske Wirkung der Situation – ein Diener wird bejubelt – führt eine tiefgreifende Verunsicherung des Menschen hinter der Maske herbei. Auf der Ebene seiner Privatexistenz sieht dieser professionelle Rollenträger sich unerwartet zur Spielfigur in einem makabren Lausbubenstreich degradiert. Je mehr die Innenansicht dem Leser das Leiden des gedemütigten Schauspielers nahebringt, umso deutlicher kippt die Novelle von ihrer komischen Anlage um zur tragischen Auflösung. Noch im Operettenkostüm mit falschem Schnurrbart und heruntergefallener Perücke findet man ihn erhängt in seiner Garderobe.

Von der Operettenwelt in die Welt der großen Oper führt die Novellette »Das Schicksal des Freiherrn von Leisenbogh« (1904). Was die Zahl der Liebhaber angeht, so unterscheidet sich die femme fatale aus der Wiener Oper wenig von der Varieté-Künstlerin aus der Skizze »Exzentrik« (1902), die im Ronacher neben Akrobaten und Monströsitäten ihre Nummer vor weniger erlesenem Publikum zum Besten gibt. Die ostentativ zur Schau getragene Frömmigkeit bildet kein Hindernis für die Libertinage der Diva Kläre Hell. An wohlhabenden Verehrern aus der »besten Gesellschaft« (I/563), die mit der notorischen

Untreue ihrer unbürgerlichen Partnerinnen jeweils auf ihre Weise fertig werden, mangelt es beiden Damen nicht. Dem Freiherrn von Leisenbogh bringt seine zähe Liebe zu der seine Gutmütigkeit skrupellos ausnützenden Kläre nicht nur einen zerbeulten Zylinder ein, wie seinem Leidensgenossen August Witte in »Exzentrik«, ihm wird seine Leidenschaft zum Verhängnis. Als die Angebetete sein Werben nach zehn Jahren endlich erhört, glaubt er sich am Ziel seiner Wünsche, muß aber erfahren, daß er seinem Konkurrenten, dem Wagnertenor Sigurd Ölse, lediglich als Stellvertreter gedient hat. Aus dem Mund des vermeintlichen Freundes erfährt Leisenbogh von dem tödlichen Fluch des verstorbenen Ehemanns Kläres gegen deren ersten Liebhaber und erleidet einen Herzschlag, als er seine Rolle in diesem Spiel erkennt. Die Pointe enthüllt, daß der abergläubische Ölse aus Neugierde und zur nachträglichen Beruhigung seiner Nerven die Treffsicherheit des Fluches an dem nichtsahnenden Konkurrenten überprüft hat, um daraufhin sicher in die Arme der Geliebten zurückzukehren. Ölses Einsatz seiner schauspielerischen Fähigkeiten, nicht der Fluch des Toten, bewirkt bei Leisenbogh eine tiefgreifende Verunsicherung seines Realitätsempfindens. Unbewußt bricht sich die Erkenntnis Bahn, daß man eine Clownerie vor ihm ablaufen läßt, in der Ölse die Hauptrolle des Pierrot (I/596 f.) übernommen hat, doch fällt diese Einsicht bereits mit seinem Untergang zusammen. Das schicksalträchtige Geschehen rückt in ironischen Zusammenhang mit der Opernwelt selbst. Ausgerechnet der Interpret von Tristan, Lohengrin und Siegfried und die Sängerin der Königin der Nacht greifen zu einer Intrige, um die unheimliche Macht des Toten über die Lebenden zu erproben. In Leisenbogh findet der kühl kalkulierende Ölse ein für die Macht des Irrationalen empfängliches Opfer. Bis zu dem Zeitpunkt seiner Enthüllung hatte Leisenbogh den Fluch unbeschadet überlebt; erst als Ölse Gebrauch von ihm macht, entfaltet er seine tödliche Wirkung. Daß es Schnitzler nicht um die Evozierung des Unheimlichen, sondern um dessen ironische Entlarvung vermittels der Entlarvung seiner Anhänger bzw. Opfer geht, läßt sich an der gewählten Erzählweise erkennen. Der Text vermittelt weitgehend die naiv-beschönigende Perspektive des Freiherrn, die Ereignisse hinter seinem Rücken zwischen Ölse und Kläre lassen sich nur erahnen. Es bleibt dem Leser überlassen, daß Rätsel, das durch die gewählte perspektivische Darstellung aufgegeben wird, zu lösen, indem er seine Kombinationsgabe einsetzt.

Während die Großen des Theaters, die Wagnertenöre und Tragödinnen, sich bei Schnitzler im Leben wie Komödienhelden ausnehmen, geschehen die tragischen Ereignisse gerade in und um die Welt des Unterhaltungstheaters für die kleinen Leute. In »Das neue Lied« (1905) wird erzählt, wie die Erblindung einer jungen Sängerin, die samstagsabends in einem Wiener Ausflugslokal auftritt, ihre Beziehung zu einem Drechslersohn zerstört. Als sie erstmals nach dem Einbruch des unerhörten Ereignisses wieder auf der Bühne steht, um ihr Schicksal zur Rührung des Publikums in Form eines Couplets zum Besten zu geben, ist auch ihr ehemaliger Geliebter anwesend. Der Versuch, die eigenen Bedürfnisse nach menschlicher Nähe zu befriedigen, schlägt fehl, Karl verhält sich bei ihrer zarten Annäherung verlegen und abweisend. Verzweifelt stürzt sie sich nach dieser Enttäuschung zu Tode. Auf die Probe gestellt durch den Einbruch physischer Gewalt bewährt sich diese Liebesbeziehung, zu deren Bedingungen ihr vorhersehbares Ende von Anfang an gehörte, nicht. Wo mehr als nur das selbstsüchtige Liebesabenteuer nötig wäre, wendet sich der männliche Partner zunächst unwillkürlich, dann immer bewußter ab. So sehr der Autor die Schuldfrage auch durch die Beteiligten aufwerfen läßt, er selbst begnügt sich damit, die menschliche Schwäche als etwas Gegebenes zu konstatieren. Eine Denunziation des in seiner Mitmenschlichkeit versagenden Mannes wird vermieden, Schuldsprüche fallen nicht.

Ehebrecher

Dies gilt gleichermaßen für »Die Toten schweigen« (1897), einem Text, der thematisch wie formal auf den Punkt bringt, was für die frühen Novellen charakteristisch ist. Es werden keine Lebensläufe mehr erzählt. Zusammengedrängt auf knapp drei Stunden skizziert Schnitzler mit einem Minimum an Angaben die sozialen Umrisse einer Ehebruchsgeschichte in einem Professorenhaushalt, mithin im bürgerlichen Milieu. Interessant wird die eher alltägliche Problematik des Dreiecksverhältnisses im Augenblick des Einbruchs eines ebenfalls eher alltäglichen, in der speziellen Situation aber fatalen Ereignisses: des Verkehrsunfalls. In diesem Moment wird auch hier menschliches Versagen gegenüber einem zu hoch gesteckten, internalisierten Liebesideal zum zentralen Thema. Emma, die sich mit ihrem Geliebten an einem stürmischen Herbstabend zu einer Spazierfahrt trifft, gerät unversehens durch den Unfall, bei dem ihr Geliebter aus dem offenen Wagen geschleudert und getötet wird, in eine Grenzsituation. Sofort schlägt der Rhythmus des Erzählens um. Bei der Verengung der Perspektive von einem distanziert beobachtenden allwissenden Erzähler auf die Innenansicht der Heldin gewinnt er ein atemberaubendes Tempo (Wiese, 1962, S. 262). Analog dem Hin- und Herschwanken der Heldin zwischen Angst, Egoismus, Scham- und Schuldgefühlen peitscht auch der Erzählfluß hin und her. Unheil kündigt sich bereits in äußeren Vorzeichen, wie dem schlechten Wetter und dem betrunkenen Kutscher, an. In dem Maße, wie ihr Überlebenswille seine Wirkung entfaltet, rückt Emmas Beziehung zu dem Toten von Sekunde zu Sekunde mehr in den Hintergrund. Allmählich, aber immer entschiedener, überlagert der Lebenstrieb die Gewissensbisse und befiehlt ihr, den Toten im Stich zu lassen, um unerkannt in ihr eheliches Heim zurückzukehren. Durch die akute Notsituation auf die Probe gestellt, sich zu einer Liebe, die niemals eine wirklich ausgeglichene gewesen war, zu bekennen, zieht sie es vor, sich um ihr soziales Überleben zu kümmern.

Die Entscheidung, die Rolle der bürgerlichen Ehefrau weiterzuspielen, fällt nicht bewußt, vielmehr setzt sich der unbewußt wirksame Selbsterhaltungstrieb als eigentliche Entscheidungsinstanz unwillkürlich in sein Recht. Daß es sich bei diesem Unbewußten nicht um das Theorem der Psychoanalyse handelt, wie Freud es um 1900 formulierte, zeigt Emmas überraschendes Geständnis der Untreue gegenüber dem Ehemann (Cook, 1975, S. 223). In dem sich erneut unbewußt anbahnenden Entschluß gegen die Perpetuierung des Betrugs, der eine völlige Zerstörung ihres Selbstwertgefühls bedeuten würde, setzt sich ein moralisches Empfinden durch, das der psychoanalytischen Vorstellung vom Unbewußten fremd ist. In diesem eruptionsartigen Geständnisdrang äußert sich jener von Schnitzler als »Mittelbewußtes« bezeichnete Bereich (ÜP 283), der, in ständigem Austausch mit dem Unbewußten einerseits und dem Bewußten andererseits, zwischen Triebwelt und Moral vermittelt. Das im Titel angeschlagene Leitmotiv des Schweigens steht nur, um widerlegt zu werden: Die Toten schweigen eben nicht, sie gewinnen vermittels des inneren Kampfes, den sie in den Überlebenden auslösen, eine suggestive Macht über diese. Welche Konsequenzen Emmas scheinbar sinnloses Geständnis für ihre soziale Existenz nach sich ziehen wird, bleibt – wie typisch für Schnitzler – offen. Den Autor, der seine Texte wie Versuchsanordnungen anlegt (Geißler, 1986, S. 58 f.), interessieren in erster Linie die in der Krisensituation hervorgerufenen, meist paradoxen menschlichen Emotionen, nicht so sehr deren Folgen. Es wäre das Thema eines neuen Textes, an dieser Stelle des offenen Konflikts zwischen den Ehegatten anzusetzen.

Behinderte, Verbrecher

Eine ähnlich paradoxe Lösung, bei der die innere Beruhigung mit einer von außen drohenden Bestrafung einhergeht, führt auch die Kriminalgeschichte »Der blinde Geronimo und sein Bruder« (1900/01) vor. Carlos, der durch ein Versehen die Erblindung seines jüngeren Bruders herbeigeführt hat und so unschuldig schuldig geworden war, begleitet Geronimo in selbst auferlegter Askese auf seinem Wanderleben. Schließlich begeht er um der Liebe seines Bruders willen einen Diebstahl. Anlaß zu dieser Verzweiflungstat ist der Streich, den ein Reisender den bettelnden Brüdern spielt, indem er Carlos der Unterschlagung bezichtigt. Auf fruchtbaren Boden fällt diese unmotivierte Falschaussage, weil das Verhältnis der aneinander geketteten Brüder ein höchst prekäres Gleichgewicht darstellt.

Der Fremde fungiert in der Novellette als eine Kunstfigur, die, indem sie den Ball ins Rollen bringt, ihre poetologische Funktion bereitwillig selbst preisgibt. »Schicksal, nimm deinen Lauf« (I/372) raunt er, bevor er unerkannt wieder aus der Geschichte verschwindet. Nicht nur das Verhältnis zu seinem blinden Bruder steht für Carlos auf dem Spiel, sondern sein Selbstwertgefühl überhaupt. Durch den Einbruch des Schicksals in Form dieses eher beiläufigen Ereignisses treten Neid und Mißtrauen des Kranken auf den Gesunden offen zutage. Ans Tageslicht kommt nun, daß Geronimo seinen Bruder seit seiner Verletzung immer stillschweigend als Übeltäter angesehen hatte. Als er dann erkennt, daß sein Bruder zum Dieb geworden ist, um sein Vertrauen zurückzugewinnen, kommt es zu einer Entladung seiner Ressentiments, das glückselige Lächeln der Kinderjahre erscheint zum ersten Mal wieder auf seinem Gesicht. Das Verhältnis wird auf eine neue Grundlage gestellt. Mit herkömmlichen Erwartungen gegenüber den Rollen von Täter und Opfer wird aufgeräumt. Nicht Carlos, der Gesunde, ist der dominante Partner, sondern Geronimo übt auf herrische Weise die Entscheidungsgewalt aus. Auch entspricht weniger der Dieb Carlos, als sein unschuldiger Bruder in Physiognomie und Verhalten dem Bild, das sich die Zeitgenossen vom Typ des Verbrechers machten. Darüberhinaus verrät die ungeschickte Ausführung des Raubes weniger Durchtriebenheit, als etwa die Professorengattin Emma bei der Spurensicherung aufbringt. Hier wird Widerspruch gegen die Studie Lombroses zur »Naturgeschichte des Verbrechers« laut, die Schnitzler nach dessen Werk über die Künstler 1892 rezensierte (IKR 6, 29, Sp. 1191). Was vor der Außenwelt ein Verbrechen ist, fungiert im Verhältnis der Brüder als Liebesbeweis. Er führt zu einem Gesinnungswandel, der mehr wiegt, als öffentliche Verurteilung. Innen und außen, subjektiv Gerechtfertigtes und objektiv Verbotenes werden damit als zwei nicht kongruente Bereiche vorgeführt. Erst der real durchgeführte Betrug versetzt Carlos in die Lage, die Macht des vermeintlichen Betrugs abzuwehren. Für den Leser ist die Novellette durch die Versöhnung der Brüder zu einem befriedigenden Ende gebracht. Die ausstehende Gerichtsverhandlung und Verurteilung muß ihm wie Carlos, an dessen Sichtweise der Leser teilnimmt, verglichen mit der erreichten Versöhnung als unbedeutend erscheinen. Mit dieser widersprüchlichen Pointe wird sentimentales Mitleid mit den Außenseitern und ein wirklichkeitsfremd versöhnliches Happy-End zugunsten einer ernsten Auseinandersetzung vermieden.

Literatur

Reichtum: Textvariante: *Urbach* (1974) S. 83–93.

Der Ehrentag: Geißler, Rolf (1981): S.s. »Ehrentag«, In: LfL, S. 145–149.

Die Toten schweigen: Wiese, Benno von (1962): Die deutsche Novelle von Goethe bis Kafka. Bd. II, Düsseldorf, S. 261–279. *Cook*, William K. (1975): Isolation, Flight, and Resolution in A.S.s »Die Toten schweigen«. In: GR 50, 3, S. 213–226. *Surowski*, Barbara (1985): Flaubertsche Motive in S.s. Novelle »Die Toten schweigen«. In: Orbis litterarium 40, S. 372–379. *Allerdissen* (1985) S. 240–248. *Geißler*, Rolf (1986): Experiment und Erkenntnis. Überlegungen zum geistesgeschichtlichen Ort des S.schen Erzählens. In: MAL 19, 1, S. 49–62.

Der blinde Geronimo und sein Bruder: Kaufmann, Friedrich W. (1934): A.S. – »Der blinde Geronimo und sein Bruder«. In: Monatshefte 26, 6, S. 190–196. *Lindken*, Hans Ulrich (1970): Interpretationen zu A.S. Drei Erzählungen. München, S. 54–75. *Cook*, William (1972): A.S.s. »Der blinde Geronimo und sein Bruder«. A Critical Discussion. In: MAL 5, 3–4, S. 120–137. *Leroy*, Robert und Eckart *Pastor* (1976): Der

Sprung ins Bewußtsein. Zu einigen Erzählungen von A. S. In: ZfDPh 95, 4, S. 481–495.

Das Schicksal des Freiherrn von Leisenbogh: Katan, M. (1969): S.s. »Das Schicksal des Freiherrn von Leisenbogh«. In: Journal of the American Psychoanalytic Association 17, 3, S. 904–926.

5.3 Aufzeichnungen, Tagebuch- und Brieferzählungen

Zu den Erzähltexten, die in der Forschung Mißverständnisse und Kontroversen heraufbeschworen, gehören besonders Schnitzlers Ich-Erzählungen. Titel oder Untertitel wie »Aus den Papieren eines Arztes«, »Aus dem Tagebuch eines Hinterbliebenen« oder »Andreas Thameyers letzter Brief« suggerieren Authentizität. Freilich ist der signalisierte dokumentarische Anspruch nicht weniger Fiktion und Resultat eines souveränen Spiels des Autors, als dies bei in der Er-Form erzählten Texten der Fall ist. Auffällig ist die Verbindung zwischen fingierter Wirklichkeitsaussage und Themen aus dem Bereich des Surrealen, Parapsychologischen. Es entspricht einer gezielten Erzählstrategie, daß Schnitzler ausgerechnet bei Fragen, die sich intersubjektiver Beweisführung entziehen, eine subjektive Haltung des jeweiligen Ich-Erzählers in den Vordergrund schiebt und den Leser so in die Lösung des Rätsels verwickelt. Ob die berichteten unglaublichen Vorgänge bzw. deren Erklärungen wahr oder falsch sind, wird mit diesem Verfahren nie endgültig geklärt. Stattdessen soll zum Ausdruck gebracht werden, daß der ästhetische Raum kein adäquates Medium für die unmittelbare philosophische Wahrheitsfindung ist. Der Leser findet sich in diesen literarischen Sprach- und Denkspielen zurückgeworfenen auf ein geschickt gesponnenes Netz von Personen- und Problembezügen. Dabei geht es letztendlich nicht um wahr oder falsch, sondern um eine Untersuchung des subjektiven Umgangs der fingierten Ich-Erzähler mit den aufgeworfenen Fragen. Wahrheit erscheint relativiert, indem sie an ihren Fürsprechern gemessen wird. Die Aufgabe des Lesers besteht darin, die Glaubwürdigkeit dieser Gewährsmänner zu testen, um sich auf diesem Umweg dem Problem selber zu nähern. Nimmt man Schnitzlers Aphorismen zur Hilfe, bestätigt sich der Eindruck, es gehe dem Autor im Gegensatz zu seinen fingierten Erzählern keineswegs um eine Propagierung paranormaler Phänomene wie der Telepathie, des Magnetismus oder der Hellseherei. Mystizismus und Irrationalismus werden im aphoristischen Werk immer wieder kritisch hinterfragt.

Fiktive Aufzeichnungen

Als Gewährsmänner für die erzählten unglaublichen oder zumindest erstaunlichen Sachverhalte läßt Schnitzler mit Vorliebe Ärzte und Dichter auftreten. Dabei spielt er, wie in der frühen Erzählung »Mein Freund Ypsilon« (1887), die gegensätzliche Denkweise des Rationalisten und des Irrationalisten gegeneinander aus. Aus der Sicht eines Arztes erfährt der Leser, wie es zum Selbstmord von dessen Dichter-Freund kam: Sein Überschwang an Phantasie ließ diesen Schwärmer den radikalen Rückzug aus dem realen »Leben« ins Reich seiner Dichtungen antreten. Die totale Auslieferung an die dichterische Imagination mündete in der Selbstzerstörung. Für den Arzt ist gerade diese Gefangenschaft in einer selbstgeschaffenen Phantasiewelt Zeichen des Dichtertums. Der offensichtliche Dilettantismus der Werke dagegen ist für ihn ein Kriterium von untergeordneter Bedeutung. Die wohlwollende Herablassung, dem Selbstmörder seine Exzesse als Bedingungen für sein Genie gelten zu lassen, rücken diesen Arzt in die Nähe Cesare Lombrosos und seiner zweifelhaften These, künstlerische Kreativität sei Ausfluß einer neurotischen Disposition. Indem der Text die Problematik der Wertsetzung aufrollt, werden Klassifikationen wie »Genie« und »Wahnsinn« neu hinterfragt (Perlmann, 1987, S. 164 ff.).

Aus den fiktiven Papieren eines Arztes übermittelt ist auch der Kriminalfall in der Novellette »Der Sohn« (1892), der im späten Roman »Therese« wiederkehrt. Die auf die Probe gestellte Humanität des Arztes erhält in dieser Erzählung eine gleichberechtigte Bedeutung neben dem geschilderten Mordfall. An das Sterbebett einer Frau gerufen, die von ihrem Sohn mit einem Beil tödlich verletzt worden war, erfährt der Arzt, daß sie ihren unehelich geborenen Sohn nach der Geburt zu ersticken versucht, dies aber am nächsten Tag bereits bereut hatte, und seinen Gewaltausbruch nun als späte Rache auffaßt. Über seinem Tagebuch sitzend geht der Arzt stellvertretend für den Leser der grundsätzlichen Frage nach, ob das Verhalten des Sohnes durch die Erfahrungen der ersten Lebensnacht determiniert ist und damit vor Gericht als mildernder Umstand gewertet werden muß, oder ob allein die allzu nachgiebige Erziehung der schuldbewußten Mutter Ursache der gewalttätigen Entwicklung war. Ergriffen von dem Plädoyer der Mutter macht der Arzt sich schließlich frei von seiner latent vorhandenen herablassenden Attitüde. Seiner vermeintlichen Sicherheit im Empfinden von Recht und Schuld beraubt, entschließt er sich, in diesem Zweifelsfalle gemäß den Wünschen der für ihren Sohn eintretenden Mutter vor Gericht zu plädieren. Was sich anbahnt ist der Weg zur sozialen Rechtswissenschaft.

Der voreingenommene Erzähler

Wie die vermeintliche »Freundesrolle« des Erzählers die Darstellung beeinflußt, wird in der Novellette »Die griechische Tänzerin« (1902) anschaulich gemacht. Der Text lebt aus dem voreingenommenen Standpunkt des Ich-Erzählers gegenüber dem von ihm berichteten Tod einer Freundin und dessen vermuteten Ursachen. Der Leser wird hier zum Ansprechpartner eines monologisierenden, anonymen Spaziergängers. An ihn sind die Überzeugungsstrategien gerichtet. Dabei entsteht, was Martin Swales (1971) die »Ambiguität« der Erzählweise nennt. Je unübersehbarer der Appellcharakter des parteiergreifenden Erzählers, desto größer die kritische Distanz, die der Leser solchen Versuchen einer Vereinnahmung entgegensetzt. Hinter seinen Angriffen auf die überlegene Künstlerpersönlichkeit des Gatten der Verstorbenen werden Eifersucht und Mißtrauen des in seiner Werbung um dieselbe Frau Unterlegenen sichtbar. Vermutungen und Unterstellungen, die in unverhohlen geäußerten Vorurteilen gegen Künstler an sich münden, treten an die Stelle von Fakten. Damit entpuppt sich der Erzähler als eine sich mit dem Leser lustvoll in Gesellschaftsklatsch und Rufmord einlassende Figur.

Auch bei »Die Weissagung« (1902) scheint die Leichtgläubigkeit des Lesers auf die Probe gestellt zu werden. Es handelt sich um eine Erzählung, die das Vorhersehen der eigenen Zukunft thematisiert. Der ursprüngliche Titel »Hexerei« läßt Schnitzlers skeptische Haltung bereits anklingen. Als Grenzphänomen, das das Interesse im Lager der Wissenschaft ebenso auf sich ziehen konnte wie das der Anhänger okkultistischer Strömungen, bot sich die Hypnose an. Schnitzler spielt in diesem Text mit der Lust des Lesers am Enigmatischen und testet dabei sein kritisches Urteilsvermögen. »Magnetisiert« vom Sohn eines »Branntweinjuden« (I/604) glaubt der in einem polnischen Nest stationierte Offizier von Umprecht, die Umstände seines in zehn Jahren bevorstehenden Todes zu erblicken. In der Folgezeit lebt er allein in Erwartung dieser Prophezeiung, die sich dann auch, wie der Erzähler bestätigt, gerade so wie vorhergesagt erfüllt. Auf verschlungenen Wegen gelangt die Schilderung der Vorgänge vermittelt über einen befreundeten Dichter, der als Erzähler fungiert, und einem wiederum mit diesem befreundeten Arzt zu dem fiktiven Herausgeber, der sich in einem weitschweifigen Bericht im Anschluß an die eigentliche Geschichte zu Wort meldet. In der Forschung ging man allzuoft dieser Erzählstrategie auf den Leim und mißverstand Schnitzler als Proklamator dämonischer Kräfte (Just, 1968; Imboden, 1971). Bei näherer Untersuchung erweisen sich aber sowohl der in seinem ausgeprägten Antisemitismus zweifelerregende Offizier wie auch der auf positive Selbstdarstellung bedachte Dichter als höchst fragwürdige Figuren. Der Verfasser des Manuskripts ist zudem selbst tief in die mysteriösen Vorgänge verstrickt, deren objektive Schilderung er vorgibt. Gänzlich unkritisch identifiziert er sich mit seinem Protagonisten. Gerade diese bereitwillige Solidarisierung soll im Leser Zweifel wachrufen. Nicht die Evozierung, sondern die Demaskierung des Irrationalen vermittels dieser Kritik an ihren Befürwortern hatte Schnitzler im Auge (Perlmann, 1987, S. 88 ff.).

Fiktive Tagebücher

Einen Schritt weiter von den Aufzeichnungen der am Fall interessierten Ärzte und Dichter in Richtung einer betont privaten und subjektiven Sichtweise des Ich-Erzählers gehen die Tagebücher. Schnitzlers Tagebuchschreiber entstammen ausnahmslos dem bürgerlichen Milieu, zu ihren Lebensgewohnheiten gehört der alltägliche Umgang mit Büchern. Vereinsamt durch den Verlust des Partners oder lediglich aus »Ichschmerz« greifen sie zur Feder. Sie schreiben für sich selbst, zur Beruhigung der überreizten Nerven. Schmerz wird dabei als Besitz verwertet, der zur Existenzgewinnung dient. Ihre pathetische Egozentrik macht sie zu Repräsentanten der Sentimentalität (Just, 1968). In zwei dieser Texte, »Der Andere« und »Blumen«, handelt es sich um die Tagebücher von »Hinterbliebenen«. Gezeigt wird ein Mensch in einer psychischen Grenzsituation. Lustvoll steigert sich der Witwer in »Der Andere« (1889) seit dem Verlust seiner Gattin in das Lamento über die Trostlosigkeit seiner Existenz hinein. Der Fluß der Sätze vermittelt seine innere Erregung, ohne daß der logisch durchkomponierte Aufbau des Textes darunter leidet. Hinter dem Seelendiagramm wird ein Arrangeur spürbar, etwa wenn der Schreiber bei der Mitteilung der unerwarteten Begegnung mit dem auf dem Grab seiner Gattin knieenden Nebenbuhler ins spannungssteigernde Präsens fällt. Hinter dem elegischen Ton als Ausdruck der psychischen Notlage des Schreibers bricht die ironische Distanz einer übergeordneten Erzählinstanz durch, die den Titel setzt, den Ausschnitt wählt und die Selbstaussage der Helden vor den Augen des Lesers Revue passieren läßt. Ironie, wie sie hier zum Ausdruck kommt, äußert sich nicht in einzelnen Redeformen und Bildern, sondern in der Grundhaltung eines distanziert auftretenden, wissenden Autors (Just, 1968, S. 98). In dem Moment, wo das Tagebuch für den Schreiber seine Funktion als Ausdrucksmedium des »großen und ewigen Schmerzes« (I/41) einbüßt, bricht es ab. Der Text endet, ohne daß dem Helden seine Zweifel an der Treue seiner verstorbenen Gattin zur Gewißheit geworden wären.

Die Psychologisierung des Todes durch die Beschreibung seiner Wirkung auf die Hinterbliebenen zeigt, daß Schnitzler der christlichen Heilsbotschaft durch seine Helden eine Absage erteilen läßt. Die Einsicht des dahinsiechenden Helden der Erzählung »Sterben«, daß die Erde mit »lauter zum Tode verurteilten« (I/112) bevölkert ist, gibt ihm keine Erleichterung. Hoffnung auf Wiederkehr gibt es für Schnitzlers Figuren nicht, Trost zu finden ist daher auch dem Witwer in »Der Andere« unmöglich. »Vielleicht ist der unfaßbare Augenblick, in dem wir vom Leben zum Tode übergehen, unsere arme Ewigkeit« (I/251), überlegt der junge Mann in »Ein Abschied«, während seine Geliebte im Sterben liegt. Gott ist für diese Helden, wie es Nietzsche proklamiert hatte, tot. Erst recht hat der Arzt Bernhardi, der täglich mit dem Tod konfrontiert wird und dem der psychische Zustand der Sterbenden mehr am Herzen liegt, als der kirchliche Segen, keine Hoffnung auf ein Seelenheil im Jenseits. Lediglich als ein vom Subjekt losgelöstes, auf die Hinterbliebenen übertragenes, zersetzendes Phänomen gibt es so etwas wie ein Weiterleben nach dem Tode. Gepeinigt von den Schuldgefühlen gegenüber der Geliebten, die aus unglücklicher Liebe an Gemütskrankheit erkrankte und starb, erkennt der Held der kurzen Tagebuch-Erzählung »Blumen« (1894): »Gestorbene kommen wieder, so lang wir sie nicht vergessen« (I/22). Dafür hatte die ehemalige Geliebte gesorgt, indem sie ihm regelmäßig Blumen schickte. Als auch nach ihrem Tod nochmals ein Bouquet eintrifft, gerät der Held mehr und mehr in die Gefangenschaft dieser Grüße aus dem Reich der Toten. Die Tote ergreift zunehmend Macht über den Lebenden und setzt einen von innen heraus wirkenden Dissoziationsprozeß in Gang. Erst durch die Zerstörung der Blumen kann die gegenwärtige Geliebte den Bann brechen, der von dem Todessymbol ausgeht. In einem für Schnitzler untypisch hoffnungsvollen Schluß wird der Held ins Leben zurückgeführt.

In durchkomponierter Novellen-Form erzählt der frisch promovierte, künstlerisch ambitionierte Tagebuchschreiber der Erzählung »Die Frau des Weisen« (1897) ein persönliches Abenteuer, um sich die »schwermütige Langeweile« (I/262) seines Sommerurlaubs am Meer zu vertreiben. Die Sprachlosigkeit seiner sozialen Beziehungen findet in der Beredtsamkeit der Aufzeichnungen ein signifikantes Pendant. Im Leben bildet das Unausgesprochen-Lassen eine Grunderfahrung, die zum unwissenden Nebeneinanderherleben führt. Als Frederike mit ihrem Sohn in dem dänischen Seebad auftaucht, wird der Ich-Erzähler an den Tag erinnert, an dem der damalige Abiturient von seinem Hauswirt bei einer peinlichen Szene mit dessen Frau beobachtet worden war. Während die Liebe des Schreibers zu Frederike nach Jahren der Trennung neu entflammt, erfährt er aus Gesprächen, in denen die Vergangenheit aufgerollt wird, daß Frederike nichts von der Mitwisserschaft ihres Gatten ahnt. Die Frau, die jahrelang nichtsahnend, von tiefem Verzeihen schweigend umhüllt lebte, wird ihm unheimlich. Ähnliches geschieht in der Komödie »Das weite Land«, in der Friedrich Hofreiter seine Frau unheimlich wird, nachdem ein junger Komponist sich aus unglücklicher Liebe zu ihr getötet hat. Auch den Ich-Erzähler der Novelle schaudert vor einer Frau, die einen anderen Mann nicht nur erotisch zu fesseln versteht, sondern ihn in seiner ethischen Existenz herausfordert. Dadurch kommt ihr eine Überlegenheit über die bloß nach Abenteuern Ausschau haltenden Partner zu, die die Männer mit ihrem Rollenverständnis nicht vereinbaren können. So enthüllt der Text den verschlungenen Weg der Triebschicksale: Die in der Vergangenheit geweckte, aber nicht erfüllte Verheißung bricht in der Gegenwart als Wunsch neu auf, wird aber beim Einblick in die ethisch-moralischen Implikationen abgelenkt.

Nur noch partiell in die Gruppe der Tagebuch-Texte gehört die Novellette »Das Tagebuch der Redegonda« (1909). Das Tagebuch fungiert hier nicht mehr als formale Struktur, sondern als Leitmotiv in einem Text, dessen Erzählsituation vielfach ineinander verschachtelt ist und dabei die Ebenen real – irreal gezielt vermengt. Neben dem Ich-Erzähler, einem Dichter, dem es ungeachtet gegenteiliger Beteuerungen in erster Linie um eine »interessante« Geschichte geht, treten als Gewährsleute ein Doktor Wehwald und die Tagebuch-Autorin Redegonda auf. Lediglich der nachts auf einer Bank sitzende Dichter und der Tod Wehwalds im Duell sind verbürgte Tatsachen. Schon die Begegnung der beiden spielt sich lediglich in der Einbildung des Dichters ab, wodurch auch alles nachfolgend Berichtete im Zeichen des Irrealis steht. Ob es nun die Phantasie des Dichters ist, die sich ausmalt, wie es zu dem unerwarteten Duell zwischen dem ihm als weltentrückt und lebensunfähig bekannten Wehwald und einem Offizier gekommen sein könnte, oder ob er es träumt (Lawson, 1980), Grundlage der Schilderung ist nicht was war, sondern was gewesen sein könnte. Wehwald erscheint und erzählt dem Dichter von einem Erlebnis, das seinerseits reale und imaginierte Komponenten integriert: Gemäß seiner Erzählung begegnet der Held der schönen Rittmeistersgattin Redegonda und bildet sich ein, mit ihr ein Liebesverhältnis zu beginnen, wozu er freilich in Wirklichkeit zu schüchtern ist. Als Zeugnis dieser Beziehung fungiert Redegondas Tagebuch, in dem alles, was sich Wehwald nur eingebildet hatte, verzeichnet ist, als sei es wirklich geschehen und von Redegonda erwidert worden. Dieses Tagebuch dient dem Ehemann, der die Verfasserin auf frischer Tat ertappt, als Grund für die Duellforderung an Wehwald, nachdem Redegonda im Augenblick der Entdeckung ihrer geheimen Liebe der Schlag getroffen hatte.

Schnitzlers Interesse gilt in dieser verschlungenen Erzählung nicht den unerhörten Vorfällen selbst, sondern vornehmlich der Dichterfigur, deren Phantasie alles Berichtete entspringt. Um die Einbildung der Leser zu beflügeln scheut er nicht davor zurück, Phänomene wie Wiedergängertum und Gedankenübertragung aufzubieten. Die Strategie der Nachbemerkung, die den legitimen Zweifeln des Lesers an seiner Geschichte den Wind aus den Segeln nehmen soll, entlarvt ihn als bewußt manipulierenden Dichter, dem auf der Suche nach einem Stoff das Unwahrscheinlichste gerade zugkräftig genug erscheint. Kritische Distanz, aber zugleich ein augenzwinkerndes Selbstporträt (Tgb 27. 2. 1911), bei dem die eigene Rolle als Dichter überdacht wird, sind wohl gleichermaßen intendiert. Bei dem erreichten Schwebezustand zwischen einem spielerischen Hineintragen des Überwirklichen in die fiktionale Wirklichkeit (Imboden, 1971) und einer Problematisierung der dichterischen Arbeit selber soll der Leser vor allem für den Umgang mit der Fiktion sensibilisiert werden (Leroy/Pastor, 1976). Als hermetische Welt gehorcht die Dichtung eigenen Gesetzen. Sie ist gerade dann interessant, spannend und phantasieanregend, wenn sie mit der Wirklichkeit, mit der sie beständig kokettiert, nichts gemein hat. Daß Schnitzlers dichterische Auseinandersetzung mit dem Irrationalen vielfältige Irritationen hervorrief, belegt das Beispiel Freuds, der in seiner Abhandlung über das »Unheimliche« (1919) Schnitzlers Strategie der Verwirrung des Lesers als unzulässig kritisierte (Just, 1968, S. 119).

Fiktionale Briefe

Den hinter einer ernsten Fassade hervorblinzelnden ironischen Ton teilt die Novellette »Das Tagebuch der Redegonda« mit den Brieferzählungen. In der wie eine fünfaktige Komödie gebauten Brieferzählung »Die Kleine Komödie« (1985) entsteht die komische Wirkung durch die Parallel-Situation: In dreizehn Briefen schildern Alfred, der am »ennui« leidende Lebemann, und Josefine, die Kurtisane, ihren jeweiligen Korrespondenzpartnern, wie sie Ausschau nach einem ungewöhnlichen Abenteuer halten. Unabhängig voneinander suchen sie die neue Gefühlsqualität in der Rückkehr zum einfachen Leben der armen Leute. Verkleidet als Dichter bzw. Vorstadtmädel begegnen sie einander und erleben ein Liebesabenteuer. Der Traum zweier Materialisten vom einfachen Leben mündet nach kurzer Zeit in eine Rückkehr zum Geschäftsdenken. Beide lieben das Armsein, solange es Lüge ist, das wirkliche lehnen sie ab. Ohne Masken kehren sie schließlich zum dolce vita zurück und fahren gemeinsam in ein französisches Seebad. Was in diesem Text versucht wird, ist die Desavourierung des sozialen »Unbewußtseins« zweier zwischen Bürgertum und Bohème angesiedelter Wiener. Die Welt und ihre Leiden sind Alfred »Vollkommen egal« (I/176). Was für ihn einzig zählt, ist das eigene Vergnügen. Dazu ist ihm das Mittel der Rückkehr zur gefühlsschwangeren Lebensweise des armen Dichters recht. Die Herabsetzung der Frauen als »Mupipusserln« (I/176), seine Judenfeindlichkeit, der er im Zuge des sich »encanaillierens« im Prater freien Lauf läßt, schließlich das Abgestoßensein von den als ungepflegt empfundenen niederen Schichten sind Mosaiksteinchen dieses

Bewußtseins. Die Gier nach dem Leben der Armen wird gestillt, indem man einander die aus Romanen bezogenen Klischeevorstellungen vom einfachen Leben als Rollenspiel präsentiert. Soziale Deklassierung wird in Dienst genommen für das eigene Unterhaltungsbedürfnis und zur Bestätigung des Überlegenheitsgefühls. Die Fiktionalisierung der Wirklichkeit im Rollenspiel tritt an die Stelle eines sozialen Gewissens.

Um eine Art von Fiktionalisierung des eigenen Lebens geht es auch in »Andreas Thameyers letztem Brief« (1902). Wie bei dem nachgelassenen »Letzten Brief des Literaten« (1932) handelt es sich um den Abschiedsbrief eines Selbstmörders. Mit seinem tragischen Entschluß reagiert der Sparkassen-Beamte Thameyer auf die unfreiwillig komische Situation, die durch die Niederkunft seiner Frau mit einem dunkelhäutigen Kind entstanden ist. Indem er Zuflucht zur Beweisführung mit Hilfe von wissenschaftlicher Fachliteratur nimmt, versucht der Briefschreiber den Verdacht der Untreue seiner Gattin zu entkräften. Autoritäten, die bis zu Luther zurückreichen, bietet er auf, um das dort dokumentierte »Versehen der Schwangeren« (I/516) für die rassische Abweichung des Sprößlings verantwortlich zu machen. Anläßlich des Gastspiels der Aschanti-Neger im Wiener Prater (Urbach, 1974, S. 112) soll dieses »Versehen« stattgefunden haben. Die Logik seiner mit Vehemenz vorgetragenen Beweisführung wird jedoch durch die genauen Zitatnachweise nicht schlüssiger. Wenn er – dies ahnend – den Beweis schließlich durch den eigenen Tod erbringen will, so um der Affäre den Nimbus des Rittertums zu geben und damit jede weitere üble Nachrede zu unterbinden. In Wirklichkeit zieht Thameyer mit dem Selbstmord die Konsequenz aus dem unwiderruflichen Verlust seines sozialen Ansehens. In der umständlich rhetorischen Erzählweise mit ihrer hölzern wirkenden Rechtschaffenheit entfaltet sich die Naivität eines von seiner Frau genarrten und seiner sozialen Umwelt bedrängten Mannes. Widersprüchlich treten Verteidigungsplädoyer und Selbstmordentschluß nebeneinander, um einem innerlich vernichteten Bürger einen wirkungsvollen Abgang zu verschaffen.

Leitmotivisch wie das Tagebuch in der Novellette »Das Tagebuch der Redegonda« fungiert der Brief in »Der Tod des Junggesellen« (1908). Beschrieben wird hier, was die Selbstmördererzählung offen läßt, nämlich wie die Adressaten auf den Abschiedsbrief eines gestorbenen Junggesellen reagieren. Drei vermeintliche Freunde erfahren am Totenbett des Junggesellen, daß dieser mit ihren Ehefrauen ein Verhältnis hatte. Schreibmotivation ist weniger das allzuspäte Bedürfnis, der Lüge ein Ende zu machen, als der Wunsch nach Einflußnahme über den eigenen Tod hinaus. Bewußt kalkuliert der Briefschreiber Folgen seiner Eröffnungen für die Ehen seiner »Freunde«. Ausschweifend und über die Köpfe der Adressaten hinweg reflektiert dieser Monomane über sich selber. Wenn er im Schreiben die Möglichkeit der Vernichtung des Briefes einschließt, so wird klar, daß das Schreiben allein als Befriedigung der eigenen stimmungsabhängigen Bedürfnisse fungiert. Eine kommunikative Funktion erfüllt es nur noch zum Schein. Dem Schreiber ging es im Grunde weniger um eine Bestrafung seiner unbedarften Freunde als um eine Existenzgewinnung ex negativo: Mit dieser sinnlosen, post mortem wirkenden Tat versichert er sich der einzigen Form der Unsterblichkeit, die es für Schnitzlers Helden gibt, nämlich des Weiterlebens in der Erinnerung derer, die ihn gekannt haben.

»Die trostlose Beschaffenheit des Lebens veranlaßt Schnitzlers Menschen, sich nicht nur vom Tode, sondern auch vom Leben, das im Grunde doch nur ein immerwährendes Sterben ist, zurückzuziehen«, schreibt Bernhard Blume zum Thema des Nihilismus bei Schnitzler (1936, S. 78). Der Rückzug aus einem tätigen Leben geschieht bei den einen durch die Flucht in die Vergangenheit, bei anderen, vor allem den dilettantischen Dichtern, durch die Flucht in die Welt der Phantasie. Ein wesentliches Rückzugsgebiet bildet schließlich die Selbstaussage in Tagebüchern und den, nicht mehr als Kommunikationsmittel im eigentlichen Sinne verwendeten Briefen.

Literatur

Mein Freund Ypsilon: Perlmann (1987) S. 164–167.

Die kleine Komödie: Fischer, Jens Malte (1978): Fin de siècle. Kommentar zu einer Epoche. München. S. 137–144.

Der Andere: Just (1968) S. 40–45.

Blumen: Just (1968) S. 46–52. *Russell*, Peter (1976): »Blumen«: The Treatment of a Neurosis. in: Forum of Modern Languages 13, S. 289–302.

Die Frau des Weisen: Leroy, Robert und Eckart *Pastor* (1976): Der Sprung ins Bewußtsein: Zu einigen Erzählungen von A. S. In: ZfdPh 95, S. 481–495.

Andreas Thameyers letzter Brief: Swales (1971) S. 93–97. *Reid*, Maja D.
(1972): »Andreas Thameyers letzter Brief« und »Der letzte Brief des Literaten«: Two Neglected S.-Stories. In: GQ, 42, 3, S. 443–460.

Die griechische Tänzerin: Swales (1971) 81–86. *Wehrli*, Beatrice (1978):
Erzählstrukturen und Leseverhalten in S.s Erzählung »Die griechische
Tänzerin«. In: German Studies Review 1, 3, S. 245–259.

Die Weissagung: Lawson, Richard H. (1963): An Interpretation of »Die
Weissagung«. In: Herbert W. Reichert u. a. (Hg.): Studies in A. S. University of North Carolina, S. 71–78. *Just* (1968) S. 119–127. *Imboden*
(1971) S. 89–94. *Lebensaft*, Elisabeth (1972): Anordnung und Funktion
zentraler Aufbauelemente im erzählerischen Werk A. S. Wien, S. 78–
91. *Allerdissen* (1985) S. 152–157. *Perlmann* (1987) S. 88–94.

Der Tod des Junggesellen: Klabes, Günter (1967): A. S.s »Der Tod des
Junggesellen«. (Stilanalyse) In: JIASRA 6, 4, S. 4–12. *Lawson*, Richard
H. (1980): Poets and Physicians in A. S.s »The Bachelors Death« and
»An Author's Last Letter«. In: Medicine and Literature. Hg. Enid R.
Peschel, New York, S. 48–55.

Das Tagebuch der Redegonda: Ikeda, Yûzô (1957): »Das Tagebuch der
Redegonda«. Eine Bemerkung über S.s Novellistik. In: Doitsu Bun-
gaku 18, S. 66–77. *Lawson*, Richard H. (1960): »Das Tagebuch der Redegonda«. In: GR 35, 3, S. 202–213. *Just* (1968) S. 107–114. *Alexander*,
Theodor W. (1971): From the Scientific to the Supernatural in S. In: Studies by Members of SCMLA, 31, 4, S. 164–167. *Leroy*, Robert und
Eckart *Pastor* (1976): Der Sprung ins Bewußtsein: Zu einigen Erzählungen von A. S. In: ZfdPh 95, S. 481–495. *Lawson*, Richard H. (1980): Pathologische Geisteszustände an der Grenze des Übernatürlichen in S.s.
Werken. In: Akten des VI. Internationalen Germanisten-Kongresses
Basel, Reihe 4, Bd. 8, 4, S. 476–480.

5.4 Von der psychologischen Studie
zur Monolognovelle

Psychologische Tiefenschärfe gehört zu jenen Merkmalen, die
für Schnitzlers Oeuvre überhaupt und speziell für sein Prosawerk zutreffen. Psychologische Schattierungen bewirken dort,
wo sie breiteren Raum einnehmen, daß die erzählte Geschichte
weniger klar im Gedächtnis des Lesers haften bleibt, das Story-
hafte und damit ihre Nacherzählbarkeit nimmt ab. Die Texte ermöglichen dem Leser einen unmittelbaren Blick auf verborgene
Abläufe, und zwar gerade dort, wo die Figur selbst sich dieser
nicht mehr bewußt ist. Mitunter fließen dabei Werturteile der

sich passagenweise noch auktorial gebenden Erzählinstanz ein. Meist jedoch verschwindet diese in der Figur selbst, deren Perspektive unmittelbar wiedergegeben wird. Dies geschieht in der erlebten Rede oder im inneren Monolog. In der, den gesamten Text durchgehaltenen Form der Monolognovelle hat Schnitzler diese Form in die deutschsprachige Literatur eingeführt. In Edouard Dujardins Roman »Les lauriers sont coupés« (1888) hatte er dasselbe Stilmittel auf ein wenig geeignetes Thema angewendet vorgefunden (Barbara Surowski, Schnitzlers Innerer Weg im Verhältnis zu Dujardin und Dostojewski, In: Theatrum europaeum, München 1982, S. 549–558). Während in Texten wie »Sterben« die formenden Eingriffe einer Erzählinstanz durch die Einteilung in Abschnitte, die kontrapunktische Technik und die Zuspitzung auf eine Peripetie hin noch spürbar sind (Low, 1974; Rieckmann, 1985), scheint diese gezielte Lenkung in den Monolognovellen auf den ersten Blick zugunsten einer unmittelbaren Vergegenwärtigung des Gedankenmonologs einer Figur abhandengekommen zu sein. Die Verinnerlichung des Erzählens ist bis zu dem Punkt fortgetrieben, wo die Erzählinstanz für den gesamten Text scheinbar verlorengeht. Im Gegensatz zur erlebten Rede, wo der Erzähler passagenweise hinter der Figur verschwindet, um mit Hilfe der Verben des Denkens, Fühlens und Empfindens innere Abläufe zur Darstellung zu bringen, senkt sich der Erzähler im inneren Monolog in die Figur und suggeriert dramatische Unmittelbarkeit (Helene Bissinger, Die ›erlebte Rede‹ der ›erlebte innere Monolog‹ und der ›innere Monolog‹ in den Werken Hermann Bahrs, Richard Beer-Hofmanns und Arthur Schnitzlers, [Diss.] Köln 1953). Dem Leser wird Gelegenheit gegeben, die in ein stummes Selbstgespräch vertiefte Figur zu belauschen und durch die Verarbeitung des so gewonnenen »empirischen« Materials kritische Schlußfolgerungen über die inneren Konflikte der Figuren und deren Bewältigung zu ziehen. Das von Martin Swales (1971) beschriebene Phänomen der Ambiguität des Erzählens beherrscht auch diese Erzählsituation. Die totale Distanzlosigkeit erweist sich als Strategie, die ähnlich wie bei den Monologen der fingierten Ich-Erzähler auf die entlarvende Kraft der Selbstenthüllung abzielt. Im Gegensatz zum Bewußtseinsstrom, wie er später bei James Joyce auftritt, läuft der innere Monolog keineswegs völlig ungeordnet ab. Freilich treten bereits häufig unvollständige, eingliedrige, parataktische Sätze auf (Diersch, 1974, S. 100 ff). Nicht zuletzt damit der Leser die Orientierung behält verbalisiert die Figur alles, auch Selbstverständlichkeiten wie »Muß auf die Uhr schau'n... Ich seh nichts?... Wo sind denn meine Zündhölzeln?... Na, brennt eins an?... Drei« (I/356). Leitmotive, besonders das in seiner Wiederholung spannungssteigernde Einblenden der Uhrzeit und die Technik der Vorausdeutungen, spielen eine entscheidende strukturierende Rolle. Franz Stanzel (1981) ordnet die Wendung vom Erzählmodus zum Reflektormodus in den literarhistorischen Wandel des narrativen Diskurses ein, der am Ende des 19. Jahrhunderts einsetzte und mit James Joyce seinen Abschluß fand (Wandlungen des narrativen Diskurses in der Moderne, in: Rolf Kloepfer und Gisela Janetzke-Dillner, Erzählungen und Erzählforschung im 20. Jahrhundert, Berlin 1981, S. 371–383).

Um die Jahrhundertwende verlangte die mit Hilfe der Psychoanalyse gewonnene Einsicht in die Tiefenstruktur des psychischen Apparats (Worbs, 1983, S. 227 ff.) zusammen mit der von Ernst Mach proklamierten Kernlosigkeit des Ich (Klaus Günther, 1982: »Es ist wirklich, wie wenn die Leute wahnsinnig wären«. Bemerkungen zu Arthur Schnitzler und Ernst Mach, in: Scheible [Hg.], 1981, S. 99–116) nach neuen Ausdrucksformen. Die Spiegelung der Außenwelt in den Empfindungen des Subjekts, das auf sensorische Reize durch Assoziationen, Erinnerungen und–Gefühlswelten reagiert, dabei aber in den Grenzen des eigenen Bewußtseins gefangen bleibt, entsprach dem empiriokritizistischen Selbstverständnis der Zeit (Willenberg, 1974, S. 91). Entscheidungen werden danach nicht mehr bewußt vermittels vernünftiger Überlegung gefällt, sondern bahnen sich unterhalb der Bewußtseinsgrenze an. Im inneren Monolog mit seiner pointillistischen Technik äußert sich die literarische Gestaltung tiefenpsychologischer und impressionistischer Weltsicht (Diersch, 1973). Die Innenperspektive macht die dynamisch aufeinander wirkenden Kräfte aus den Zonen des Bewußten, Unbewußten und Halbbewußten im Zusammenstoß mit den von außen einwirkenden sozialen Kontrollmechanismen durchschaubar.

Krankheit als Metapher

Das zentrale Thema, dem sich Schnitzlers psychologisches Interesse zuwandte, ist das der Krankheit und ihrer Bewältigung im Bereich des Psychischen und Sozialen. Gerade im Interesse für das Pathologische wird die Modernität dieses Autors spürbar. Ins Blickfeld treten sowohl Formen des körperlichen Verfalls, wie die Lungentuberkulose in »Sterben«, als auch Formen psychischer Abweichung, wie in »Die Fremde« und der späten Novelle »Flucht in die Finsternis«. Das Interesse für die Lungentuberkulose geht nicht nur auf die eminente Bedeutung zurück, die ihr als literarischem Motiv seit der Romantik zukommt, es spielen vielmehr auch eigene Erfahrungen mit. 1886 war Schnitzler selbst mit Verdacht auf Tuberkulose zur Kur nach Meran gereist und hatte dort Olga Waissnix kennengelernt, die elf Jahre später an dieser Krankheit verstarb. Freilich erklärt sich die Bedeutung, die dem Pathologischen in Schnitzlers Werk zukommt, nicht allein aus persönlichen Erfahrungen und seiner ärztlichen Ausbildung. Die Krankheit wird darüber hinaus zur Metapher, mit der ein Arzt-Schriftsteller sich gesellschaftlichen Verhältnissen zu nähern sucht. Sie ist Symbol der fäulnisträchtigen Fin-de-siècle-Stimmung, die den Impetus des Fortschrittsglaubens und Liberalismus als im Absterben begriffen zeigt (Scheible, 1976, S. 24). Die Signalkraft des Marginalen, krankhaft Übersteigerten zielt auf das Normale, Allgemeine, von dem das Kranke lediglich quantitativ und nicht – wie Freud im gleichen Sinne formulierte – qualitativ unterschieden ist. 1911 bestätigt Robert Musil in seinem Aufsatz über »Das Unanständige und Kranke in der Kunst« implizit Schnitzlers Bemühen, »die Grenzen zwischen seelischer Gesundheit und Krankheit, Moral und Unmoral als fließend vorzuführen (GW Bd. 8, [Hg.] Adolf Frisé, Reinbek 1978, S. 977–983, 981).

Die tödliche Krankheit ist neben dem Duell die einzig existentielle Gefahr, die den in sozialer Sicherheit und fortdauernder Friedenszeit lebenden Schnitzlerschen Helden bedroht. Diese Gefahr zu beschwichtigen, wie es der vielgelesene Realist Paul Heyse in seiner Novelle »Unheilbar« (1862) unternimmt, indem er die im Titel gegebene fatale Vorausdeutung im Verlauf der Erzählung widerlegt, liegt Schnitzler fern. Auch der zeittypischen Verklärung von Krankheit und Tod, wie sie sich in Alexandre Dumas Bestseller »La dame aux camélias« (1848), Wagners »Tristan und Isolde« (1865) und Hofmannsthals »Der Tor und der Tod« (1893) findet, setzte Schnitzler energisch einen Kontrapunkt entgegen, wenn er in »Sterben« (1894) den quälenden Prozeß des langsamen körperlichen Verfalls zum Thema einer literarischen Schilderung macht.

Der in bequemen finanziellen Verhältnissen lebende Held Felix erfährt – in ironischer Umkehrung der Bedeutung seines Namens –, daß er wegen seiner Lungentuberkulose nur noch ein Jahr zu leben hat. Nachdem er seinem Hausarzt und Freund bereits seit längerem mißtraute, entlockt er diese, einem Todesurteil gleichkommende Diagnose dem spröden Kliniker Professor Bernard, dessen berühmter Namensvetter sich unter den Naturalisten mit seiner experimentellen Verfahrensweise einen Namen gemacht hat (Walter Müller-Seidel [1985]: Moderne Literatur und Medizin. Zum literarischen Werk Arthur Schnitzlers, in: Akten, S. 60–92, S. 65). Seine Geliebte, das süße Mädel Marie, die sich von Felix aushalten läßt, schwört ihm daraufhin spontan in tröstender Absicht: »Ohne dich werde ich keinen Tag leben, keine Stunde« (I/102). Damit macht sie nicht nur Felix, sondern auch sich selbst etwas vor. Das heraufbeschworene romantische Liebesideal wird im Verlauf der Darstellung ebenso demontiert wie alle verklärenden Vorstellungen vom Tod. Nach diesem Schwur kommt es nie mehr zu einer wirklichen Harmonie. Die beiden Entwicklungslinien streben immer entschiedener auseinander. Dies enthüllt eine Erzählinstanz, die sowohl die intimsten Gedanken des Kranken wie die Maries kennt. Während Maries Bewußtsein völlig überlagert ist von einem bereitwillig aus der literarischen Tradition übernommenen Klischee des Liebestodes, enthüllen ihre Träume dem Leser lange vor ihrer endgültigen Flucht ihre wahren Wünsche, die ins Leben zurückführen. Hatte Felix Maries Angebot eines gemeinsamen Todes zunächst noch abgelehnt, so klagt er das einmal gegebene Versprechen umso unnachgiebiger ein, je deutlicher sich der unüberwindliche und willkürliche Lebenswille der jungen Frau manifestiert. Die im ersten Satz der Erzählung anklingende Lichtmetaphorik, »Die Dämmerung nahte schon« (I/98), ordnet den Helden, Felix, dem Reich der Dunkelheit zu. Im Kontrast dazu steht die Welt Maries, die nach Licht und Freiheit strebt. Maries immer dringender werdende Gänge zum Fenster des Krankenzimmers und damit zur Pforte nach der Außenwelt der Lebenden hin (Bittrich, 1981), gegenseitige Blicke, die sich suchen und nie mehr finden, lassen den Leser die Gegenläufigkeit der beiden Entwicklungen nachempfinden. In dem unerhörten Anspruch, Marie mit in den Tod zu nehmen, erhält das Besitzverhältnis zwischen dem reichen Bürger und dem süßen Mädel eine neue Dimension. Schärfer als sonst wird enthüllt, daß der vom Mann abhängigen Frau kein Eigenwert zugesprochen wird, wenn sie ihre erotische Funktion erfüllt hat. Kalt will Felix sie seinem zum Lebensneid pervertierten Egozentrismus opfern, nachdem die letzte Liebesvereinigung vollzogen ist. Doch er stirbt allein, ohne den Beistand Maries, die sich dem Würgegriff des Sterbenden entwunden hatte, ohne ärztliche Hilfe, die zu spät kommt, und vor allem ohne metaphysischen Trost.

En passant gelingt so in Texten zum Thema Krankheit und Tod eine signifikante Aussage über geschlechtsspezifisches Rollenverhalten. Während es in »Sterben« die Frau vorderhand spontan als ihre Pflicht ansieht, dem Geliebten bis in den Tod zu folgen, reagiert der männliche Partner in »Der Mörder« in analoger Situation genau entgegengesetzt. Sich von der Last der herzkranken Geliebten befreien zu dürfen, um eine neue, zudem standesgemäße Partnerin zu finden, sieht der Held als sein gutes Recht an. Anders als bei der zu souveräner Entscheidungsfreiheit unfähigen Marie werden die »tückischen« Strategien des »Mörders«, seine »Lust am Lügen« (1/1001) der Kritik preisgegeben. Aus dem robusten Doktor beider Rechte wird infolge des selbst inszenierten Doppelspiels, das ihn zum Giftmord an seiner herzkranken Partnerin führt, vor den Augen des Lesers ein sich verfolgt fühlender, innerlich zerstörter Mann. »Wie gefällt« (1/1008) liegt er vor seiner Verlobten. Die Zurückweisung dieser femme fatale treibt ihn zum Selbstmord. Eine unerwartete Duellforderung erleichtert ihm die Durchführung dieses Entschlusses. Dem Mord an der kranken Geliebten zeigt sich der kernlose Held (Allerdissen, 1985), der gewöhnlich dem Drang folgte, »die schwierigsten Angelegenheiten des Lebens ohne tätiges Eingreifen zu erledigen« (1/995), im Nachhinein nicht gewachsen.

Von einem Dissoziationsprozeß angesichts der Konfrontation mit einer tödlichen Krankheit der Partnerin handelt auch die psychische Studie »Ein Abschied« (1896). In einer Art Versuchsanordnung getestet wird das Verhalten eines jungen Mannes, der seine Geliebte durch eine tödliche Krankheit verliert und in eine Konkurrenzsituation mit dem trauernden Gatten tritt, als er sich zum Totenbett schleicht. Die Einbildung, die tote Geliebte verfolge den sich feige aus seiner Rolle als Geliebter wegstehlenden Helden mit einem spöttischen Lächeln, ist Ausdruck eines Schuldgefühls, das bereits lange bevor es zum Bewußtsein gelangte, in tiefen Regionen seiner Seele geschlummert hatte. Als wiederkehrendes Kennzeichen eines vorübergehenden Verlustes der Selbstkontrolle verwendet Schnitzler hier erstmals das Bild des sich selbständig machenden Körpers, der auf Impulse aus dem Nicht-Bewußten reagiert. Albert ist nicht nur selbst darüber überrascht, daß er angefangen hat zu laufen, oder daß seine Zähne klappern, auch seine Gedanken machen sich selbständig, greifen in phantastischen Szenarien dem befürchteten Tod der Geliebten bereits vor. Für einige Augenblicke, wenn der Boden unter seinen Füßen zu schwanken beginnt oder wenn er glaubt, die Stimme des Arztes durch geschlossene Türen und Fenster zu vernehmen, lösen sich die scharfen Grenzen zwischen gesund und krank auf. Freuds bahnbrechende Einsicht, daß der Mensch nicht Herr im eigenen Hause ist, findet damit auch in der Literatur der Zeit ihren Niederschlag.

Zu einer vom gesunden Partner ausgehenden Grenzüberschreitung hin zur Krankheit kommt es in der Novelle »Die Fremde«, die 1902 erstmals unter dem Titel »Dämmerseele« erschienen war. Die Sehnsucht nach dem Außergewöhnlichen treibt einen in bürgerlicher Anpassung lebenden Ministerialbeamten in die destruktive Leidenschaft für eine gemütskranke Frau. Diese muß ihm fremd und unergründlich bleiben, weil er in der Furcht, die »Fremde« zu entzaubern, nie den Versuch zur Verständigung wagt. Statt die Kranke ihrer autistischen Selbstbezogenheit zu entreißen, paßt sich der Gesunde ihrer Seinsform mehr und mehr an. Als Signal für Selbstzerstörung akzeptiert er widerstandslos, daß Katharina ihn bereits auf der Hochzeitsreise verläßt. Während seine Gattin ein Kind von einem anderen Mann erwartet, eine Kranke damit ironischerweise zur Spenderin neuen Lebens wird, wählt Albert den Selbstmord. In ihrer leidenschaftslosen Hingabe an den werbenden Ehemann, ihrer Unnahbarkeit und schicksalhaften Triebbezogenheit ist das Zerstörungspotential dieser zarten Frau die krankhafte Steigerung des für die Jahrhundertwende bestimmten Wunschbildes der femme fragile (Gutt, 1978, S. 69 f.). So unzweifelhaft Katharina im Text von Anfang an als kranke Persönlichkeit bezeichnet wird, so zweifelhaft erweist sich die Normalität des Mannes, der an ihrer Seite der tödlichen Anziehungskraft des Abweichenden verfällt. Der Text entschlüsselt sich aufgrund der auf Albert zentrierten Perspektive nur partiell, eine Enträtselung der »Fremden« wird bewußt vermieden, um die auf klare Abgrenzung und Aufklärung gerichtete Erwartungshaltung des Lesers zu enttäuschen.

Daß Literatur einen weniger simplifizierenden Zugang zum Phänomen der psychischen Krankheit bieten kann als die Medizin selbst, zeigt am eindringlichsten die Novelle »Flucht in die Finsternis« (1931). Untersuchungen, die Schnitzlers Krankheitsdarstellungen allein mit Definitionen aufbereiten, die von der Medizin bereitgestellt werden, erschließen daher nur die thematische Oberfläche des Textes. Schnitzler empfand es als

Selbstverständlichkeit, daß seine Texte den gesicherten Erkenntnissen der Medizin nicht zuwiderlaufen durften (AuB 491 f.). Was er sich aber zum Thema gesetzt hat, ist nicht die klinisch exakte Abbildung eines »Falls«, sondern die soziale Dimension von Krankheit (Seidel, 1982). Die Funktion der Literatur liegt hier nicht in der Diagnose, sondern in der Kritik der Diagnose. »Das rein pathologische ist nun einmal für die Kunst verloren« gibt Schnitzler im Tagebuch (28. 11. 1913) zu bedenken, »so rett' ich mich, resp. den Helden in einen Grenzzustand, einen Kampf, in dem er unterliegt.« Es geht also um Grenzziehung. Entgegen der distanziert erläuternden Stimme des Verfassers eines Krankenberichts wählt Schnitzler gezielt eine desorientierende Erzählweise, nicht nur um den Leser Anteil am Dilemma des Helden nehmen zu lassen, sondern um dabei auch vorschnelle Aburteilungen zu vermeiden. Wo die normale Sicht der Realität aufhört und die Deformation beginnt, ist nicht immer klar zu entscheiden (Swales, 1971, S. 129). Vom Leser wird verlangt, über die wertende Subjektivität des Helden hinweg zu urteilen, um Rückschlüsse auf das mögliche Fehlverhalten anderer Beteiligter – allen voran der beiden Ärzte Otto und Leinbach – zu ziehen.

Der Text setzt ein, als die Krankheit bereits vorhanden ist (Lindken, 1982, S. 347). Er verfolgt die Stationen bis zum tödlichen Ausgang. Angesichts des angedeuteten Einflusses, den Roberts Lebensgefährtinnen und sein Bruder auf seine wachsende Destabilisierung haben, wird der Eindruck der Zwangsläufigkeit vermieden. Angelpunkt der sich zuspitzenden seelischen Krise wird ein Brief, in dem Robert seinen Bruder auffordert, ihn im Falle eines Ausbruchs von Wahnsinn zu töten. Die zwanghafte Suche nach sichtbaren Zeichen des Wahnsinns zunächst bei sich selbst und schließlich in der Projektion beim Bruder, signalisieren, daß sich der Psychotiker immer tiefer in den gefürchteten Zustand hineinmanövriert. In dem Wahn, einen vermeintlichen Mordplan abzuwehren, erschießt er den Bruder und stürzt sich in Umnachtung und Tod. Komplizierter und differenzierter als die unterschwelligen Spannungen zwischen den Bauernsöhnen Carlos und Geronimo ist hier das Drama der Selbstbehauptung des musisch begabten, labilen Robert gegenüber seinem wissenschaftlich orientierten, robusten Bruder. Das mangelnde sich Öffnen innerhalb der verhärteten Familienkonstellation ist Ausdruck einer über den Einzelfall hinausweisenden Befindlichkeit der bürgerlichen Schicht der Zeit. Die Ambivalenz von Bewunderung und Neid,

Wunsch nach Zuneigung und Haß bemächtigt sich Roberts und führt zum totalen Verlust rational-distanzierter Urteilsfähigkeit (Gölter, 1981). Als Otto die krankmachende Distanz endlich durch die Geste der Umarmung überwinden will, ist es zu spät. Nicht zuletzt die Umformulierung des Titels hat Schnitzler dazu bewogen, die während des Krieges entstandene »Wahnsinnsnovelle« 1931 zu veröffentlichen. Die leitmotivisch eingesetzte Lichtmetaphorik signalisiert, daß es bei den Verständigungsschwierigkeiten zwischen Gesunden und Kranken nicht allein um gesellschaftliche Außenseiter geht (Theodor W. Alexander [1964], Aspects of Imagery in S.: Color and Light, in: JIASRA 3/2, S. 4–15, 11 f.). Angesprochen ist vielmehr der allgegenwärtige Kampf zwischen den hellen, rational nachvollziehbaren Prozessen des Bewußtseins und den aus dem Dunkel des Unbewußten kommenden Regungen, ein Kampf, in dem der Held der Erzählung durch seine Hingabe an die Kräfte der Finsternis unterliegt.

Die Monolognovellen

Daß Literatur über den klinischen »Fall« hinaus auf eine soziale Problematik verweist, zeigt sich auch bei Schnitzlers beiden konsequent im inneren Monolog verfaßten Novellen. Die Spiegelung sozialer Lebensbedingungen im individuellen Schicksal und das Veranschaulichen subjektiver Konfliktbewältigungsstrategien wird besonders augenfällig in der 1900 erschienenen Monolognovelle »Leutnant Gustl«. Militärische Kreise fühlten sich von der tragikomischen Darstellung derart empört, daß sie Schnitzler die Offizierswürde aberkannten, die er, wie in Akademikerkreisen üblich, durch ein Freiwilligenjahr erworben hatte. Geschildert wird die – je nach Standpunkt des Betrachters – belanglose bzw. unerhörte Begebenheit einer Rempelei im Foyer eines Wiener Konzertsaales, bei der ein Bäckermeister einen Offizier ausmanövriert, indem er dessen Säbel ergreift und ihn als »dummen Bub« abkanzelt. Von der schlagfertigen Reaktion des Bäckermeisters auf das eigene Imponiergehabe übermannt, wird Gustl daran gehindert, seine soziale Überlegenheit öffentlich unter Beweis zu stellen. Die Gelegenheit zur Duellforderung ist damit verpaßt. Der Bäckermeister wäre ohnehin nicht satisfaktionsfähig, da die Verteidigung der Ehre der Oberschicht aus Adel, Militär und Akademikern vorbehalten ist (Janz, 1977, S. 114). Als der Leutnant seine Stituation überdenkt, fühlt er sich zum Selbstmord gezwungen, denn zur regelgetreuen Wiederherstellung seiner Ehre steht ihm keine Möglichkeit offen. Was bei den Zeitgenossen Furore machte, war weniger das Lächerlichmachen eines Offiziers und damit einer der Leitfiguren der Vorkriegsgesellschaft, als treffsicher erwies sich vor allem die gewählte Form der Demaskierung des Bewußtseins.

Aufgedeckt werden die Gründe, die zu Gustls Berufssoldatentum geführt haben: Abgebrochene Gymnasialausbildung, instabile Familienverhältnisse und finanzielle Schwierigkeiten der Eltern, die ihn statt auf die Offiziersakademie nur auf die Kadettenschule schicken konnten. Von Anfang an haftet ihm damit das Stigma der Zweitrangigkeit an (Dethlefsen, 1981; Allerdissen, 1985). Er fühlt sich den Vertretern des Bildungsbürgertums, ja selbst dem körperliche Potenz und Selbstsicherheit ausstrahlenden Bäckermeister gegenüber unterlegen. Das von ihm repräsentierte Potpourri reaktionärer Ideologien, angefangen vom Militarismus über Antisemitismus und Anti-Sozialismus bis hin zum obsessiven Wagnerismus erklärt sich mithin als aggressive Abwehrhaltung. Als Staat im Staate, der eigene Regeln setzt, bietet das Militär dieser verkrachten Existenz die Möglichkeit, Minderwertigkeitskomplexe zu kompensieren. Uniform und Säbel sind nicht nur Zeichen des sozialen Status. Wie ihre Anziehungskraft auf Frauen bezeugt, signalisieren sie zudem erotische Potenz. Deshalb wird der Griff des Bäckermeisters nach dem Säbel von Gustl wie ein Angriff auf die Wurzeln seiner Männlichkeit empfunden.

Neben der Ausschaltung einer spürbaren Vermittlungsinstanz sorgt der novellistische Aufbau für die Dramatik des Geschehens, das auf wenige Stunden zwischen dem Ende des Oratoriums bis zum frühen Morgen zusammengedrängt ist. Genau wird das Auf-und-Ab der inneren Erregung nachgezeichnet. Nachdem der ziellos in der Stadt Umhergetriebene um Mitternacht die Entscheidung zum Selbstmord gefällt hat, folgt das Durchspielen der Konsequenzen. Aggressive Gereiztheit schlägt um in Sentimentalität. Nach und nach werden alle ironischen Vorausdeutungen auf den Tod des Helden widerlegt. Wenige Stunden nach dem heldenmütigen Schwur: »Und wenn ihn heut nacht der Schlag trifft, so weiß ich's ... ich weiß es ... und ich – bin nicht der Mensch, der weiter den Rock trägt und den Säbel, wenn ein solcher Schimpf auf ihm sitzt« (I/348) muß er sich zurückhalten, um nicht vor Freude auf den Billardtisch des Kaffeehauses zu springen, als er, bei der Henkersmahlzeit durch den

Kellner vom rettenden Schlag des Schicksals zu seinen Gunsten erfährt: Der Bäckermeister ist in der Nacht einem Schlaganfall erlegen. Mit der kalten Dusche, die ihn in der Kaserne erwartet, schüttelt er ab, was an Verunsicherungen aus der Tiefe seiner Seele an die Oberfläche geschwemmt worden war. Ein Lernprozeß findet nicht statt, die Selbsterkenntnis, der er sich im Verlaufe der Nacht näherte (Politzer, 1968, S. 123), wird sofort wieder verdrängt. In dem triumphierenden »Dich hau' ich zu Krenfleisch« (I/366), mit dem der Text endet, drückt sich Schnitzlers Auflehnung gegen die Unangreifbarkeit dieser Existenz aus. Der Held verharrt weiterhin in einem über die individuelle Situation hinausweisenden Verblendungszusammenhang (Jäger, 1965).

In der 1924 erschienenen Novelle »Fräulein Else« hat Schnitzler die Technik des inneren Monologs weiterentwickelt. Wie in den späten Dramen bleibt auch in diesem späten Erzähltext die Vorkriegsgesellschaft Objekt der literarischen Analyse. Das Geschehen läßt sich anhand von eingeflochtenen indirekten Zeitangaben auf den 3. September 1896 datieren (Rey, 1968, S. 49; Aurnhammer, 1983, S. 532). Hinter dieser Rückwärtsgewandtheit schimmert freilich die Nachkriegszeit mit ihrem krassen Materialismus deutlich durch (Schmidt-Dengler, 1985). Das Ambiente der belle époque erscheint nur noch schemenhaft, verglichen mit dem deutlichen Wiener Lokalkolorit in »Leutnant Gustl«. Noch tiefer wird in die Psyche der Heldin hineingeleuchtet. Unmittelbar zum Ausdruck kommt nun auch jene Sphäre des Unbewußten, die der Traum erschließt und die sich dem Zugriff von Vorurteilen, Klischees und der Selbstverleugnung entzieht. Von der distanzierten Entlarvung eines »Täters« wechselt der Fokus zur Abbildung des aus dem Lot geratenen inneren Gleichgewichts eines »Opfers« der moralisch korrupten, repressiven Jahrhundertwendegesellschaft. Die Äußerungen des Leutnants auf der Ebene des »Mittelbewußten«, das sozialen Einflüssen und moralischem Empfinden noch zugänglich ist, sind bar jeglicher Individualität. Was dem Blick freigegeben wird, ist Unverdautes, Nichtssagendes, Unaufrichtiges (Doppler, 1975, S. 62). Der Figur der Else dagegen begegnet der Leser mit mehr Sympathie. In ihrer Abhängigkeit erscheint die Tochter aus gutem Hause angreifbarer als der Offizier. Sie bringt zugleich mehr Selbstkritik auf. Wie Gustl verfügt sie über ein instabiles Selbstwertgefühl. Da sie keine nützlichen Leistungen erbringt, erhält sie keine, über die Bewertung ihrer äußeren Erscheinung hinausgehende soziale Anerkennung (Willenberg, 1974, S. 94).

Gegen die Geldgier des Vaters, eines Wiener Advokaten, der wegen Unterschlagung von Mündelgeldern in Bedrängnis geraten ist, und deshalb die Tochter der Käuflichkeit preisgibt, kommt Elses verzweifelter Versuch der Selbstbestimmung nicht auf. Als Gegenwert für ein Darlehen, das die Familie retten soll, fordert der reiche jüdische Kunsthändler Dorsday, Else nackt zu sehen. Wie bei der Novelle über das Schicksal eines Leutnants beleuchtet der Text die Hintergründe eines in einer Krisensituation überraschend gefällten Selbstmordentschlusses, den Else, die unverschuldet in ihre Zwangslage geraten ist, im Gegensatz zu dem seinen Heldenmut sich selbst nur vorgaukelnden Leutnant schließlich auch ausführt. Träumend nimmt Else den eigenen Tod vorweg, als der Selbstmord erst eine der Lösungsstrategien darstellt. Den tatsächlichen physischen Tod erlebt sie dann ebenfalls im Traum. Daß der bloß geträumte Tod unter seiner Verschlüsselung mit Angst besetzte erotische Wünsche freilegt, während die Todeserfahrung im Traum als Glück erlebt wird, ist nur einer der Widersprüche, die sichtbar gemacht werden. Wenngleich narzißtische und exhibitionistische Phantasien bei Else bereits vor Dorsdays Forderung vorhanden sind – »Hab' ich mir nicht mein ganzes Leben lang so was gewünscht?« (II/367) –, kann sie sich nicht zum Nachgeben entschließen. Mit einer psychischen Verwirrung signalisierenden eigenen Logik versucht sie, Abwehr und Erfüllung der Forderungen, die seitens der Familie und Dorsdays auf sie einstürzen, mit der Rettung der eigenen Identität zu verbinden. Indem sie sich vor den versammelten Hotelgästen, unter denen sie auch Dorsday weiß, nackt zeigt, modifiziert sie die als anstößig abgelehnte Hingabe an ihren Käufer Dorsday in ihrem Sinne: Sie erfüllt ihre eigenen erotischen Wünsche und – so hofft sie – rettet obendrein den Vater. Die Festlegung der unverheirateten Frau aus bürgerlichem Hause auf ihre Rolle als Lustobjekt wird in diesem Motiv der öffentlichen Zurschaustellung schlaglichtartig erhellt. Um Kritik an dem anstößigen Akt der öffentlichen Exhibition auszublenden, fällt Else während der Entkleidungsszene in hysterische Bewußtlosigkeit und trinkt das bereitgestellte Veronal, damit sie nie wieder zum Bewußtsein ihres Vergehens kommen muß. Mit einer Flut von assoziativ aneinandergereihten Bildern aus dem Unbewußten, die parallel zur spannungsteigernden Einblendung der Musik auftritt (Schneider, 1969), versucht Schnitzler, die inneren Auflösungsprozesse abzubilden, die sich dem Ausdruck durch das Medium der Sprache eigentlich entziehen. Der Rückzug nach innen führt zurück zum paradisischen Zustand der Vorpubertät, als das Verhältnis zum Vater noch nicht von Geldsorgen überschattet war.

Elses Todestrieb, ihre Liebe zum Vater und ihre narzißtischen Neigungen sind nicht, wie besonders in der amerikanischen Forschung betont wird, Kennzeichen einer pathologischen Disposition. Sie gerät erst unter dem Druck der Situation in eine Krise, die ihre geheimen Wünsche schärfer hervortreten und dabei die Grenze zwischen gesund und krank einstürzen läßt. Else ist nicht krank im Sinne der Medizin, sie leidet an einer Schwäche, die ihre soziale Rolle als behütete Tochter einer bürgerlichen assimilierten jüdischen Familie mit sich bringt. Ob die Heldin wirklich stirbt, oder noch gerettet werden kann (Scheible, 1976, S. 118), läßt sich zwar auf der Basis des Textes nicht feststellen, ihr Tod ist aber doch wohl vom Autor intendiert. In dem Moment, wo die psychische Aktivität abbricht, bricht die fiktionale Welt für den Leser zusammen. In diesem Moment führt die Technik des auktorialen Schweigens, die seitens der Erzähltheorie als problematisch kritisiert wurde (Wayne C. Booth, Die Rhetorik der Erzählkunst, Bd. 1, Heidelberg 1974, S. 69 f.), die Konsequenzen eines Weltbildes vor, das die Relevanz einer objektiven Realität außerhalb des wahrnehmenden Subjekts leugnet. In Elses Tod ist nicht nur die literarische Reaktion Schnitzlers auf Selbstmorde in seiner privaten Umgebung zu sehen (Beharriell, 1977; Wagner, 1981, S. 357), er ist vor allem Symbol für die destruktive Potenz der bürgerlichen Gesellschaft, an deren Werte Else zerbricht.

Literatur

Sterben: Berlin, Jeffrey B. (1974): The Element of »Hope« in A. S.s »Sterben«. In: Seminar 10, 1, S. 38–49. *Low*, D. S. (1974): S.s »Sterben«. A Technique of Narrative Perspective. In: Festschrift für C. P. Magill. H. Siefken u. a. (Hg.): Cardiff. S. 126–135. *Poser*, Hans (1980): S.s »Sterben« – eine Diagnose ohne Therapie. In: LfL, S. 248–253. *Connor*, Maurice W. (1980): S.s »Sterben« and Dürrenmatt's »Der Meteor«: Two Responses to the Prospect of Death. In: Germanic Notes 11, 3, S. 36–39. *Bittrich*, Dietmar (1981): Der Blick aus dem Fenster. Zu einem Motiv in S.s »Sterben«. In: Philobiblon 25, 2, S. 119–124. *Geißler*, Rolf (1982): Bürgerliche Literatur am Ende. Epochalisierung am Beispiel von drei Erzählungen S.s. In: Arbeit am literarischen Kanon. Paderborn, S. 115–137. *Allerdissen* (1985) S. 158–176. *Rieckmann*, Jens (1985): Aufbruch in die Moderne. Die Anfänge des jungen Wien. Königstein.

Der Mörder: Just (1968) S. 64–76. *Sherman*, Murray H. (1977): Reik, S. Freud, and »The Murderer«. The Limits of Insight in Psychoanalysis. In: MAL 10, 3–4, S. 195–216. *Allerdissen* (1985) S. 83–88.

Die Fremde: Just (1968) S. 115–119. *Gutt* (1978) S. 69 ff.

Flucht in die Finsternis: Weiss, Robert O. (1958): A Study of Psychoses in the Prose Works of A. S. In: GR 16, 3, S. 377–400. *Ders.* (1968): Psychiatric Elements in S.s »Flucht in die Finsternis«. In: GR 33, 4, S. 251–275. *Rey* (1968) S. 155–189. *Weiss*, Robert O. (1969): Psychoses in the works of A. S. In: GQ 16, 3, S. 377–400. *Swales* (1971) S. 127–132. *Gölter*, Waltraut (1981): »Weg ins Freie« oder »Flucht in die Finsternis«? Ambivalenz bei A. S. Überlegungen zum Zusammenhang von psychischer Struktur und soziokulturellem Wandel. In: Scheible (Hg.) (1981) S. 241–291. *Lindken*, Hans Ulrich (1980): Materialien zu A. S. »Flucht in die Finsternis«. Stuttgart. *Seidel*, Heide (1981): Wahn als Selbstbehauptung? Die Identitätsproblematik in »Flucht in die Finsternis«. In: Scheible (1981) S. 216–240. *Lindken*, Hans Ulrich (1982): Zur Ätiologie und Semiotik des »Wahns« in S.s »Flucht in die Finsternis«. In: TuK 10, 2, S. 344–354. *Tarnowski-Seidel*, Heide (1983): A. S.: »Flucht in die Finsternis«. Eine produktionsästhetische Untersuchung. München. *Allerdissen* (1985) S. 128–152. *Perlmann* (1987) S. 167–180.

Leutnant Gustl: Lawson, Richard H. (1962): A Reinterpretation of S.s. »Leutnant Gustl.« In: JIASRA 1, 2, S. 4–19. *Jäger*, Manfred (1965): S.s »Leutnant Gustl«. In: WW S. 308–316. *Alexander*, Theodor W. (1967): S. and the inner monologue. A Study in technique. In: JIASRA 6, 2, S. 4–20. *Rey* (1968) S. 49–85. *Politzer*, Heinz (1968): Diagnose und Dichtung. Zum Werk A. S.s. In: Das Schweigen der Sirenen. Stuttgart, S. 110–141. *Lindken*, Hans Ulrich (1970): Interpretationen zu A. S. München, S. 76–99. *Diersch* (1973). *Willenberg* (1974). *Fritsche* (1974) S. 138–154. *Doppler*, Alfred (1975): Innerer Monolog und soziale Wirklichkeit. A. S.s »Leutnant Gustl«. In: Wirklichkeit im Spiegel der Sprache. Wien, S. 53–64. *Leroy*, Robert und Eckart *Pastor* (1976): Der Sprung ins Bewußtsein. Zu einigen Erzählungen von A. S. In: ZfdPh 95, 4, S. 481–495. *Laermann* (1977) S. 110–130. *Szasz*, Ferenc (1978): Der k. u. k. Leutnant um 1900 aus österreichisch-ungarischer Sicht. In: Festschrift f. K. Mollay. Anatol Madl (Hg.) Budapest, S. 269–281. *Ekfeldt*, Nils (1980): A. S.s »Leutnant Gustl«: Interior Monologue or Interior Dialogue. In: Sprachkunst 11, 1, S. 19–25. *Dethlefsen*, Dirk (1981): Überlebenswille: Zu S.s Monolognovelle »Leutnant Gustl« in ihrem literarischen Umkreis. In: Seminar 17, 1, S. 50–72. *Geißler* (1982) vgl. Sterben, S. 126 ff. *Worbs*, Michael (1983): Nervenkunst. Frankfurt, S. 237–242. *Duhamel*, Roland (1984) A. S.s Modernität – am Beispiel von »Leutnant Gustl« (1900). In: Germanistische Mitteilungen 19, S. 18–24. *Allerdissen* (1985) 14–33. *Wilpert*, Gero von (1986): Leutnant Gustl und seine Ehre. In: August Obermayer (Hg.): Die Ehre als literarisches Motiv. Dunedin, S. 129–139.

147

Fräulein Else: Oswald, Victor A. und Veronica *Pinter Mindess* (1951):
S.s »Fräulein Else« and the Psychoanalytic Theory of Neurosis. In: GR
26, 4, S. 279–288. *Hoppe*, Klaus D. (1964): Psychoanalytic remarks on
S.s »Fräulein Else«. In: JIASRA 2, 2, S. 4–8. *Bareikis*, Robert (1969):
A. S.s »Fräulein Else«. A Freudian Novella? In: Literature and Psycho-
logy 19, 1, S. 19–32. *Schneider*, Gerd (1969): Ton- und Schriftsprache in
S.s »Fräulein Else« und Schumanns »Carneval«. In: MAL 2, 3, S. 17–29.
Alexander, Theordor W. und Beatrice W. *Alexander* (1971): Maupassant's »Yvette« and S.s »Fräulein Else«. In: MAL 4, 3, S. 44–55. *Diersch*
(1973) S. 83 ff. *Willenberg* (1974) S. 83–95. *Beharriell*, Frederick J.
(1977): S.s »Fräulein Else«. »Reality« and Invention. In: MAL 10, 3–4,
S. 247–264. *Aurnhammer*, Achim (1983): »Selig, wer in Träumen
stirbt«. Das literarische Leben und Sterben von »Fräulein Else«. In: Eu-
phorion 77, 4, S. 500–510. *Allerdissen* (1985) S. 34–55. *Schmidt-Dengler*, Wendelin (1985): Inflation der Werte und Gefühle. Zu A. S.s »Fräulein Else«. In: Akten, S. 170–181. *Alexander*, Theodor W. (1986): A
Possible Model for S.s. »Fräulein Else«. In: MAL 19, 3–4, S. 49–62.
Perlmann (1987) S. 114–130.

5.5 Die großen Erzählungen

In den letzten beiden Dekaden von Schnitzlers schriftstelleri-
scher Arbeit zeichnet sich eine Vorliebe für die umfangreicheren
Formen epischen Erzählens ab. Dieser Entwicklung greift das
Erscheinen der Erzählung »Frau Berta Garlan« (1901) gewisser-
maßen voraus. Schon hier spiegelt die ruhig fließende Erzählweise die Abgeklärtheit des reiferen Autors, ohne daß die Tur-
bulenz des inneren Aufruhrs oder der Eindruck des Getrieben-
seins, der Schnitzlers Helden eigen ist, untergehen würde. Klas-
sisches Ebenmaß bestimmt alle späten Erzähltexte. Wenn einige
unter ihnen durch die Titelgebung gezielt als Novellen ausge-
wiesen sind, so dem Zeitgefühl zum Trotz, das die traditionelle
Novellenform als überholt erscheinen ließ. Nach den experimentell angelegten Monolognovellen ist nun wieder ein allwis-
sender Erzähler präsent. In einem Gespräch unter Freunden erklärt sich Schnitzler ausdrücklich gegen den »expressionisti-
schen Wahn«, die Anwesenheit eines Erzählers impliziere un-
weigerlich Umständlichkeit (Tgb 23. 12. 1917). Mal zieht dieser
Erzähler sich in unverkennbarer Ironie hinter die aus »Reigen«
bekannten Gedankenstriche zurück und überläßt es dem Leser,
sich seinen Teil zu denken, wie in »Doktor Gräsler, Badearzt«
(II/204); mal deutet er die erzählte Begebenheit so vollständig
aus, daß – etwa in »Spiel im Morgengrauen« (II/568) – für den

Leser scheinbar nur noch wenig Raum für eigene Überlegungen bleibt. Nicht selten wird in der Forschung die Ironie vieler Texte, wie im Falle des Badearztes, übersehen (Swales, 1971, 283; Haselberg, 1981). Schnitzler nutzt die Präsenz des Erzählers, um, stärker als dies bei den Monolognovellen der Fall ist, Distanz gegenüber dem Helden herzustellen (Driver, 1971). Seine Eigenheiten treten dadurch umso schärfer hervor und können einem kritischen Urteil unterzogen werden. Um auch bei dieser Erzählhaltung an entscheidenden Stellen eine quasi-objektive Ebene der Darstellung zu erreichen, die dem Zugriff durch das Bewußtsein der Figur entzogen ist, bedient sich Schnitzler wiederholt des Traums.

Der allwissende Erzähler lenkt aber vor allem auch den Blick auf die sozialen Verhältnisse, die im epischen Spätwerk zunehmend breiteren Raum einnehmen. Daß es nicht angeht, Schnitzler ausschließlich auf die Psychologie festzulegen, hat die neuere Forschung wiederholt betont. Egon Schwarz (1982) schreibt dazu, Schnitzler habe die Psyche verstanden als einen Komplex, »der das Allgemeine ins Besondere, also das Soziale ins Individuelle umsetzt, die Analyse der Einzelseele hat daher bei ihm immer gesellschaftlichen Tiefgang« (Milieu oder Mythos? Wien in den Werken Arthur Schnitzlers, in: LuK 163/164, S. 22–35, S. 28). Selbst DDR-Autoren attestieren Schnitzler neuerdings einen sozialkritischen Ansatz, der, wenn auch nicht konsequent systemkritisch, so doch eine systemimmanente Kritik spüren lasse (Diersch, 1974; Lutz W. Wolf, Bürger der Endzeit. Schnitzler in sozialistischer Sicht, in: Scheible [Hg.], 1981, S. 330–359). Scharf herausgearbeitet wird immer wieder der Kontrast zwischen Honoratioren der bürgerlichen Gesellschaft auf der einen, Außenseitern auf der anderen Seite. Zu Markierungspunkten dieser beiden Pole werden die das Familienidyll beleuchtende elektrische Hängelampe im Gegensatz zu den schlecht beleuchteten Räumen einer sozialen »Halb- und Unterwelt«. Immer wieder fühlen sich Exponenten der bürgerlichen Ordnung hinausgelockt in diese dunklen Räume unbeschränkter Triebbefriedigung. Die Faschingsredoute, als kulturell sanktionierte Ausbruchsmöglichkeit auf Zeit bietet für sie ein Ventil, das Glücksspiel eine andere.

Typen, die in Schnitzlers Werk wiederkehren (z. B. der erotische Abenteurer), werden im Spätwerk auf ihre Urbilder zurückgeführt. So spielt Casanova als Identifikationsfigur der impressionistischen Generation eine wichtige Rolle (Gleisenstein, 1982). Ärzte, die fast in allen Texten auftreten, avancieren im

Spätwerk zu Anti-Helden der Erzähltexte. In bewußter Nachfolge französischer und russischer Vorbilder des 19. Jahrhunderts lenkt der Autor den Blick zudem auf die Frauenfiguren. Sie sind die eigentlich interessanten, in jedem Fall aber sympathischeren Figuren. Wo sie nicht selber Heldinnen sind, treten sie im Verlauf der Erzählungen immer entschiedener aus dem Schatten ihrer Ehemänner, Brüder, Verführer. Ein scheinbar behütetes altes Mädchen entpuppt sich als vielfache Liebhaberin, die Ehefrau eines Arztes konfrontiert ihren Gatten mit den verborgenen erotischen Wünschen, die ihr Traum zutage förderte, das süße Mädel von einst hat sich zur Geschäftsfrau gemausert und bezahlt als Retourkutsche für eine in der Vergangenheit erfahrene Erniedrigung ihren Liebhaber für seine Dienste. Mit ihrer Unterordnung unter den Mann tun sie nur dem äußeren Schein genüge. In ihrem Innern blüht nicht selten ein revanchistischer Sadismus. Wenn auch nicht immer bewußt und forciert fordern diese Heldinnen Anerkennung und die Möglichkeit zur Selbstverwirklichung.

Witwen

In zwei Erzählungen, »Frau Berta Garlan« (1901) und »Frau Beate und ihr Sohn« (1913), rückt Schnitzler die beengte soziale Situation der Witwen ins Zentrum. Außerhalb der Ehe lebend sind Witwen stärker als andere Frauen im erotischen wie im sozialen Leben zum Verzicht gezwungen. Doch so sehr sie bereit sein mögen, sich den Verzichtsforderungen zu unterwerfen, aus dem Unbewußten melden sich weiterhin verbotene Wünsche. Zielsicher deutet der Erzähler auf jenen Abgrund, den eine in der Vergangenheit versäumte Möglichkeit aufgerissen hat. Dem äußeren Schein bürgerlicher Ordnung und Sicherheit stellt der Autor das Bild des inneren Aufruhrs entgegen. Ausbruchwünsche steigen auch bei den zur Unterordnung entschlossenen Frauen auf zum Bewußtsein. Wie in seiner Dramatik ist Schnitzler auch in seiner Erzählkunst um 1900 bestrebt, sich von der naturalistischen Schilderung der Alltagswelt abzusetzen. Dafür kreidete ihm die zeitgenössische Kritik eine »schier zu gewissenhafte Darstellung der Gefühls- und Gedankenwelt« einer »gutbürgerlichen Alltagsnatur« in der Erzählung »Frau Berta Garlan« an (»Das literarische Echo«, S. 12, [1900/01] S. 1500). Aus heutiger Sicht dagegen ist es gerade das Eindringen in die Gedankenwelt einer in jeder Hinsicht mediokren Persönlichkeit, die den Reiz seiner Texte ausmacht. Ungenutzt läßt er die Möglichkeit, seine Leser durch eskapistische Abenteuerromane zu zerstreuen, wie dies Bertas Lieblingsautor Friedrich Gerstäcker tut; stattdessen fixiert er den Blick auf das dumpfe, ereignislose Leben in einer österreichischen Provinzstadt, dem die Heldin durch ein keineswegs exotisches Liebesabenteuer zu entfliehen sucht.

Nach dem Tode ihres ungeliebten Ehemannes hatte sich Berta selbstgefällig den Rollenerwartungen ihrer Verwandten an sie unterworfen. Nur für ihr Kind und die Musik lebte sie. Eine Reise nach Wien, die zusammen mit der Gattin des gelähmten Rupius unternommen wird, bringt ihr die unerfüllte Jugendliebe und die Frustration ihres Lebens im Kreise der Verwandten des verstorbenen Mannes zum Bewußtsein. Das Erwachen und Anschwellen erotischer Wünsche läßt Berta ihre Passivität schließlich überwinden. Um zur Erfüllung zu bringen, was sie in der Vergangenheit versäumt hat, sucht sie den zwischenzeitlich berühmt gewordenen Geiger Emil auf. Es kommt zu einer Liebesnacht im Chambre Séparée. Unfähig, sich über die wahre Natur dieses Abenteuers und ihre Rolle darin Rechenschaft abzulegen, projiziert sie auf Emil Klischeevorstellungen von der großen Liebe, die sie aus ihrer Lektüre bezieht. Zu einer wirklich harmonischen Gegenseitigkeit kommt es indes nicht. Erst als Emil ihr ein Mätressenverhältnis vorschlägt, läßt sich die Desillusionierung nicht mehr stoppen. Berta bleibt in ihrem Denken traditionell. Sinnliche Liebe, die nicht gebunden ist an die Ehe und den Wunsch nach einem Kind, bleibt für sie auch nach dem beglückenden Abenteuer mit Emil »Sünde«. Der Versuch des Ausbruchs aus den für sie bedrückenden Verhältnissen muß also scheitern. Allein im Traum, wo Bertas erotische Wünsche zum Ausdruck kommen, bevor sie noch auf das Ziel Emils gerichtet werden, vermag Berta sich vorzustellen, daß sie auf die Reaktion ihrer Mitmenschen pfeift (Perlmann, 1987, S. 103 f.). Auch Frau Rupius, die von ihrem Geliebten in Wien ein Kind erwartete und an den Folgen einer Abtreibung stirbt, ist nicht fähig, sich über die bürgerliche Konvention hinwegzusetzen. Die Befreiung von den als widernatürlich dekouvrierten Verzichtsforderungen kann nur im Schutz der anonymen Großstadt vor sich gehen, daheim in der Kleinstadt unterwirft man sich fraglos der doppelten Moral, die zwischen Sein und Schein, zwischen der erotischen Freiheit des Mannes und der Unfreiheit der Frau fein zu unterscheiden versteht. Die Reaktion des Gatten von Frau Rupius demonstriert, wie diese Verhaltensnormen den individuellen Fall verachten. Am Bett der Toten beteuert er: »Nein, es war nicht notwendig! Ich hätt' es aufgezogen, aufgezogen wie mein eigenes Kind« (I/512). Weniger noch als etwa Komtesse Mizzi fühlen sich diese Frauen aus dem Bürgertum berufen, gegen eingefahrene Moralvorstellungen anzugehen. Berta ist damit keineswegs einfach Opfer sozialer Zwänge, ihr Scheitern kommt von innen heraus. Wenn Schnitzler zu Recht als Fürsprecher einer Emanzipation der Frau angesehen wird (Gutt, 1978; Möhrmann, 1982), so ist dabei kein kämpferisch offensives, sondern ein indirektes, über die distanzierte Abbildung der Bewußtseinslage vermitteltes Eintreten für eine Bewußtseinsänderung gemeint.

Das Verhalten des Nachgebens, das widerspruchslose Annehmen der sozialen Rolle, teilt Berta mit der Witwe Beate in der Erzählung »Frau Beate und ihr Sohn«. Auch Beate führt nach dem Tod ihres Mannes, einem erfolgreichen Schauspieler, zusammen mit ihrem Sohn ein zurückgezogenes Leben und gefällt sich in der Demonstration von Wohlanständigkeit. Diese Fassade bricht zusammen, als sie ihren pubertären Sohn Hugo an die nixenhaft-verführerische Fortunata verliert. Kontinuierlich driftet Beate nach der Konfrontation mit der von Fortunata repräsentierten Welt der Libertinage selbst in diese ab. Einmal in Gang gesetzt läßt sich die Lawine ungestillter erotischer Wünsche bei Beate nicht mehr aufhalten. Augenfällig wird nun auch, daß die Liebe zum Sohn Ersatzfunktion hat. Beate vermag zwischen ihrer Rolle als Mutter und als Geliebte nicht mehr zu unterscheiden. Als neuen Bezugspunkt ihrer des Objektes beraubten Mutterliebe wählt sie Hugos Schulfreund Fritz. Sie stürzt sich in ein Abenteuer mit dem Siebzehnjährigen. Damit gelingt es ihr nicht, aus der Enge und Isolation des um sie gezogenen Kreises emotionaler Bezugsfelder auszubrechen. So wie Hugo ihr Ersatz für den verlorenen Ehemann wurde, ersetzt Fritz später Hugo (Worbs, 1983, S. 251). Für die sie verehrenden Männer unter den Sommergästen hat sie dagegen kein Interesse. Ehe- und Familienbindung werden schließlich krankhaft übersteigert in dem inzestuösen Kuß zwischen Mutter und Sohn. In radikaler Konsequenz ihrer Bindung an den Sohn und zugleich aus Angst vor dem Öffentlichwerden ihres Fehltritts mit einem Minderjährigen läßt sich Beate in den See sinken und zieht Hugo mit hinab. Wo der schöne Schein nicht mehr wiederherstellbar ist, bleibt nur noch die Selbstzerstörung.

Anders als in der Psychoanalyse geht der Inzest in diesem Text von der Mutter aus. Hugos Perspektive bleibt ausgeblendet, da es nicht um kindliche Sexualität, sondern um die metaphorische Funktion des Inzests geht. Bereits 1950 hat Ernst Jandl in seiner Dissertation betont, daß Interpretationsversuche, die auf dem – im übrigen von Schnitzler abgelehnten – Ödipuskomplex aufbauen, verfehlt sind (vgl. die Novellen Arthur Schnitzlers; Worbs, 1983, S. 249). Psychoanalytiker wie Otto Rank und Theodor Reik, die sich um die Anwendung der Psychoanalyse auf die Literatur bemühten und dabei das Inzestmotiv zum zentralen Kriterium erhoben, haben die Gemeinsamkeiten mit dem Denken Freuds aus durchsichtigen Gründen überbewertet. Für Beate ist das Eintauchen in das Wasser als Symbol der Seele und des Unbewußten Zuflucht. Es bedeutet Befreiung von einer Welt, die Zeuge ihres Sündenfalls geworden ist. Freilich sieht Schnitzler die Persönlichkeitsschwächen seiner Figur mit zuviel Sympathie, um diesen Untergang als Ergebnis eines verfehlten Lebens (Allerdissen, 1985, S. 256) anzuprangern. Beates Selbstmord ist, ebenso wie der Willi Kasdas in »Spiel im Morgengrauen«, nur subjektiv schlüssig und notwendig. Eine moralische Verurteilung der Abweichung findet nicht statt. Die vermeintliche »Unsittlichkeit« (Tgb 24. 02. und 14. 09. 1913) der Heldin hat zu kontroversen Diskussionen des Textes unter Schnitzlers Freunden und in der Öffentlichkeit geführt. Sie geht zwar über das harmlose Abenteuer der Witwe Berta hinaus, dennoch verbindet beide Texte die Einschätzung der Frau als einem triebhaften Wesen, das an der Zerrissenheit zwischen lebensfeindlichem Ideal und unbewältigter Realität leidet. Eine derartig komplexe Charakterisierung billigten die Zeitgenossen sonst lieber dem Mann zu, der in diesen beiden Texten in der Rolle des Sexualobjekts auftritt. Schnitzlers differenziertes Bild hat nichts mit den extremen Vorstellungen Otto Weiningers gemein, der in der Frau die Dirne und die Inkarnation der Schuld des Mannes erblicken wollte (»Geschlecht und Charakter«, sein vielbeachtetes Werk, erschien 1903). Destruiert wird freilich das entgegengesetzte Bild der Frau als engelhaftes, mütterliches Wesen.

Ärzte

Mediokre Menschen wie Berta und Beate sind auch die männlichen Helden in Schnitzlers späten Erzähltexten. In besonderem Maße gilt dies für die beiden Ärzte Doktor Gräsler in der gleichnamigen Erzählung (1917) und Fridolin in der »Traumnovelle«.

Es bezeugt Schnitzlers seit seiner Medizinausbildung kritisch geprägte Sicht der Ärzte, daß gerade der Berufsstand, der besonderen Anspruch auf Humanität erhebt, in all seinen menschlichen Schwächen entlarvt wird. Gräsler und Fridolin gehen ihrem Beruf mit wenig echtem Engagement nach. Sie lieben es zwar, ihren Patienten gegenüber die Überlegenheit ihrer Sachkenntnis auszuspielen, in Wirklichkeit aber fürchten sie sich so sehr vor dem Berufsrisiko der Ansteckung, daß sie lieber Ausschau nach den einträglichen, leichten Fällen halten, als sich der prekären Fälle anzunehmen. So will Gräsler von einem ebenfalls mäßig engagierten Kollegen ein Sanatorium kaufen, in dem Nervenleidende behandelt werden sollen, freilich unter gezieltem Ausschluß der wirklichen Geistesstörungen. Ärzte-Kritik (Walter Müller-Seidel, Moderne Literatur und Medizin. Zum literarischen Werk Arthur Schnitzlers, in: Akten, S. 60–92) klingt auch in der Leichenkammerepisode der »Traumnovelle« an, wo sich der Pathologe Adler in nekrophiler Atmosphäre (Sebald, 1985, S. 131) dem immer noch attraktiven Leichnam einer jungen Frau zuwendet. Dem therapeutischen Nihilismus (William M. Johnston, The Austrian Mind. An Intellectual and Social History, 1848–1938, dt.: Österreichische Kultur- und Geistesgeschichte, Wien 1972) der Zeit nachgebend, interessieren sich auch die Ärzte in Schnitzlers Texten – man denke etwa an Professor Bernhardis Kollegen – mehr für die an der Leiche verifizierte Diagnose, als für die oft langwierige und gefährliche Behandlung.

Auch hinsichtlich ihres sozialen Engagements kann von einer besonderen Humanität der Ärzte keine Rede sein. Auf die Probe gestellt, versagen sowohl Fridolin wie auch Gräsler in ihrer Rolle als uneigennützige Helfer. Der alternde Junggeselle Gräsler beutet nach Art der großbürgerlichen Lebemänner den Wunsch der Kleinbürgerstochter Katharina nach einem Anteil am schönen Leben aus, indem er sie für wenige Tage als Geliebte in seine Wohnung holt und mit kleinen Geschenken aus dem Nachlaß seiner verstorbenen Schwester bedenkt. Wenn er seine Geliebte auf Zeit unwissentlich mit Scharlach infiziert und so physisch zerstört, dann macht der Autor an dieser Stelle eine dezidierte Aussage über die Diskrepanz zwischen Rollenverständnis und Wirklichkeit des Arztes. Unmißverständlich fällt mit dem Motiv der tödlich infizierten Katharina die Aussage über die Opferrolle des süßen Mädels aus. Auch Fridolins Rolle als Helfer gerät ins Zwielicht. Die Naschereien für eine Prostituierte, die sich ihm gegenüber offen und menschlich gezeigt hatte, erreichen die Empfängerin nicht mehr. Sie ist bereits an einer ansteckenden Geschlechtskrankheit gestorben. Ganz nebenbei kommen in solchen Details die fatalen hygienischen Zustände der Medizin des ausgehenden 19. Jahrhunderts zur Sprache, die Schnitzler auch in seiner Autobiographie erwähnt (JiW 198 f.).

Bei beiden, Gräsler wie Fridolin, findet eine eigentümliche Verquickung von ärztlicher Tätigkeit und Eros statt. Anläßlich eines Krankenbesuchs werfen sich die Töchter der Patienten dem behandelnden Arzt förmlich an den Hals, so daß dieser allen Grund hat, sich auch im menschlichen Bereich überlegen zu dünken. Sabine allerdings, die nicht mehr ganz junge Tochter aus bürgerlichem Hause, stellt durch ihr selbstbewußtes Auftreten diese Überlegenheit in Frage: Als sie die Initiative zu einem Heiratsantrag selbst in die Hand nimmt, zieht sich der notorische Zauderer Gräsler zurück. Der Achtundvierzigjährige hat sich bis dahin noch nicht entschließen können, sich an eine Frau und an einen Ort zu binden. Als Badearzt verbrachte er die Winter auf Lanzarote, die Sommer in einem deutschen Badeort. Gräslers zwanghafte Neigung zur Unentschlossenheit äußert sich darin, immer zum Gegenteil zu tendieren. Nach der Abkehr von der anspruchsvollen Sabine fällt er zur Erholung in die Arme einer Frau, die er von oben herab behandeln kann. Das süße Mädel Katharina tut zwar, was die Bürgerstochter Sabine nie getan hätte, sie gibt sich Gräsler für einige Tage im bequemen Heim des Doktors hin und akzeptiert die Endlichkeit dieses kleinen Glücks, doch emanzipatorische Qualität (Möhrmann, 1982, S. 514) kann man dieser Freizügigkeit deshalb noch nicht zusprechen. Für Gräsler sind Frauen keine Partnerinnen, sondern Besitztümer, die ihm zu dienen haben, solange er sie braucht und will. »Dumpfen Groll« hegt er nicht bloß gegen die im Selbstmord »dahingeschiedene« Schwester (II/184), sondern gegen alle, die sich aus ihrer Rolle der Passiven, sich Aufopfernden lösen. Hinterlassene Briefe der Schwester haben ihm vor Augen geführt, daß Friederike neben ihrer Opferbereitschaft noch eine andere, dunkle Seite hatte. Auch Sabines offenes Wesen erweckt in ihm nichts als Ängste und Ablehnung. Wie Fridolin zeigt sich auch Gräsler den Emanzipationsversuchen der Frauen in seiner Umgebung nicht gewachsen (Gutt, 1978, S. 122). Die Verachtung dieses schwachen, kernlosen Helden (Allerdissen, 1985) den starken Frauen gegenüber erweist sich als Rückzugsgefecht. Bezeichnenderweise verbirgt sich in dem Erzähltext, der nicht mehr einen bemerkenswerten, sondern einen langweiligen Helden in den Mittelpunkt stellt, das wahre »furchtbare Begebnis«

(II/113) in der Nebenfigur der Schwester. Ihr Schicksal wird nie ganz geklärt, weil Gräsler nicht den Mut eines offenen Gespräches aufbringt. So enthält der Erzähler dem Leser eine endgültige Klärung des Verhältnisses zwischen Friedericke und seinem Freund Böhlinger vor. Auf dem Hintergrund dieses gelebten Doppellebens wirkt Gräslers Entschlußlosigkeit, sein Ausweichen vor der Herausforderung noch entlarvender. Da sich Gräsler der am Anfang ironisch gestellten Schicksalsprophezeiung (Just, 1968, S. 83) nicht entziehen, den einmal stimulierten Wunsch nach einer Lebensgefährtin nicht mehr unterdrücken kann, stürzt der Zauderer sich schließlich Hals über Kopf in eine Ehe mit der Frau, die ihm gegenüber wegen einer erfolgreichen Scharlachtherapie zur Dankbarkeit verpflichtet ist. Der latente Leistungsdruck, unter den Sabine ihn gestellt hatte, ist damit erfolgreich abgewehrt. Das Happy-End, ironisch-strahlend, unter der Sonne Lanzarotes, schließt den Kreis zum Ausgangspunkt der Geschichte.

Um die Frage der Ausgeglichenheit der Geschlechter geht es auch bei der in der Forschung viel beachteten »Traumnovelle« (1925/26). Während Rey (1968, S. 98) in der Doppelnovelle über eine Ehekrise die »polare Entsprechung« und die Wiedergewinnung einer vorübergehend verlorengegangenen Harmonie hervorhebt, spricht Scheible (1977) und mit ihm die neuere Forschung mit mehr Recht von der signifikanten »Asymmetrie« (S. 113), die zutage tritt, als es gilt, freigesetzte Triebwünsche im Alltag zu verarbeiten. Während Fridolin als Mensch und Arzt vor dieser moralischen Aufgabe versagt (Kluge, 1982, S. 320), zeigt sich Albertine anläßlich der Konflikte, die durch das Aufsteigen und Aussprechen geheimer erotischer Wünsche aufbrechen, als überlegene, lebenskluge Partnerin. Aus dem selbstquälerischen Drang, sich gegenseitig offen jene Wünsche einzugestehen, die ihre Ehe in der Vergangenheit gefährdet haben, werden bei dem sich in seiner Überlegenheit bedroht fühlenden Ehemann immer neue Aggressionen freigesetzt. Als Reaktion auf diese Dissonanz trennen sich die Wege der beiden für den Verlauf einer Nacht.

Hinab in die »geheimen Bezirke« (II/436) eigenen Seelenlebens, die Abgründe in der geordneten Alltagswelt des bürgerlichen Ehepaares aufreißend (Lantin, 1958), gelangen beide auf jeweils typische Weise: Fridolin begibt sich als aktiv Arbeitender und Forschender in die Abenteuer der Nacht, Albertine erfährt deren Befriedigung im Traum und damit in geschlechtstypischer Passivität. Zugleich auf Rache sinnend und mit dem unbewußten Vorsatz, das zerbröckelnde Wunschbild der sich unterwerfenden Gattin wiederherzustellen, stürzt Fridolin sich in die dem Bürger fern und fremd erscheinende Welt der Abweichung. Die Suche nach der opferbereiten Frau führt ihn von der sozialen Unterwelt der Prostituierten in die ausschweifende Orgie der upper class. In dem artifiziell geschaffenen Raum der geheimen Gesellschaft, in die er eindringt, kommt das Geschlechtsverhältnis symbolisch ritualisiert zur Abbildung. Der Zugang zu diesem Raum ist nur im geistlichen Kostüm, dem Sinnbild des vom Über-Ich repräsentierten Triebverzichts, möglich. Bei der Regression vom Verdrängungszustand des sublimierenden Kulturmenschen zum Primärzustand orgiastischer Triebhaftigkeit werden dann im Verlauf der Zeremonie die geistlichen Gewänder abgeworfen. Lediglich die Maske zum Schutz der Individualität bleibt (Swales, 1971, S. 146; Krotkoff, 1972, S. 77, 86). Der Lustgewinn dieser Orgie, bei der die Männer, nun in bunte Kavalierskostüme gekleidet, kollektiv schmachtend die zum Tanz bereitstehenden nackten Frauen begehren, erwächst aus der Umkehrung der Alltagsverhältnisse. Der Verlust der Anonymität wird von den Teilnehmern als schlimmer empfunden, als die körperliche Entblößung. Liebe im herkömmlichen Sinne einer individuellen Partnerbeziehung ist nicht erlaubt, Lust bereitet hier das sadomasochistische Wechselspiel von Begehren und Verbot. Um Fridolin, der sich als Außenseiter eingeschlichen hatte und durch den Verstoß gegen diese Regeln aufgefallen war, zu retten, opfert sich eine ihm fremde Frau, in deren verhülltes Gesicht er unwillkürlich das Bild seiner Gattin hineinprojiziert. Daraufhin wird er aus dem traumhaften Geschehen in der Villa in die Regionen der sozialen Realität zurückbefördert. So exotisch die geheime Gesellschaft anmuten mag, so deutlich ist sie mit Fridolins wirklichen und Albertines Traumerlebnissen verknüpft. Wie die Novelle selbst in der »Niemandszeit« vor und nach dem Ende der Donaumonarchie angesiedelt ist (Spiel, 1981), haftet diesem Maskenball das traumhaft irreale Flair einer untergehenden Welt an. Fridolins Ausgeschlossensein aus der exklusiven, nach eigenen Regeln funktionierenden Gesellschaft, sein Rauswurf, sein feiger Rückzug und die Erfolglosigkeit seiner erst am nächsten Tag angetretenen Suche nach der anonymen Retterin geraten zur verschlüsselten Darstellung der Situation des machtlosen liberalen Bürgertums in einer feudalistisch-katholisch geprägten Gesellschaft (Scheible, 1977). Untergangsstimmung wird auch von den Totentanzmetaphern evoziert, die Fridolin auf seinem Streifzug begleiten (Schrimpf, 1963, S. 181). Rückblickend aus den 20er Jahren legt Schnitzler die sozialen wie die moralisch-normativen Krankheitsherde frei, von denen die Gesellschaft des Fin de siècle durchsetzt war.

Anders als Fridolin akzeptiert Albertine in einem Traum, den sie während seiner Abwesenheit hat, die rauschhafte entgrenzende Massenorgie. Ihr Traum enthüllt die Frustration und Rachegelüste einer Ehefrau, die auf die Funktion der Dienenden festgelegt wird und deren triebhafte Bedürfnisse von ihrem Partner verkannt werden. Die Darstellung ihrer Beziehung, die mit der glanzvollen Ankunft des Verlobten als orientalischer Märchenprinz beginnt, führt geradewegs in die Folterkammer. In einer Wunscherfüllung kehrt sie die Rollen von Herrscher und Opfer um. Sie läßt Fridolin auspeitschen, schließlich sogar hinrichten. Sprechendes Bild der nicht erreichten Harmonie ist das Aneinander-Vorbeifliegen der Ehegatten. An diesem Punkt der Ehekrise angelangt, bleibt jedem Partner nur noch – so suggeriert der Traum –, seine eigenen Wege zu gehen. Der Traum wird damit zum Spiegel für die Gefährdung der Beziehung (Scheible, 1977, S. 80). Durch Albertines Traumerzählung, ihre rückhaltlose Öffnung gegenüber dem ans Ehebett zurückgekehrten Gatten, erhält der Ehekonflikt neuen Zündstoff. Fridolins Rachepläne lassen sich mehr als Reaktion denn als Kompensation beschreiben. Er kann sich von seinen Souveränitätswünschen nicht lösen. Im Gegensatz zu seiner Tendenz zum Komödienspiel und zu widersprüchlichen Urteilen ist Albertine eine überlegene Pragmatikerin. Sie verzeiht auch dort, wo sie kaum auf eine vergleichbare Großzügigkeit rechnen kann. Nach der Katharsis, die beide durch ihre nächtlichen Abenteuer und die Aussprache erlebten, ist der Neuanfang möglich, doch bleibt die Ehe weiterhin gefährdet. Eine endgültige Rettung wird an keiner Stelle ernsthaft in Aussicht gestellt (Sebald, 1985, S. 121). Die wiedergewonnene Harmonie existiert nur eingedenk ihrer Instabilität, denn ein endgültiges Abschirmen vor den Strömen, die aus den geheimen Bezirken der Seele auftauchen, ist nicht möglich. Das in der Kreisstruktur der Novelle eingeschlossene Glücksversprechen (Rey, 1968, S. 123; Scheible, 1977) ist damit ironisch gebrochen.

Daß gerade in Albertines verschlüsselten Traumbildern tiefenpsychologische Sachkenntnis zum Ausdruck kommt, ist offensichtlich; bei genauerer Prüfung treten Übereinstimmungen mit der Psychoanalyse allerdings in ihrer Bedeutung zurück hinter die artistische Elaboriertheit, die eine unheimlich anmutende Parallelität der beiden Erlebnisse herausarbeitet. Weil die Eheleute in ihrem Alltagsleben völlig aufeinander bezogen sind, erscheint selbst in ihrem Ausbruchsversuch jeweils das Bild des anderen. Nur wenn die allergröbsten Vergleichskriterien angelegt werden, kann von einer Vorwegnahme (Beharriell, 1953) oder gar einer Anwendung der psychoanalytischen Traumtheorie im Werk Schnitzlers gesprochen werden (Friedrich Hacker [1982]: »Im falschen Leben gibt es kein richtiges«, in: LuK 163/164, S. 36–44). Auch wenn Schnitzler der Psychoanalyse keine wirklich neuen Einsichten verdankt, scheint es folgerichtig, daß er sich bei seinen seltenen Treffen mit Freud während der 20er Jahre gerade über die »Traumnovelle« unterhielt (Hausner, 1970, S. 58). In seinem Hauptwerk, »Die Traumdeutung« (1900), die Schnitzler als einer unter wenigen gleich nach deren Erscheinen las, hatte Freud den Traum als »via regia« zum Unbewußten beschrieben.

Ähnlich geht es Schnitzler darum, die Bedeutung des Traums da als Medium der Selbsterkenntnis zu rehabilitieren, wo eine offene Aussprache nicht mehr möglich ist. Der Leser soll gerade nicht, wie Jennings (1981, S. 75) in seinem kritischen Aufsatz ausführt, über Fridolins irrationalen Glauben, eine Person sei verantwortlich für seine Träume, lachen; vielmehr nimmt Schnitzler Nietzsches Eintreten für ein Umdenken über Träume ernst: »In Allem wollt ihr verantwortlich sein! Nur nicht für eure Träume! Welche elende Schwächlichkeit, welcher Mangel an folgerichtigem Muthe!« (Karl Schlechta [Hg.], Werke, Bd. 2, 6. Aufl., München 1969, S. 1098). Dieser Idee des Eindringens hinter die Fassade des schönen Scheins und unter die Oberfläche der Tagwirklichkeit blieb Schnitzler bis in sein Spätwerk treu. Am Eigentlichen nimmt der moderne Mensch nur noch teil, wenn die Zensurinstanz, die dem Bewußtsein vorgeschaltet ist, umgangen wird; bewußtloses, ungetrübtes Glück ist nur noch im Traum erreichbar. Hier ist Albertine Teil des unendlich fließenden Lebensstroms, hier auch kann sie die Restriktionen der Zivilisation ablegen und ihren angestauten Aggressionen gegen Fridolin ungezügelt Lauf lassen. Der Vorstoß zu den Quellen von Liebe und Haß bedeutet für Schnitzler mehr als das Aufstöbern der Probleme des Privaten, Individuellen. Archetypisch bilden sich Existenzstrukturen ab, die auch in den Mythen der abendländischen Kultur zum Ausdruck kommen. So verschmelzen in der sadomasochistischen Orgie der geheimen Gesellschaft psychopathologische Verhaltensmuster mit der christlichen Märtyreridee. Die Kreuzigung

Fridolins in Albertines Traum in Gegenwart der orgiastisch bewegten Masse überhöht die Dichotomie von egoistischer Wunscherfüllung und altruistischem Triebverzicht ins mythische Bild (Rey, 1968, S. 118 ff.).

Die »Traumnovelle« erschien zunächst in der mondänen Ullstein-Illustrierten »Die Dame« (Helmut Lethen, Neue Sachlichkeit 1924–1932. Studien zur Literatur des »Weissen Sozialismus«, Stuttgart 1970, S. 34 ff.). Mit dem Thema der Unterdrückung der Frau setzt dieser Text einen energischen Kontrapunkt zur Scheinwelt der Trivialliteratur, die in derartigen Blättern normalerweise aufgebaut wird. Ob freilich die subtile Denunziation des Männerrechts von jenen Leserinnen wahrgenommen wurde, bleibt fraglich.

Ein halbes Jahr vor der »Traumnovelle« erschien eine Erzählung, die mit ihrer historischen Einkleidung und ihrer Tendenz zum bloß Kunsthandwerklichen ein episches Gegenstück zu den späten historischen Dramen bildet. »Die Frau des Richters« (1925) kann, das Desinteresse seitens der Forschung kündigt es bereits an, weit weniger Anspruch auf Originalität erheben. Was in der »Traumnovelle« mit großer Eindringlichkeit geschildert wird, nämlich die Schwäche des Mannes verglichen mit der zu Unrecht in seinem Schatten stehenden Gattin, verflacht in »Die Frau des Richters« zur bloßen Unterhaltungsliteratur. Auch hier geht es um die Explosionskraft weiblicher Sexualität. Sie wird eingesetzt als Mittel des Aufbegehrens gegen einen selbstzufriedenen, überheblichen »Anpasser«, der sich zu Hause aufspielt, während er in seiner öffentlichen Funktion ein Hasenfuß ist. Das Episodische der kleinen Szenen und Pointen, die Beliebigkeit der historischen Staffage des vorrevolutionären 18. Jahrhunderts, mit Reminiszenzen an Schillers Karl Moor und Kleists Richter Adam, all dies überwiegt gegenüber der Gesellschaftskritik. Pessimistisch wie in der politischen Satire »Fink und Fliederbusch« (1917) ist die Botschaft: Einem für die Abschaffung der Monarchie kämpfenden revolutionären Idealisten, der seinen Kopf auf verlorenem Posten riskiert, steht ein feiger Opportunist gegenüber, der nicht einmal den ihm gegebenen Freiraum zur Innovation im Kleinen nutzt. Reformerische Ansätze eines aufgeklärten Monarchen fallen zuletzt der Genußsucht zum Opfer; für den Richter und seine Sprößlinge aber gilt die märchenhafte Schlußsentenz, daß sie sich auch um die Wende des 20. Jahrhunderts noch gesellschaftlichen Einflusses erfreuen.

Als Reaktion auf den Vorwurf des Nihilismus seiner späteren Werke, der auch unter Freunden geäußert wurde, notierte

Schnitzler in sein Tagebuch: »Relativist mag sein, bin ich; der viele, allzu viele Werthe kennt – und sie (vielleicht allzu beflissen, allzu dialektisch) gegen einander abwägt. Glaube steht nun hoch im Curs. Ja, ich bin allerdings ein Dichter für Schwindelfreie« (23. 12. 1917). »Die Frau des Richters« zeigt, in welchem Maße die Arbeiten der 20er Jahre vom Zynismus einer Nachkriegsgesellschaft geprägt sind, die es aufgegeben hat, im aufklärerischen Geiste für den Fortschritt des Menschen zu arbeiten (Scheible, 1976, S. 114). Für Schnitzler war die Revolution von 1918/19 ein von aktivistischen Wirrköpfen und einem jubelnden Pöbel getragener Umsturz, der nur Oberflächenphänomene wie die Staatsform, nicht aber die Menschen geändert hatte.

Abenteurer

Bei dem Bemühen, Typen auf ihre Urbilder zurückzuführen, sind Schnitzler in »Casanovas Heimfahrt« (1918) und »Spiel im Morgengrauen« (1926/27) zwei eindringliche Arbeiten gelungen. Sein Casanova hat nur noch wenig mit dem vitalen Typus gemein, der zu einer Identifikationsfigur der Jahrhundertwende-Autoren geworden war. 1907 bis 1913 waren fünfzehn Bände Erinnerungen in deutscher Übersetzung erschienen (Stock, 1978; Alden 1980). Im Gegensatz zu dem Prototyp des erotischen Verführers, mit dem sich Autoren wie Jakob Wassermann, Hermann Hesse, Stefan Zweig, der Soziologe Georg Simmel und natürlich Hugo von Hofmannsthal noch auseinandersetzten, stellt Schnitzler den abgetakelten dreiundfünfzigjährigen Casanova dar, der nur noch von seiner ruhmreich-berüchtigten Vergangenheit lebt. Dieser Casanova gerät zum Sinnbild für die Krise einer Gesellschaft, deren zerstörerische Konsequenz im Weltkrieg sichtbar wurde (Gleisenstein, 1981). Casanova ist Vertreter eines Geistes, der für die Herrschenden noch revolutionär, für die selbstbewußt auftretende junge Generation, vertreten durch Marcolina und Lorenzi, aber bereits obsolet geworden ist. Die Erwartungshaltung des Lesers durchbrechend wird der rastlose Liebesabenteurer von einst als ein sich in Sehnsucht nach der Heimat und einer gesicherten Existenz Verzehrender vorgeführt. Diese Sehnsucht kann Bragadino, der Beauftragte des reaktionären Dogenregimes in Venedig, zur Korrumpierung von Casanovas freigeistiger Überzeugung nutzten und ihn als Spion anheuern. Ins Negative umgedeutet wird auch der Heimattopos. Venedig erscheint nur noch im Traum als die glänzende Stadt der Paläste, in Wirklichkeit ist sie, wie Casanova selbst, heruntergekommen. Sie zeigt sich dem Heimkehrenden von ihrer schäbigen Seite. Zweifellos ist Schnitzlers Text mit diesen impliziten Anspielungen auf die desolate Situation während des Weltkrieges aktueller als Hofmannsthals Wiedererweckung des jungen Abenteurers in »Cristinas Heimreise« (1910), die noch vor dem Krieg entstand, treffsicherer aber auch verglichen mit seinem eigenen Casanova-Drama, das parallel zur Novelle geschrieben wurde (Koebner, 1985).

In Marcolina trifft Casanova auf den neuen Typus der emanzipierten Frau (Gutt, 1978). Konnte er Amalia einst, nachdem er selbst sie besessen hatte, noch mit dem unbedarften Olivo in den Hafen der Ehe schicken, so setzt Marcolina der Verführung wie der Ehe ernsthafte Widerstände entgegen. Sie kann, nicht zuletzt dank ihrer mathematischen Begabung, selbständig denken und will ihr Leben selbst gestalten, indem sie es der Wissenschaft widmet, ohne freilich auf Liebesabenteuer mit selbstgewählten Partnern zu verzichten. Infolge der prüden Abfuhr, die er bei Marcolina erfährt, und nicht weil sie wirklich die einzig angemessene Partnerin des »uomo universale« ist (Rey, 1968, S. 32), stilisiert Casanova diese Frau zur idealen Partnerin. Wie Jupiter in der Maske des Amphitryon muß Casanova zur Verkleidung des wahren Liebhabers Lorenzi greifen, um sich eine Liebesnacht mit Marcolina zu erschleichen. Noch bevor ihm das Entsetzen der Betrogenen entgegenschlägt deutet ein psychologisch verschlüsselter Angsttraum an, daß das vermeintlich stattgefundene Liebesglück selber mehr Produkt von Casanovas Wunschphantasie als wirklich gegenseitig erlebt war. Auf gleichsam objektiver Ebene wird im Traum der Selbstbetrug entlarvt (Rey, 1968, S. 34 ff.; Perlmann, 1987, S. 160). Das Erwachen nach der Exstase macht schließlich alle Zukunftspläne zunichte. Casanova erscheint nun endgültig nicht mehr als der geniale Frauenbeglücker von einst. Er hat sich zum Don Juan, d. h. zum Zerstörer der Frauen gewandelt (Stock, 1978). Brutale, durch krude Intrige ermöglichte Lust und Zynismus treten an die Stelle authentischen Liebesglücks. Die Verführung der dreizehnjährigen Teresina als kurzweilige Ersatzbefriedigung vor der Eroberung ihrer Schwester entlarvt diese destruktive Potenz (Glaser, 1982, S. 361). Der Austausch der Partner verbindet die beiden Casanova-Werke Schnitzlers. Während der Casanova des Dramas noch unschuldiger Nutznießer einer Verwechslung war, beraubt er als nicht mehr völlig attraktiver Verführer seine Partnerinnen in voller Absicht ihres Selbstbestimmungsrechtes. Er selbst verharrt umso deutlicher in seinem Anspruch auf Unverwechselbarkeit. Von Casanovas beschönigender Perspektive nur notdürftig verhüllt ist seine Verachtung gegenüber der Individualität der Partnerin. Der Held ist völlig erfüllt vom Bedürfnis nach Selbstbestätigung. Marcolina ist in Wahrheit nichts als der Spielball in einer Männerkonkurrenz. Durch das Abenteuer mit der jungen Frau will Casanova die Gesetze der Natur und mit ihnen sein Alter außer Kraft setzen.

Dasselbe versucht er noch einmal im Zweikampf mit Lorenzi. Von dem Vertreter der jungen Generation gefordert begegnen sich die beiden in der Nacktheit griechischer Athleten. Die animalisch-triebhafte Wurzel des ambivalenten Haß-Liebe-Verhältnisses tritt in diesem Bild zutage. Aus der Sicht Lorenzis ist es das von Freud in Verbindung mit der Ödipus-Konstellation beschriebene Aufbegehren des Sohnes gegen die Überlegenheit des Vaters, den er töten muß, um seine eigene Dominanz durchzusetzen. Doch der Mord am Urvater, für Freud in »Totem und Tabu« (1912/13) die notwendige Gewalttat zur Durchsetzung einer neuen Ordnung, gelingt hier nicht. Eine Erneuerung der Gesellschaft ist damit blockiert. Dem offen hervortretenden Neid des Alten gegenüber seiner jungen Reinkarnation fällt Lorenzi zum Opfer. Der Mord an der Jugend geschieht, wie bei Hofreiter in »Das weite Land«, aus dem Impuls bzw. der Situation des Augenblicks heraus, nicht aus einem überlegten Entschluß. Um sich der Strafe zu entziehen flieht Casanova in rasender Fahrt nach Venedig, wo er seine Dienste als Spion zur Unterdrückung der gesellschaftlichen Erneuerung antreten wird.

Erzähltechnisch gelungen, wie die das Bewußtsein des Helden entlarvende perspektivische Darstellung in der Casanova-Erzählung, ist auch die außerordentlich spannende Novelle »Spiel im Morgengrauen«. Angesiedelt in der Vorkriegsgesellschaft arbeitet der Text heraus, wie der alte ideologische Überbau aus militärischem Ehrenkodex und bürgerlicher Liebesidee außer Kraft gesetzt wird durch die alles überschattende Macht des Geldes. Hier berührt sich die Novelle mit »Fräulein Else«. Der vorausdeutende Parallelfall des wegen Spielschulden aus der Armee entlassenen Bogner verdeutlicht, daß der Held noch vollkommen in der konventionellen Denkweise verhaftet ist. Als Bogner Willi Kasda wegen der Unterschlagung von Geld um Hilfe bittet, denkt der ehemalige Kamerad zunächst daran, daß der Umgang mit einem unehrenhaft entlassenen Offizier nicht schicklich ist. Materielle Sorgen behandelt er mit Geringschätzung und ohne wirklichen Ernst. Deutlich wird die Anlehnung des Offiziers an die Werte des Adels, der vor allem Wert auf Form legt und sich, statt sich mit Produktivem zu beschäftigen, ein spielerisches Verhältnis zur Realität leisten kann. Ideen wie die der Ehre stellt auch der junge Offizier über die Sorge um Materielles. Als er in der Spielsituation zum uneigentlichen Umgang mit Geld verführt wird, kann Kasda den Ernst der Lage nicht erkennen. Während der Spielpassagen wird für den Leser sichtbar, daß sich hinter dem Anspruch des jungen Offiziers auf Zugehörigkeit zur gehobenen Gesellschaft in Wirklichkeit ungestilltes Wunschdenken eines in seinem materiellen Auskommen beengten und im persönlichen Freiraum aufs äußerste eingeschränkten Individuum verbirgt. Kasda spielt um einen neuen Waffenrock, neue Wäsche, neue Lackschuhe (II/527). Es geht also um kaum mehr als den bescheidenen Luxus und die Statussymbole seines Standes.

Sein Gegner dagegen, eine undurchschaubare mephistohafte Kunstfigur, deren Funktion vor allem darin besteht, dem Schicksal seines Gegenspielers einen Stoß zu geben, versteht es, den Wandel von einer traditionellen zu einer materialistischen Ordnung für sich zu nutzen. Als Konsul von Equador (II/538), einem der wenigen Länder, die er persönlich nie besucht hat, verkörpert dieser Gegenspieler die Uneigentlichkeit, die im Spiel als dem bloß symbolischen Zweikampf mit ritualisierten Zufällen (Laermann, 1985, S. 188) zum Ausdruck kommt. Das Auf-und-Ab seines Lebens verdankt dieser Spieler den Spekulationen an der Börse, mithin jener bürgerlichen Form der Anhäufung von Kapital, die an die Stelle der Arbeit getreten ist. Auch hier also ist der Umgang mit Geld spielerisch spekulativ. Er ersetzt eine Tätigkeit, die den Sinn in sich selbst trägt. Für Erniedrigungen, die er in der Vergangenheit von Angehörigen des Militärs erfahren hat, revanchiert sich der nicht Satisfaktionsfähige und somit Ehrlose, indem er das Geld als Verführungsmittel einsetzt, das er dem sich immer weiter verschuldenden Kasda hinschiebt. Die Tatsache, daß Kasda in der entscheidenden Phase des Spiels nicht um das eigene, sondern das geliehene Geld spielt, trägt zu seinem Realitätsverlust bei. Erst als der Konsul auf die Einhaltung des Ehrenkodex und damit die Zahlung der Spielschuld binnen einer nur geringfügig verlängerten Frist besteht und Kasda nach Anleihengebern Ausschau halten muß, wird die existentielle Dimension des Spiels sichtbar.

Während in der Komödie um Casanova, für dessen Charakterisierung das Glücksspiel zentral ist, das waghalsige Unternehmen des Spiels mit geliehenem Geld der Gattungsforderung entsprechend einen guten Ausgang nimmt, gelingt es dem Offizier um die Jahrhundertwende, dessen Situation realistisch geschildert wird, nicht mehr, dieses Abenteuer zu meistern. Für Kasda wurde das Spiel einer halben Stunde zur Existenzbedrohung.

Im Gegensatz zu den Angehörigen des Militärs hat sich die bürgerliche Schicht, die von Kasdas Onkel und dessen Frau repräsentiert wird, im Materialismus eingerichtet. Leopoldine hat sich vom Mädchen aus dem Blumengeschäft, das sich von reichen Männern aushalten ließ, heraufgearbeitet zur Geschäftsfrau, die das Vermögen ihres Mannes anlegt. Es zeigt sich, daß das Machtverhältnis zwischen den Geschlechtern an den Zugriff zur materiellen Basis einer Beziehung gebunden ist. Seit Leopoldine die Verfügungsgewalt über das Vermögen hat, ist Kasdas Onkel nicht nur auf eine regelmäßige, aber schmale Leibrente angewiesen, er scheint auch wie entmannt. Nirgendwo in Schnitzlers Werk wird schlagkräftiger dargestellt, was die Männer seines Frühwerks ihren Partnerinnen angetan haben, als in dem vorgeführten Rollentausch. Auch bei Kasda, mit dem sie einst eine Nacht verbrachte, gelingt es Leopoldine, den Spieß umzudrehen. Seine finanzielle Zwangslage nutzend, zwingt die selbstbewußte Frau ihn zu der Erkenntnis, daß auch die Liebe der Männer unter gegebenen Umständen käuflich ist. »Mythische Feindschaft der Frau gegen den Mann« und dessen »Urschuld als sexueller Aggressor«, »unmenschliche Bösartigkeit« (Allerdissen, 1985, S. 70, 72), ein noch »diabolischeres« Spiel als es der Konsul betreibt und »Geschlechterhaß« (Lindken, 1970, S. 46) wird Leopoldine in der Forschung dafür bescheinigt, daß sie es wagt, demjenigen eine Lektion erteilen zu wollen, der sie selbst in gleicher Weise erniedrigt hatte. Der Weg zur Harmonie und Freiheit freilich kann dadurch, daß die Frau sich das brutale Verhalten der Männer zu eigen macht, nicht geebnet werden. Dennoch wird ein Erkenntnisprozeß in Gang gesetzt. Da auch Leopoldine sich der Liebe Kasdas nur spielerisch versichern will, wird das Happy-End unmöglich. Der Tausch der Rollen endet tragisch: Leopoldines Kalkül geht nicht auf. Die Geldsendung, die den Offizier aus der Kalamität befreien sollte, kommt zu spät.

Die im Zentrum der Novelle stehende Spielleidenschaft, dargestellt als langsam fortschreitender Prozeß der Intoxination bis hin zum Verlust der Kontrolle über die eigene Handlungsweise, unterstreicht noch einmal die Kernlosigkeit der Schnitzlerschen Helden (Allerdissen, 1985). Kasda ist eine passiv-unentschlossene Persönlichkeit, die die Flucht vor der als bedrückend und aussichtslos empfundenen Realität ins Spiel antritt und auch den Umgang mit seinen Mitmenschen nicht anders als durch das Spiel betreiben kann. Weil er seiner Leidenschaft von Anfang an bereits verfallen ist (Laermann, 1985, S. 187), vermag er nicht, die »wahrhaft höllische Lust« (II/527), die triebhaft unkontrollierbar in ihm aufsteigt, zu kanalisieren. Das Spiel erscheint als letztes Abenteuerpotential in einer entzauberten Welt. Kasda nimmt die Herausforderung, die diese Gefahrenquelle birgt, an. Daß er mehr Mut zur Selbstzerstörung aufbringt, als von seinem Standesgenossen Leutnant Gustl zu erwarten gewesen wäre, ringt dem Leser wohl mehr Respekt ab, zu einer Rehabilitierung der österreichischen Armee (Rey, 1968, S. 127) aber kommt es dadurch nicht. Bei der Konkurrenz zweier Rechtsordnungen, der staatlichen, die sowohl das Duell wie das Glückspiel verbietet (Laermann, 1977, S. 143 f.; S. 193), entscheiden sich die beiden Leutnants für die Bestätigung des standesrechtlichen Gebotes des Militärs. Sie unterwerfen sich damit widerstandslos der Ahndung ihrer eigenen Schwächen. Wie Gustl bleibt Kasda selbst noch in seinem mannhaft-trotzigen Selbstmord (Allerdissen, 1985, S. 79) in einem Verblendungszusammenhang verhaftet, der ihm den Ausbruch aus dem menschenvernichtenden Ehrenkodex unmöglich macht.

Literatur

Frau Berta Garlan: Reik (1913). *Driver*, Beverly (1971): A. S.s »Frau Berta Garlan. A Study in Form. In: GR 46, 4, S. 285–298. *Gutt* (1978) S. 71–79. *Möhrmann*, Renate (1982): S.s Frauen und Mädchen. In: DD 13, 68, S. 514 f. *Allerdissen* (1985) S. 248–253. *Perlmann* (1987) S. 99–108.

Frau Beate und ihr Sohn: Reik (1913). *Worbs*, Michael (1983): Nervenkunst. Frankfurt, S. 242–251. *Allerdissen* (1985) S. 253–267.

Doktor Gräsler Badearzt: Just (1968) S. 76–83. *Nardroff*, Ernest Henry von (1968): »Doktor Gräsler Badearzt«: Weather as an aspect of S.s symbolism. In: GR, 43, 2, S. 109–120. *Haselberg*, Peter von (1981): Psychologie oder Konstellation? Am Beispiel von »Doktor Gräsler Badearzt«. In: Scheible (1981) S. 188–199. *Brinson*, C. E. J. (1983): Searching for happiness: Towards an interpretation of A. S.s. »Doktor Gräsler Badearzt«. In: MAL 16, 2, S. 47–63. *Allerdissen* (1985) S. 88–107.

Traumnovelle: Beharriell, Frederick J. (1953): S.s Anticipation of Freud's Dream Theory. In: Monatshefte 45, S. 81–89. *Lantin* Rudolf (1958): Traum und Wirklichkeit in der Prosadichtung A. S.s. Köln 1958. *Schrimpf*, Hans Joachim (1963): A. S.s »Traumnovelle«. In: ZfdPh 82, S. 172–192. *Rey* (1968) S. 86–125. *Krotkoff*, Hertha (1971): Auf den Spuren von A. S.s »Traumnovelle«. In: MAL 4, 4, S. 37–41. *Dies*. (1972): Themen, Motive und Symbole in A. S.s »Traumnovelle«. In MAL 5, 1–2, S. 70–95. *Dies*. (1973): Zur geheimen Gesellschaft in A. S.s »Traumnovelle«. In: GQ 46, 2, S. 202–209. *Segar*, Kenneth (1973): Determinism and Character. A. S.s »Traumnovelle« and his unpublished Critique of Psychoanalysis. In: Oxford German Studies 8, S. 114–127. *Scheible* (1977). *Jennings*, Lee B. (1981): S.s »Traumnovelle« – Meat or Poison? In: Seminar 17, 1, S. 73–82. *Spiel*, Hilde (1981): Im Abgrund der Triebwelt oder Kein Zugang zum Fest. Zu A. S.s »Traumnovelle«. In: In meinem Garten schlendernd. Essays. München, S. 128–135. *Kluge*, Gerhard (1982): Wunsch und Wirklichkeit in A. S.s »Traumnovelle«. In: TuK 10, 2, S. 319–343. *Allerdissen* (1985) S. 112–128. *Sebald*, W. G. (1985): Das Schrecknis der Liebe. Überlegungen zu S.s »Traumnovelle«. In: Merkur, 39, 2, S. 120–131. *Santner*, Eric L. (1986): Of Masks, Slaves and Other Seducers: A. S.s »Traumnovelle«. In: MAL 19, 3–4, S. 33–48. *Perlmann* (1987) S. 180–202.

Die Frau des Richters: Dickerson Jr., Harold D. (1970): »Die Frau des Richters«. A Statement of Futility. In: GQ 43, 2, S. 223–236.

Casanovas Heimfahrt: Rey (1968) S. 28–48. *Fritsche* (1974) S. 120–137. *Stock*, Fridhjof (1978): Casanova als Don Juan – Bemerkungen über S.s Novelle »Casanovas Heimfahrt« und sein Lustspiel »Die Schwestern oder Casanova in Spa«. In: Arcadia 13, S. 56–65. *Alden*, Martha Bowditch (1980): S.s repudiated debt to Casanova. In: MAL 13, 3, S. 25–32. *Gleisenstein*, Angelika (1981): Die Casanova-Werke A. S.s. In: Scheible (1981) S. 117–141. *Glaser*, Horst Albert (1982): Masken der Libertinage. Überlegungen zu S.s Erzählung »Casanovas Heimfahrt«. In: TuK 10, 2, S. 355–364. *Godé*, Maurice (1984): Le retour de Casanova d'A. S. In: Cahiers d'études germaniques. 8, S. 99–121. *Koebner*, Thomas (1985): Casanovas Wiederkehr im Werk von Hofmannsthal und S. In: Akten (1985) S. 127–136. *Allerdissen* (1985) S. 199–225. *Mauceri*, Maria Cristina (1986): Der Liebesabenteurer als »negativer Typus«: Zur kritischen Darstellung der Casanova-Figur bei A. S. In: MAL 19, 3–4, S. 149–162. *Perlmann* (1987) S. 156–164.

Spiel im Morgengrauen: Rey (1968) S. 126–154. *Just* (1968) S. 100–106. *Lindken*, Hans Urich (1970): Interpretationen zu A. S. München, S. 15–53. *Fritsche* (1974) S. 138–154. *Leroy*, Robert und Eckart *Pastor* (1976): Der Sprung ins Bewußtsein. In: ZfdPh 95, S. 481–495. *Ekfeldt*, Nils (1978): A. S.s »Spiel im Morgengrauen«, Free Will, Fate, and Chaos. In: GQ 51, 2, S. 170–181. *Gutt* (1978) S. 85–89. *Anderson*, Susan (1984): Profile of a gambler: Willi Kasda in »Spiel im Morgengrauen«. In: Petrus W. Tax u. a. (Hg.): A. S. and his age. Bonn, S. 90–

102. *Laermann*, Klaus (1985): »Spiel im Morgengrauen«. In: Akten (1985) S. 182–200. *Allerdissen* (1985) S. 55–80.

5.6 Die Romane

In Einklang mit den Gattungsmerkmalen sind es besonders die Romane, die vom Psychologischen ausgreifen ins Soziale bzw. Politische. Dies gilt freilich in größerem Maße für den »Weg ins Freie« (1908), in dem die Charakterstudie den Vordergrund zu einem breiten Tableau der Gesellschaft der Jahrhundertwende und speziell der Judenproblematik als zentraler Zeitfrage bildet, als für die penibel und distanziert aufgezeichnete »Chronik eines Frauenlebens« (1928), die bereits in der Epoche der Neuen Sachlichkeit entstand und die Schattenseite der so trügerisch glanzvollen Fin de siècle-Gesellschaft beleuchtet. Beide Romane sind eine dezidiert vorgebrachte Negation des klassischen Bildungsromans (Janz 1977, S. 168 f.; Arens, 1982, S. 100), beide sind formale Wagnisse.

In dem modernen Anti-Bildungsroman um den ins Leere mündenden Lebensweg des Wiener Aristokraten und dilettantischen Künstlers Baron Georg von Wergenthin treten eine Fülle von klar konturierten Figuren zu einem luziden Gemälde der besseren Gesellschaft zusammen, ohne daß der Autor die Liebesgeschichte zwischen dem Baron und der Kleinbürgerstochter Anna Rosner unmittelbar kausal mit den gesellschaftspolitischen Fäden des Romans verknüpft. Georg ist im Roman zwar der Brennpunkt des Geschehens, die Berührung mit den zahlreichen Gestalten vermag ihn freilich kaum zu beeinflussen oder gar zu verändern (Derré, 1977, S. 224). Die Fiktion des geschlossenen Handlungs- und Daseinszusammenhangs ist aufgegeben. Private Ziellosigkeit geht einher mit dem Verlust historischer Perspektiven. Die psychische Verfassung des einzelnen wird zum Sinnbild einer politisch-sozialen Gesamtsituation (Janz, 1977, S. 169; Angress, 1977, S. 281). Statt, wie im klassischen Bildungsroman, die Spanne eines Lebens oder eines Lebensabschnitts vorzuführen, beschränkt sich der Roman auf nur ein Jahr.

Ins Leere verliert sich auch der Sinn der Heldin des Frauenromans »Therese« gelegentlich, um nicht zum Bewußtsein ihrer Realität zu gelangen (II/711). Erneut wird mit dem streng chronologischen Nacheinander von sich stetig wiederholenden Situationen und Konstellationen die auf Entwicklung ausgerichtete Erwartungshaltung des Lesers enttäuscht. Reihung ohne Sinnbezüge, Chronologie bis zur Unzählbarkeit, Entindividualisierung der Akteure, schließlich der Verzicht auf eine klar konturierte, zielgerichtete innere Lebenszeit transportieren die Erfahrung der Sinnlosigkeit (Dangel, 1981, S. 183). Zukunftslosigkeit, sei sie psychologisch, als Verweigerung des Planens und sich Festlegens, wie bei Georg, oder materiell als soziale Perspektivelosigkeit, wie bei der Gouvernante Therese, ist für beide Helden bestimmend. In beiden Romanen versucht der Autor eine moderne Sicht des im Grunde ziellosen Lebensweges aufzuzeigen. Beziehungslosigkeit und Einsamkeit, im Falle des Helden als selbstgewählte und genossene, im Falle der Heldin signifikanterweise verschoben hin zur überwiegend fremdbestimmten, erlittenen, finden ihren formalen Ausdruck in der Abwesenheit eines integrierenden Zentrums. Nicht die in der Realität verlorengegangene Einheit und Illusion im fiktionalen Raum wieder herzustellen, sondern diesen realen Zustand abzubilden ist Ziel der Romane. So muß die in der Forschung bereits früh von Georg Brandes und Josef Körner vorgebrachte These vom Scheitern des Romans »Der Weg ins Freie« gemessen an normativ strukturalistischen Maßstäben mit Vorbehalt aufgenommen werden (Allen, 1967; Török, 1972; Arens, 1981). Was den Frauenroman angeht, so hat der auf dem Hintergrund der 20er Jahre formulierte Vorwurf des unzeitgemäßen Sujets für den heutigen Leser an Bedeutung verloren. Nicht zuletzt das Thema der Frauenemanzipation läßt dieses Werk aus heutiger Sicht besonders interessant und aktuell erscheinen. Seine Entdeckung durch die Forschung hat mit den Arbeiten von Angress (1977) und Dangel (1981; 1985) gerade erst begonnen.

»Der Weg ins Freie«

In einem Aphorismus bezeichnet Schnitzler »Sachlichkeit, Mut und Verantwortungsgefühl« als die drei einzigen »absoluten Tugenden« (AuB 48). Genau diese Eigenschaften sind es, die seinem Romanhelden fehlen. Als Weiterentwicklung der seit Anatol (Török, 1972) und den frühen Erzählungen angelegten Thematik der Kernlosigkeit und Sentimentalität (Just, 1968) ist Georg in seiner Lebens- und Entscheidungsschwäche der moderne Held schlechthin. Als seine Geliebte ein Kind von ihm erwartet, kann er sich weder zur Ehe noch zu einem öffentlichen

Einstehen für die entstandene Situation entschließen. Statt dessen zieht er es vor, Anna der unsicheren, weil gänzlich von seiner schwankenden Laune abhängigen, Zukunft eines Mätressendaseins zu überantworten. Um die Schwangerschaft zu verbergen, geht er zunächst mit ihr auf Reisen, sucht dann außerhalb Wiens ein Haus, wo die Entbindung stattfinden soll, sowie Pflegeeltern, die das Kind aufnehmen sollen. Unter Entscheidungsdruck gesetzt reagiert er hinsichtlich seiner sozialen Perspektiven zunächst ablehnend und destruktiv (Just, 1968, S. 52). Seine »Programmlosigkeit« (I/780) schlägt um in ein Negativ-Programm der Flucht in eine unbestimmte Freiheit. Die Beziehung zur Geliebten und zum Kind wird in einer spontanen Reaktion geopfert, um dem Zwang der nicht akzeptierten Bindung auszuweichen. In den »Paralipomena« zum Roman heißt es diesbezüglich: »Es ist immer ein Zeichen von Lebensschwäche, vielleicht von Feigheit, auf ein Relatives zu verzichten, wo uns das Absolute versagt ist« (AuB 172). Angesichts der Lebensgefahr, der Anna durch die außergewöhnlich schwere Geburt ausgesetzt ist und angesichts der als Symbol für seine Liebesunfähigkeit (Török, 1972, S. 75) verstandenen Totgeburt des Sohnes wird Georgs hypochondrische, asoziale Ichbezogenheit der Kritik preisgegeben. Anna, die Georgs Zögern und seine lächerliche Angst vor Scheinproblemen nicht länger erträgt, löst die Bindung. Ihre Orientierung auf die Zukunft hin erscheint symbolisch dargestellt in Georgs Traum, der sie bereits als Leiterin einer Musikschule zeigt (I/865). Georg selbst folgt dem Ruf in die deutsche Provinz, um in Detmold eine Stelle als Korrepetitor und Kapellmeister anzutreten. Mit dieser Hinwendung zur Brotarbeit und dem Verlassen Wiens endet der Roman, dessen Atmosphäre weniger von dem Ausblick in eine hoffnungsvolle Zukunft (Derré, 1977, S. 219) als von dem zögernden »noch« (Schwarz, 1985, S. 79) einer Übergangszeit getragen ist.

Georg steht weder unter dem Zwang brutaler Fremdbestimmung durch überlegene Kontrahenten, noch unter dem Kuratel eines überindividuellen Ehrenkodex. Seine Bedrängnis ist nicht wirklich außergewöhnlich und unerwartet. Familiäre und materielle Unabhängigkeit erlauben ihm allein aufgrund subjektiver Erwägungen zu handeln. Er ist der typische Sentimentale (Just, 1968, S. 60). Sein Hauptinteresse ist größtmögliche individuelle Freiheit, sein Verhältnis zu Anna gekennzeichnet durch Teilnahmslosigkeit. Er genießt die nacherlebte Zweisamkeit intensiver als das Miteinander im Hier-und-Jetzt (Möhrmann, 1973). Die Ambivalenz seines Erlebens (Gölter, 1982) läßt ihn immer intensiver an andere Frauen denken, je stärker er sich moralisch an die Schwangere gebunden fühlt. Seine Egozentrik und Sentimentalität gehen so weit, daß er sich über die mit einer anderen Frau begangene Untreue und seinen Schmerz über sich selber bei Anna ausweint. Er weiß zu sehr um das eigene Gefühl und stimuliert es genießerisch, als daß es für echt gelten könnte. Der Gedanke an Abschied meldet sich gleichzeitig mit emotionaler Betroffenheit. Als der Abschied dann beschlossene Sache ist, soll er jedoch stimmungsvoll zelebriert und damit emotional bedeutungsvoll werden (I/949 ff.).

Die Frage nach der moralischen Schuld hat sich mit der hier sichtbar werdenden Bewußtseinsproblematik neu zu stellen. Georg wird nicht mehr von bewußter Überlegung geleitet, er lebt aus dem Halbbewußten heraus, dämmert vor sich hin als ein Gleitender. Allein im Traum (Reik, 1913, S. 237 ff.) kann er sich der aufsteigenden Schuldgefühle über sein Versagen gegenüber der Lebensgefährtin wie auch über das Versagen als Künstler nicht mehr erwehren. Wenn der allwissende Erzähler Einblick in diese unbewußten Abläufe gibt, so, um die Diskrepanz zwischen der wehrhaften »Bewußtlosigkeit« der wachen Existenz und jenen unterhalb der Zensurgrenze lagernden anderen Regungen aufzuzeigen. Georgs Freund Bermann, der sein eigenes Erlebnis unglücklicher Liebe zugrundelegt, stellt die entscheidende Frage nach der Verankerung der Verantwortung in einem System der menschlichen Psyche, das nicht mehr monolithisch, sondern aufgeschachtelt ist wie Stockwerke eines Hauses: »Ich hab' mich ohne Schuld gefühlt. Irgendwo in meiner Seele. Und wo anders, tiefer vielleicht, hab' ich mich schuldig gefühlt [...] Und wenn die Lichter in allen Stockwerken angezündet sind, sind wir doch alles auf einmal: schuldig und unschuldig« (I/957).

Wie bei Anatol oder dem Dichter von Sala in »Der einsame Weg« verdrängt bei Georg die Erinnerung an Vergangenes gegenwärtige Erlebnisse; Gegenwart wird nur noch in rauschhaften sinnlichen Abenteuern erfahrbar, die gleich Momentaufnahmen die rückwärtsgewandte Perspektive interpunktieren. Sein reizfixiertes Bewußtsein prädestiniert ihn nicht nur zum erotischen Abenteurer (Arens, 1981, S. 64 ff.), es ist auch Grundlage seines dilettantischen Künstlertums. Das Kultivieren von Schmerzen über den Tod des Vaters, die eigene Treulosigkeit oder einfach des Ichschmerzes ist Grundlage für seine künstlerische Arbeit. Wie seine unterhalb der Bewußtseinsschwelle sich anbahnenden Entschlüsse tauchen auch musikalische Motive »aus geheimen Tiefen langsam und unaufhaltsam empor« (I/684). Auch die Objekte seines künstlerischen Interesses spiegeln Diskontinuität wieder. So vertont er einige Gedichte aus Goethes »West-Östlichem-Diwan«, mithin ein Werk, das selbst Heterogenes nur locker zum Zyklus zusammenfügt. Die zusammen mit Bermann geplante Oper »Ägidius«, ein im Stil der um die Jahrhundertwende modischen Renaissance-Dramen angelegtes Opus, wird ebenso zum Symbol für die Situation ihrer Schöpfer. Sie kann zunächst nicht fertiggestellt werden, weil sich Bermann mit seinem Helden so sehr identifiziert, daß er die eigene, moderne Perspektivelosigkeit zunächst nicht zur geschlossenen Tragödie formen kann. Um der Sinnlosigkeit des Lebens zu entgehen endet der Opernheld schließlich doch tragisch. Nachdem er höchstes Glück und tiefstes Leid erfahren mußte, stürzt sich der vom Tode Begnadigte ins Meer. Ähnlich glaubt Georg, wird auch Bermann selbst eines Tages enden: »Irgend einmal war ihm wohl bestimmt, von einer Turmspitze, auf die er in Spiralen hinaufgeringelt war, hinabzustürzen ins Leere; und das würde sein Ende sein. Georg aber war es gut und frei zumute« (I/958). Das Bild der Spiralbewegungen, durch die man höher, aber dem Zentrum nicht näherkommt, ist Ausdruck der Ziellosigkeit, der auch Georg, freilich ohne sich dessen bewußt zu sein, bereits anheimgefallen ist. Das Lebensziel im Sinne der klassischen Bildungsidee wird unerreichbar. Ins Blickfeld rückt allein der ins Leere führende Weg. Im Gegensatz zu dem Opernprotagonisten haben sich Schnitzlers Helden in der Sinnlosigkeit bereits eingerichtet. Der endgültige Untergang wie auch das Happy-End bleiben der Fiktion in der Fiktion vorbehalten.

Die Teilnahmslosigkeit, die Georgs Verhältnis zu Anna bestimmt, kennzeichnet auch seine Beziehung zu seinem Freundeskreis. Wenn dieser sich in der Mehrzahl aus Juden zusammensetzt, so nicht, weil Georg eine besondere Affinität zu diesen verspürte. Zum Ausdruck kommt in dieser Tatsache vielmehr die Bedeutung der Juden in den intellektuellen Zirkeln der Vorkriegsepoche. In Gesellschaft der reichen jüdischen Fabrikantenfamilie Ehrenberg, die regelmäßig Soirées abhält, trifft Georg mit Vertretern der Ministerialbürokratie, des Offizierskorps, der Aristokratie, der Industrie sowie einer Reihe von jüdischen Dichtern zusammen (Janz, 1977, S. 157). Bei Rosners wiederum trifft er den Mediziner Berthold Stauber, der resigniert über die »österreichischen« Verhältnisse sein politisches Mandat niederlegt, nachdem man ihm bei einer Interpella-

tion im Parlament zugunsten einer befreundeten Sozialdemo-
kratin wiederholt »Jud halts Maul« (I/657) zugerufen hatte.

Georg, der für Politik kein Interesse hat, ja eine unterschwel-
lige Abneigung gegen die Klagen der Juden in seiner privaten
Umgebung empfindet, ist jeweils nur unbeteiligter Zuhörer bei
den Auseinandersetzungen um Zionismus und Assimilisation,
Judentum als Rasse und als Religionsgemeinschaft. Daß der
Austausch mit seinen Gesprächspartnern ihm zur tieferen Welt-
und Menschenkenntnis verhilft (Derré, 1977, S. 225), läßt sich
aus seinen Reaktionen nicht entnehmen (Janz, 1977, S. 156;
Schwarz, 1985, S. 78). Das Streitgespräch um den Zionismus
verfolgt er wie der Zuschauer eines sportlichen Wettkampfes.
Die im Gespräch entfalteten antagonistischen Denkweisen,
Leos Hoffnung auf die endgültige und kollektive Lösung der
Judenfrage auf der einen Seite, Bermanns konsequentes Eintreten für das Heimatrecht des einzelnen und das kritische Hin-
terfragen falscher Heilslehren auf der anderen, berührt Georg
nicht. Er ist der Typ des total in Äußerlichkeiten aufgehen-
den Snobs. Bei aller Nähe zu den jüdischen Intellektuellen aus
dem Kaffeehaus fühlt er sich im Klub unter Aristokraten woh-
ler, weil dort nur »angenehme, gut angezogene junge Leute«
vertreten sind (I/710). Wie sehr Georgs Verhalten von Distanz
bestimmt ist, geht aus der Abneigung gegen Bermanns Offenheit hervor. Die Ambivalenz seines Erlebens läßt ihn gerade
in dem Moment, wo der Freund über Persönliches spricht, Abwehr gegen dessen jüdische Erscheinung empfinden (I/723).
Wenn es aber nicht einmal diesem gebildeten und in seinen
Empfindungen verfeinerten Menschen gelingt, seine Reserviertheit zu überwinden, scheint es um die Chancen auf Versöhnung zwischen Österreichertum und Judentum schlecht bestellt
(Schwarz, 1985, S. 79).

Ähnlich wie in »Professor Bernhardi« sind die Juden hier in
ihren vielfältigen Gruppierungen repräsentiert und, ohne daß es
zu einer dramatischen Zuspitzung kommt, wird doch erkenn-
bar, daß es gerade die Zersplitterung ist, die diese Minorität
zusätzlich angreifbar macht. Die vertretenen Haltungen reichen
vom sich selbst als konfessionslos bezeichnenden Nürnberger,
über den assimilierten Bermann, der ebensoviel Heimatrecht in
Österreich beansprucht, wie etwa Georg, dem aber jede Äuße-
rung von Nationalgefühl und Religion suspekt ist, selbst wenn
sie von jüdischer Seite kommt, bis hin zu dem Zionist Leo
Golowski, der die Aversion der Arier und Christen gegen
Juden für den »Ausdruck ihres gesunden Instinktes für eine

anthropologisch und geschichtlich feststehende Tatsache«
(I/719) erklärt. Allein Leo Golowski engagiert sich für die 1896
in der gleichnamigen Schrift von Theodor Herzl formulierte
Utopie des »Judenstaates« in Palestina. Auf diese indirekte
Rechtfertigung einer Diskriminierung der jüdischen Bevölkerung Bezug nehmend, äußert der Skeptiker Nürnberger: »Mir
selber ist es bisher erst gelungen, einen einzigen echten Antise-
miten kennen zu lernen. Ich kann Ihnen leider nicht verhehlen,
lieber Herr Ehrenberg, daß der ein bekannter Zionistenführer
war« (I/689). Einen verbitterten und grotesken Kampf um ihre
jüdische Identität tragen Vater und Sohn Ehrenberg aus. Während der alte Ehrenberg resigniert die brutale Realität des sich
auch in liberalen und deutsch-nationalen Kreisen ausbreitenden
Antisemitismus feststellt, hat sich Oskar zum jüdischen Antisemit entwickelt. Da ihm das jüdische Gebaren des reichen Vaters
nicht elegant und kultiviert genug ist, versucht er krampfhaft,
Anschluß an aristokratische Kreise zu bekommen. Als Oskar,
die gerade modische katholische Frömmigkeit vortäuschend,
vor der Michaelerkirche den Hut zieht, wird er von seinem
Vater dafür öffentlich geohrfeigt, worauf der Dragoneroffizier
den Verlust seiner Ehre durch einen Schuß in die Schläfe wieder-
herstellen will, den er schwer verletzt überlebt.

Während die Juden ihre Konflikte derart unter sich ausma-
chen, erregen sie bei Außenstehenden wie Georg eher peinliche
Verlegenheit. Das Zusammentreffen mit einem deutsch-nationale Lieder gröhlenden Radfahrerklub, unter dessen Mitgliedern sich Annas Bruder Josef Rosner befindet, stößt bei Georg
nicht auf denselben Widerwillen wie bei seinen jüdischen
Freunden. Er fühlt sich sogar durch ihre Aversion an seine eigene Zugehörigkeit erinnert (I/714). Wie in der Figur Hochro-
itzpointners scheint in dem stramm »all heil« grüßenden Josef
eine neue Generation auf. In diesem wenig strebsamen jungen
Mann, der statt einer geregelten Arbeit nachzugehen mit dem
von den Eltern geliehenen Geld ins Kaffeehaus geht, wird der
Aufstieg der neuen, das einfache Volk mitreißenden, antisemitischen und faschistischen Bewegung spürbar. Keineswegs ein-
hellig positiv konturiert sind aber auch die Vertreter der Gegenseite. Zerissene Persönlichkeiten sind der Zionist Leo, der nach
Ablauf seines Freiwilligenjahrs einen antisemitischen Vorge-
setzten erschießt, von dem er traktiert worden war, und seine
Schwester Therese Golowski, die Führerin in der sozialdemokratischen Partei ist und wegen Majestätsbeleidigung zwei Monate Haft abgesessen hat. Therese, die sich bezeichnenderweise

erst nach der Verarmung der Familie den Sozialisten anschließt, ist mal politische Agitatorin, mal gibt sie sich für einige Tage dem dolce vita hin (Gutt, 1978, 93 ff.). Wie bei Therese wird auch bei Leo innere Unsicherheit nach außen gelenkt und umgemünzt in politische Überzeugungskraft; die kultivierte Mitleidshaltung gegenüber anderen, noch Schwächeren ist Ventil für eigene Persönlichkeitsprobleme. Brüche in den Charakteren, die eine Identifizierung verhindern sollen, finden sich, abgesehen von Anna, bei allen Figuren. Besonders gilt dies für die politisch Tätigen. So setzt sich Berthold Stauber im Parlament nicht nur für Therese Golowski ein, er ist auch ein Anhänger des Euthanasie-Gedankens im Sinne einer höchst zweifelhaften Volkshygiene (I/906). Er hat die menschliche wie weltanschauliche Weitsicht seines Vaters, dem freundlich lächelnden Onkel Doktor des 19. Jahrhunderts (Müller-Seidel, 1985, S. 66 f.), eingebüßt.

Aufgrund der komplexen Ausdifferenzierung der Figuren ist es unangemessen, Schnitzlers eigene Haltung allein hinter der Figur Heinrich Bermanns zu vermuten, dem unter allen dünnhäutigen, innerlich angegriffenen am komplexesten gezeichneten Juden (Abels, 1982, S. 95; Nehring, 1986). Nicht zuletzt, weil Bermann als einziger im Roman die Fähigkeit hat, tiefere Fragen zu stellen, befaßte sich die Forschung gerade mit dieser Figur bisher besonders intensiv (Arens, 1981; Abels 1981; 1982). Georg kämpft für keine Werte, weder im eng begrenzten persönlichen Bereich, noch im politischen. Seine Teilnahmslosigkeit und seine aus dem Halbbewußten aufsteigenden Vorurteile und Ressentiments lassen ihn als eine der emanzipatorischen Dimension beraubte Figur erscheinen. Dieser moderne Held weist hinaus über den konkreten historischen Kontext, in den der Roman ihn stellt. Georg wird – weniger wegen seiner sozialen Einordnung als wegen seiner Geisteshaltung – zum Sinnbild des »spätbürgerlichen Individuums« (Scheible, 1976, S. 96). Die den Helden dominierende Haltung der Nonchalance läßt sich bis in die Nebenfiguren hinein verfolgen, wie etwa bei dem Juden Nürnberger, der das Welttreiben nur noch mit Verachtung betrachtet (I/664), oder dem Prinzen von Guastalla, der mehr aufrührerische Reden führt, als sich andere Staatsbürger leisten können, von dieser Freiheit aber keinen Gebrauch macht, sondern sich auf den reinen Sinnengenuß zurückzieht (Aspetsberger, 1973). Während Georgs Weg auch im Hinblick auf seine Beziehung zu den jüdischen Freunden in die anfängliche Distanz einmündet, weisen die Hintergrundgestalten eine deutliche Tendenz zur Verfinsterung auf (Abels, 1982, S. 126).

»Therese. Chronik eines Frauenlebens.«

In seinem letzten großen Prosawerk greift Schnitzler auf die frühe Erzählung »Der Sohn« (1892) zurück. Die neue, räumlich ausgreifende Form ermöglicht es dem Leser, das Ineinandergreifen von Psyche und Milieu als Bedingung des tödlich endenden Raubüberfalls eines jungen Mannes auf seine Mutter nachzuvollziehen (Dangel, 1985). Zu dieser frühen thematischen Schicht tritt die Schilderung von Thereses Arbeitswelt. Die als Gouvernante und später als Privatlehrerin tätige Heldin weist einerseits zurück auf das literarische Sujet des Hofmeisters und seine prekäre soziale Isoliertheit im Bereich zwischen Dienstboten und Herrschaft (Dangel, 1985, S. 19); andererseits nimmt sie die nach dem Weltkrieg sich ausbreitende Berufstätigkeit der Frauen vorweg. Horváths Figur der Kleinbürgerin Anna Pollinger und Siegfried Kracauers Schilderung der Angestelltenexistenzen entstanden praktisch zur selben Zeit wie der Roman (Ödön von Horváth, Der ewige Spieler [1930]; Siegfried Kracauer, Die Angestellten [1929]).

Auf der Ebene des Familienepos setzt der Roman an dem Zeitpunkt ein, als sich die sechzehnjährige Heldin aus dem von seelischem und moralischem Verfall gezeichneten Elternhaus zu lösen beginnt. Das Geschehen entfaltet sich ausgehend von ihren ersten Liebschaften über ihre uneheliche Schwangerschaft, das Heranwachsen des Sohnes bis zum Tode durch das Verbrechen in einer klar auf den Untergang zustrebenden Entwicklungslinie. Konterkariert und retardiert wird diese Entwicklung durch eine Vielzahl von meist zeitlich äußerst begrenzten Männerverhältnissen einerseits und den ständig wechselnden Arbeitsstellen andererseits. Erst die beiden ineinandergearbeiteten Strukturprinzipien der Progression und Repetition machen die komplexe Struktur des Romans aus. Der sich unmerklich im Hintergrund vollziehende Verfallsprozeß sorgt dafür, daß Aufmerksamkeit und Interesse des Lesers bei aller Monotonie nicht verloren gehen.

Wie der Untertitel andeutet, soll nicht nur ein individuelles Schicksal vorgeführt werden, es geht vielmehr um typische Bedingungen eines Frauenschicksals. Als paradigmatisch kann Thereses Stellung innerhalb der Familie gelten. Eine engere emotionale Beziehung verbindet sie lediglich mit dem Vater. Als der frühzeitig pensionierte Oberleutnant mit Paranoia in eine Heilanstalt eingeliefert wird, verliert sie ihren einzigen Rückhalt. Von seiten der dem Landadel entstammenden Mutter und des einzigen Bruders erfährt sie bald eine vorschnelle Verurteilung als »Gefallene«, so daß sie ihrem Ruf nur noch nacheilen kann. Frauensolidarität zwischen Mutter und Tochter besteht nicht. Nachdem Therese sich dem Versuch der Mutter, sie mit einem reichen Grafen zu verkuppeln, widersetzt hat, überläßt man sie teilnahmslos ihrem Schicksal. Paradigmatisch ist auch die Wahl zwischen zwei gegensätzlichen Männertypen. Ihrem Gefühl folgend entscheidet sie sich gegen die bürgerliche Sicherheit versprechende Ehe mit dem Kandidaten der Medizin, Alfred Nüllheim. Stattdessen wählt sie das Glück ohne Dauer an der Seite des Leutnants Max. Erstmals wird hier das sich Gleitenlassen sichtbar, das Thereses Handlungsweisen prägt. Für die antibürgerliche Lebensweise entscheidet sie sich auch dann noch, als ihr die Misere der Gouvernantenexistenz, die sie nach der Loslösung aus der Familie antritt, bereits bewußt ist. Als arbeitende Frau entgeht sie zwar der Abhängigkeit von einem ungeliebten Ehemann, doch versteht sie es andererseits nicht, diese Freiheit zu nutzen (Gutt, 1978, S. 81 ff.; Möhrmann, 1982, S. 517). Bindungslosigkeit und emotionales Vakuum sind vielmehr der Preis, den sie zu zahlen hat. Die Erfahrung zielloser Wiederholung stellt eine Bedrohung ihrer Existenz dar, weil mit dem Verlust der Kontinuität der Zerfall der Identität einhergeht. Die Familien, für die sie im Laufe der Jahre gearbeitet hat, bedeuten ihr in der Rückschau geradeso wenig wie die zum Teil namenlosen Liebhaber. In ihren Liebesverhältnissen wiederholt sich die aus »Reigen« bekannte gegenläufige emotionale Entwicklung zwischen den Partnern. Als unter dem Eindruck ihrer Schwangerschaft bei Therese die Anhänglichkeit an den Vater des Kindes einsetzt, beginnt dieser sich emotional von ihr zu lösen und ist schließlich nicht mehr aufzufinden. Der Moment der Harmonie bleibt utopisch.

Therese gibt die eigene negative Grunderfahrung der Teilnahmslosigkeit und der Diskontinuität menschlicher Beziehungen an ihren Sohn weiter. Von allen verlassen bringt sie ihn nachts in ihrem Zimmer zur Welt. Unter dem Eindruck dieser existentiellen Isolation und im Zustand absoluter Erschöpfung wendet sie sich in einer spontanen Abwehrreaktion gegen ihr eigenes Kind und versucht es unter einem Kissen zu ersticken, doch es überlebt. Daraufhin nimmt sie ihre Mutterrolle zwar an, ihr Verhältnis zu dem Sohn bleibt aber von der Ambivalenz zwischen Verantwortungsgefühl und Abwehr geprägt (Dangel, 1985, S. 120). Die folgenden Jahre stehen im Zeichen der Unvereinbarkeit von Mutterschaft und dem egoistischen Anspruch auf eigenes Liebesglück. So gibt sie das Neugeborene nicht bloß zu Pflegeeltern aufs Land, weil ihre Berufstätigkeit dies erfordert. Therese empfindet ihren Sohn als Hindernis für ihre Selbstverwirklichung und drängt ihn deshalb mehr oder minder bewußt ins Abseits. Immer wieder verleugnet sie ihn vor ihren wechselnden Partnern. Die ihr anvertrauten Zöglinge bilden dagegen den Mittelpunkt ihres Gefühlslebens und ermöglichen eine Ersatzbefriedigung. Biologische Mutterschaft erweist sich damit als keine Garantie für ein glückliches Mutter-Kind-Verhältnis (Möhrmann, 1982, S. 517). Sie versagt angesichts des Mangels an Gegenwart und stetiger Erneuerung. Ausdruck der inneren Gleichgültigkeit gegenüber dem Heranwachsenden ist das Haften ihres Blickes am Äußerlichen, das an die Stelle einer inneren Beziehung tritt (Angress, 1977, S. 268; Dangel, 1985, S. 60). An dem sporadisch heimkehrenden Sohn, der immer neue Geldforderungen stellt, ist nur seine Kleidung für sie bemerkenswert. Die seelische Innenwelt bleibt ihr verschlossen und feindlich. Beide steigern sich in einen Existenzkampf ums ökonomische Überleben hinein, der, auf der Seite Thereses zu diesem Zeitpunkt keineswegs mehr so unerbittlich ist. Hinter dem vom Erzähler vorgeführten Blickwinkel der Heldin wird das Leiden des Sohnes erahnbar. Mehr als der schlechte Einfluß der dörflichen Umgebung und das abgestumpfte Wesen seiner Kosteltern sind die Gleichgültigkeit und die Erziehungsfehler Thereses für seine negative Entwicklung verantwortlich. Nicht die Erinnerung an die erste Stunde seines Lebens, sondern die stetige Wiederholung desselben Musters der Ambivalenz haben ihn geprägt. So sehr Therese sich zum Opfer stilisieren mag, bleibt doch der Versuch, sich aus der Verantwortung zu stehlen, zwischen den Zeilen greifbar.

Klarer als in der frühen Studie ist der Muttermord im Roman in genauer Korrespondenz zum versuchten Kindsmord komponiert. Wieder wird der Affekt als Auslöser sichtbar. Zwar begegnet Franz der Mutter, die ihm den Makel der illegitimen Geburt und damit eine Identitätskrise anlastete, mit Ressentiments, die Tötung aber war nicht geplant, sondern ein Unfall. Hatte die Mutter einst versucht, den Neugeborenen zu erstikken, so stirbt sie selbst an den Folgen einer Knebelung. Wie ein Teufelskreis schließt sich damit der Entwicklungsbogen, bei dem die Tradierung negativer Erfahrungen im Muttermord kulminiert.

Noch einmal greift dieser Roman jene Fragen aus dem Grenzbereich von Medizin und Philosophie auf, die einst das Interesse

des jungen Arztes Schnitzler von den Erkrankungen des Kehl-
kopfes auf die Arbeiten des italienischen Arztes Cesare Lombroso ablenkten. In einer dreibändigen Studie zum Verbrecher
in anthropologischer, ärztlicher und juristischer Beziehung, die
1887 in deutscher Übersetzung erschien und von Schnitzler anhand einer kurzen »Broschüre« rezensiert wurde (IKR [1892],
Sp. 1191), liefert Lombroso jenen Terminus vom »moralischen
Irresein«, der im Roman von dem Arzt Alfred Nüllheim als
»moral insanity« (II/807) im Munde geführt wird. Moralische
Degenerationserscheinungen zeigen sich gemäß dieser Theorie
bereits in der Kindheit. Rache, Zorn, Lüge, Trägheit und Mü-
ßiggang seien untrüglich Anzeichen, die sich beim Heranwachsen des Kindes immer deutlicher herausbildeten. Ganz in diesem Sinne versucht auch Nüllheim, das wachsende Schuldbe-
wußtseinThereses zu beschwichtigen, da man den Einfluß von
Erziehung und Umwelt für minimal hielt. Nicht nur die Ärzte
in Thereses Umgebung, auch die Vertreter der staatstragenden
Justiz schließen sich in der Überzeugung, daß harte Strafen an-
gezeigt, Therapie und die Anerkennung von mildernden Umständen dagegen sinnlos seien, diesem Urteil an. Wenn Schnitzler dagegen den Blickwinkel auf die Mutter lenkt, so um Therese
in ihrer Doppelrolle als Täterin und als Opfer vorzuführen. Wie
bei der literarischen Wahnsinnsdarstellung in »Flucht in die
Finsternis« kommt es dem Autor gerade auf die sozialen, die
kommunikativen Aspekte der krankhaften Entwicklung an.
Auch dieser Text endet in einer offenen Frage. Die simplifizie-
rende Aussage der Richter und Ärzte, es handele sich um »völlig
klare Tatbestände« (II/881), wird mit einem Fragezeichen versehen und an den Leser zurückgegeben. Mit größerer Schärfe als
in früheren Werken werden noch einmal die Ärzte Nüllheim
und Thereses Bruder Karl, der deutsch-nationale Abgeordnete
und Antisemit, in ihrem moralischen wie menschlichen Versagen beleuchtet.

Noch einmal formuliert Schnitzler in dieser Arbeit das literarische Selbstverständnis seines Spätwerkes. Der archaisierende
Ton, besonders deutlich in der Verwendung der alten Dativen-
dungen am Beginn des Romans, bekräftigt, daß seine Hinwendung zur klassischen Erzählweise eine bewußte war. Hier gilt
es, das Urteil der Forschung vom scheinbar völlig »kunstlosen,
naiven, chronologischen Bericht« (Kilian, 1972, S. 176), vom
Fehlen der inneren Verbundenheit der einhundertsechs Kapitel
(Dangel, 1985, S. 172) und von der Reihung bis zum Unerträgli-
chen kritisch zu überprüfen. Die Chronik als distanzierter, sich

alle phantasievollen Ausschmückungen verbietender Form des Desillusionsromans (Dangel, 1985, S. 47 f.) läßt sich in Einklang mit den Stiltendenzen der Neuen Sachlichkeit sehen. In diametralem Gegensatz dazu stehen die trivialen Elaborate, die die Mutter der Heldin verfaßt. Während diese dem Leser die Flucht aus der kruden Realität in ein Reich der Illusion erlauben, konfrontiert Schnitzler seine Leser mit der charakterlichen Unvollkommenheit seiner Heldin, der Monotonie und Frustration ihres Berufsalltags, ihren finanziellen Sorgen und enthält ihm ein Happy-End vor. Dabei ist es ihm nochmals gelungen, eine weibliche Misere ohne Herablassung und ohne Verklärung aus der Perspektive einer Frau zu schildern (Angress, 1977, S. 282).

Literatur

Der Weg ins Freie: Reik (1913) S. 237–264. *Allen*, Richard A. (1967): »Der Weg ins Freie«. Structure or structures? In: JIASRA 6, 3, S. 4–17. *Just* (1968) S. 52–64. *Török*, Andrew (1972): A. S.s »Der Weg ins Freie«. Versuch einer Neuinterpretation. In: Monatshefte 64, 4, S. 371–377. *Möhrmann*, Renate (1973): Impressionistische Einsamkeit bei S. Dargestellt an seinem Roman »Der Weg ins Freie«. In: WW 23, 6, S. 390–400. *Aspetsberger*, Friedbert (1973): A. S.s »Der Weg ins Freie«. In: Sprachkunst 4, S. 65–80. *Janz* (1977) S. 155–174. *Derré*, Françoise (1977): Eine wienerische Schule des Gefühls? In: MAL 10, 3–4, S. 217–231. *Gutt* (1978) S. 95–100. *Arens*, Detlev (1981): Untersuchungen zu A. S.s Roman »Der Weg ins Freie«. Frankfurt. *Abels*, Norbert (1981): Sprache und Verantwortung. Überlegungen zu A. S.s Roman »Der Weg ins Freie«. In: Scheible (Hg.) (1981) S. 142–162. *Gölter*, Waltraut (1981): »Weg ins Freie« oder »Flucht in die Finsternis«. Ambivalenz bei A. S. Überlegungen zum Zusammenhang von psychischer Struktur und sozio-kulturellem Wandel. In: Scheible (Hg.) (1981) S. 241–291. *Schwarz*, Egon (1981): A. S. und die Aristokratie. In: Scheible (Hg.) (1981) S. 54–70. *Abels*, Norbert (1982): Sicherheit ist nirgends. Judentum und Aufklärung bei A. S. Königstein. *Schwarz*, Egon (1985): A. S. und das Judentum. In: Gunter E. Grimm u. a. (Hg.): Im Zeichen Hiobs. Königstein, S. 67–83. *Low*, David S. (1986): Questions of Form in S.s »Der Weg ins Freie«. In: MAL 19, 3–4, S. 21–32. *Nehring*, Wolfgang (1986): Zwischen Identifikation und Distanz. Zur Darstellung der jüdischen Charaktere in A. S.s »Der Weg ins Freie«. In: Akten 7. Int. Germ.-Kongr. 5, S. 162–170. *Weiner*, Marc A. (1986): Parody and Repression: S.s Response to Wagnerism. In: MAL 19, 3–4, S. 129–148. *Perlmann* (1987) S. 132–150.

Therese. Chronik eines Frauenlebens: Kilian (1972) S. 147 ff. *Angress*, Rita K. (1977): S.s Frauenroman »Therese«. In: MAL 10, 3–4, S. 265–282. *Gutt* (1978) S. 81–84. *Dangel*, Elsbeth (1981): Vergeblichkeit und Zweideutigkeit. »Therese. Chronik eines Frauenlebens«. In: Scheible (Hg.) (1981) S. 164–187. *Möhrmann*, Renate (1982): Schnitzlers Frauen und Mädchen. Zwischen Sachlichkeit und Sentimentalität. In: DD 13, S. 507–517. *Skreb*, Zdenko (1984): S.s »Therese«. In: Neohelicon 11, S. 171–184. *Dangel*, Elsbeth (1985): Wiederholung als Schicksal. A. S.s Roman »Therese. Chronik eines Frauenlebens.« München.

6. Die Aphoristik

Schnitzlers aphoristisches Werk zu ethischen, psychologischen, politischen und historischen Fragen füllt einen Band seiner Werkausgabe. Mit ihm versucht er, seine Kunst in ein größeres weltanschauliches Konzept einzubinden. Die Wahl des Aphorismus als knapper sprachlicher Verkürzung eines persönlichen, äußerlich isolierten Gedankens verbindet ihn mit den von ihm hochgeschätzten Philosophen Schopenhauer oder Nietzsche. Die besondere Bedeutung, die für Schnitzler der Naturwissenschaft zukommt, läßt überdies an Goethes »Maximen und Reflexionen« denken, die um die Jahrhundertwende neu gesammelt und herausgegeben wurden (Max Heckel [Hg.], 1907, Insel Verlag). Seit den 80er Jahren notiert Schnitzler gelegentlich Aperçus, die erst während des Ersten Weltkrieges zu Sammlungen von oft längeren, essayistischen Abhandlungen zusammenwuchsen. 1927 erschienen unter dem Titel »Buch der Sprüche und Bedenken« und »Der Geist im Wort und Der Geist in der Tat« zwei solche Sammlungen. Die größere Zahl der Aphorismen dagegen, darunter seine Äußerungen zum Krieg, die Heinrich Schnitzler 1939 postum unter dem Titel »Und einmal wird der Friede wiederkommen« herausgegeben hat, eine kritische Auseinandersetzung mit der Psychoanalyse, die erst 1976 von Reinhard Urbach gesammelt publiziert wurde, sowie Kritisches über Kollegen, darunter Henrik Ibsen, Heinrich Mann, Karl Kraus, Jakob Wassermann, Hugo von Hofmannsthal und Franz Werfel blieb zu Lebzeiten unveröffentlicht. Diese Zurückhaltung gegenüber dem Werk eines Zeitgenossen muß in Verbindung mit einer grundsätzlichen Ablehnung gegenüber dem Kritiker und Feuilletonisten gesehen werden, dem er, gemessen an der genuinen Produktivität des Dichters, eine prinzipiell destruktive Potenz bescheinigte.

Weltanschauung und Wissenschaft

Auffällig bei Schnitzler ist die relativ untergeordnete Bedeutung, die ästhetische Fragen in der theoretischen Auseinandersetzung einnehmen. Begriffe wie das Schöne, die noch am Ende des 19. Jahrhunderts die l'art pour l'art-Bewegung beschäftigten, oder auch dessen Negation in einer Ästhetik des Häßlichen, spielen in seinen Überlegungen keine Rolle. Gedanken über das dichterische Werk, seine Produktion und Rezeption, über Stile und literarische Moden, über Komödie und Tragödie, Humor und Groteske, wie sie in »Werk und Widerhall« zusammengestellt sind, greifen über die begrenzte Reichweite einer Poetologie hinaus. Immer geht es Schnitzler auch um Weltanschauung. Er sieht den Wert seiner literarischen Texte hauptsächlich in ihrer Funktion als alternatives Erkenntnismedium gegenüber dem eng gesteckten Rahmen der Wissenschaft auf der einen Seite und gegenüber der reinen Spekulation auf der anderen. Philosophisch-weltanschaulich scheint ihm die Welt in zwei Lager geteilt, die sich antagonistisch gegenüberstehen. Die Materialisten, Rationalisten und Zweifler vertreten das Erbe der Aufklärung, die Metaphysiker, Idealisten und Gläubigen fühlen sich dagegen von den dunklen Kräften des Unerklärlichen angezogen. Während die einen die Vernunft zum Allheilmittel erheben und darüber verkennen, daß diese »zur Erklärung mancher Dinge nicht ausreicht, niemals ausreichen wird« (AuB 330), setzen sich die anderen zu früh über das durch den Gebrauch der Sinne und des Verstandes noch Erforschbare hinweg. Immer wieder versucht Schnitzler in kritischen Resümees zur Frage von Möglichkeit und Grenzen der Wissenschaft Stellung zu beziehen. In der Sammlung »Wunder und Gesetze« heißt es mit kritischem Blick in die Richtung der Irrationalisten:

»die Beschäftigung mit dem Okkultismus müßte jedem verwehrt sein, der nicht innerhalb des relativ Offenbaren ausreichend Bescheid weiß: endlich dürfte niemandem das Recht eingeräumt sein, sich in den Regionen des Unbewußten zu bewegen, der nicht die der Bewußtheit nach allen Richtungen gewissenhaft bis an die Grenzen der Helligkeit abschritt. Aber natürlich sind es gerade diese schwer kontrollierbaren, unsicher begrenzten Reviere der Metaphysik, des Okkultismus und des Unbewußten, wo den Abenteurern, Spekulanten und Hochstaplern des Gedankens am wohlsten ist« (AuB 71).

Wissenschaftskritik und Warnung vor Wissenschaftsfeindlichkeit liegen bei diesem Autor eng nebeneinander. Eine zentrale Rolle in allen Überlegungen nimmt das Problem der Kausalität ein. Wie die Annahmen, daß die Menschheit der Mittelpunkt der Welt und das Ich der Mittelpunkt der Menschheit sei, wird für Schnitzler schließlich auch die Idee eines ununterbrochen wirksamen freien Willens (AuB 343) aufgrund der Erkenntnis der modernen Psychologie zweifelhaft. Es geht um die Grenzziehung zwischen »wollen können« und »wollen müssen« (AuB 252). Die von Kopernikus und Darwin jeweils eingeleitete Wende im Welt- und Menschenbild wurde gegen Anfang des 20. Jahrhunderts von Sigmund Freud und Ernst Mach mit der Entthronung des Ich als einem in sich ruhenden, seinen freien Willen durchsetzenden Ich fortgesetzt. Das »zur Sache gewordene Menschenbild« (JiW 124), das Schnitzler bereits früh in seiner medizinischen Ausbildung vermittelt wurde, hat sich auf sein gesamtes Denken niedergeschlagen. Im Tagebuch jener Jahre verzeichnet der Medizinstudent, der Materialismus werde ihm immer einleuchtender (28. 04. 1880). Freilich wendet er später gegen die Annahme der totalen Kausalität ein, sie könne aus ethischen wie aus ästhetischen Gründen nicht akzeptiert werden, weil die Abwesenheit eines freien Willens den Menschen der tödlichen Langeweile einer verantwortungslosen Welt überantworten würde (AuB 30). Er hält deshalb an einer, wenngleich eingeschränkten, Willensfreiheit fest. Im Grunde ist dieser moralische Pragmatismus als Antwort auf die Reduktion der menschlichen Freiheit durch die Erkenntnisse der Naturwissenschaften zu sehen. Das Engagement für die Verantwortlichkeit des Individuums steht – quasi wider besseres Wissen – im Widerspruch zu seiner Einsicht in die allgegenwärtigen Kausalzusammenhänge der Naturprozesse (Segar, 1973, S. 117).

Psychoanalyse

Das Postulat der Unverzichtbarkeit ethischer Verantwortung trennt Schnitzler von Freuds konsequentem Determinismus. In einer Reihe von verstreut gemachten Äußerungen setzt er sich en détail mit der Psychoanalyse auseinander. Er kritisiert einen nach seiner Einschätzung zu dogmatischen Umgang mit Theoremen wie dem Ödipuskomplex und seinem weiblichen Komplement, dem Kastrationskomplex, die von Freud nicht als pathologische, sondern regelmäßige Phänomene der psychischen Entwicklung angesehen werden. Überhaupt kann Schnitzler mit dem Rückgriff auf die Kindheit und infantile Sexualität als entscheidender Phase für die Genese psychischer Störungen wenig anfangen. Er bezweifelt ferner, daß der Gegensatz der Libido der Todestrieb, also der Trieb zur Selbstvernichtung, ist, statt, was er für wahrscheinlicher hält, die Lust an der Vernichtung anderer Menschen. Schließlich beanstandet

er auch eine zu eindimensionale erotische Deutung von Traum-
symbolen.

Dem dreistufigen psychoanalytischen Modell der Psyche mit
seiner Betonung des Unbewußten als Reservoir der Triebe setzt
er ein eigenes, in manchen Punkten mit diesem übereinstim-
mendes Modell entgegen. Bei seinen eigenen Überlegungen hat
sich der Schwerpunkt auf das »Mittel- bzw. Halbbewußte« verlagert, das als Vermittlungsinstanz zwischen dem Bewußten
und Unbewußten fungiert. Dieser Bereich ist nicht nur Arsenal
triebhafter Wünsche, sondern zugleich Ort kritischer gesell-
schaftlicher Analyse (Thomé, 1984, S. 79). Dort lagern die
Reste jener Ideologien, die mehr an die Gefühlswelt, als an die
kritische ratio appellieren. Das unreflektierte Geltungsbedürf-
nis eines Leutnant Gustl oder die ebenso unverstandene Rücksichtslosigkeit eines Leutnant Kasdas gegenüber Leopoldine
haben ihre Wurzeln in diesem Mittelbewußten. Ein Zugriff auf
diese, unterhalb der Bewußtseinsgrenze lagernde Schicht ist
ähnlich wie bei Freuds Bereich des Vorbewußten möglich,
sofern eine Auseinandersetzung mit jenem Teil des Selbst angestrebt wird. Wo eine Bewußtwerdung konstant abgelehnt wird,
entsteht dagegen moralische Schuld. Mit diesem moralischen
Impetus setzt Schnitzler sich ab von der wertneutralen Haltung
positivistischer Wissenschaft (Scheible, 1977; Thomé, 1985).

Neben die gegebene Instabilität des Ich tritt für Schnitzler ein
Bündel weiterer Mechanismen, das den Menschen schließlich
zu einem Dasein der Unauthentizität degradiert. Rollen- und
Komödienspiel, Lüge und Sentimentalität verhindern ein unmittelbares emotionales Erleben. Befangen in einer Welt des
Scheins ist dem Individuum das Durchdringen des Schleiers von
Lüge, unbewußtem oder uneingestandenem Selbstbetrug, der
Selbststilisierung in einer Rolle und des unwillkürlichen Ver-
harrens in Sprach- und Verhaltenskonventionen kaum möglich.
Symbole wie die Marionette, die Maske oder der Traum, die nie
den zweifelhaften Anspruch auf Realität stellen, sondern gezielt
auf den Scheincharakter verweisen, erlangen in diesem Zusammenhang eine besondere Bedeutung. Wenn es kein Leben außerhalb der Illusion gibt und erst die Erkenntnis des Marionetten-
daseins eine neue, beschränkte Autonomie ermöglicht (Hacker,
1982, S. 40), dann muß die Anerkennung dieser Illusion den alten, naiven Wahrheitsanspruch der objektiven Realität ersetzen.
Anklänge an Nietzsches Philosophie werden hier, aber auch
hinsichtlich der Sprachskepsis deutlich, die als Reaktion auf den
Verlust der Eigentlichkeit einsetzt (Abels, 1982, S. 53 ff.). Ein

unmittelbares Erfassen der Dinge außerhalb des erkennenden Bewußtseins vermittels der Sprache sieht Schnitzler von vorneherein als ausgeschlossen an: »Wenn zwei Menschen den Baum grün und die Rübe rot nennen, so ist ihre Verständigung eine Wahrheit, nicht die rote und grüne Farbe« (AuB 243). Sprache dient allein der zwischenmenschlichen Verständigung. Mit dem Begriff der Wahrheit ist ihr nicht mehr beizukommen. Wahrheit hat allein noch moralische Bedeutung im Sinne von Aufrichtigkeit. Mit diesen Überlegungen findet Schnitzler Anschluß an Theoretiker wie Fritz Mauthner und später Wittgenstein (Johnston, 1972, S. 205 ff.).

Typenlehre

Ein zentrales und äußerst eigenwilliges Thema im aphoristischen Werk ist der Versuch, aufgrund von systematisch zusammengetragenen Einzelbeobachtungen bestimmte Typen in ihrer spezifischen Denk- und Handlungsweise herauszuarbeiten. Eine Reihe von verstreuten Texten befassen sich – den latenten Konflikt mit Karl Kraus und Hermann Bahr aufnehmend – mit dem Typus des Kritikers. Die beiden Diagramme »Der Geist im Wort und Der Geist in der Tat«, denen eine Studie zur Kunst und Kritik folgen sollte, fassen diese Ansätze zusammen. Wichtig ist Schnitzler die scharfe Abgrenzung des Dichters von seinem negativen Gegentypus, dem Dilettanten oder Literaten, dem es sowohl an Talent wie auch an ernster Ausdauer mangelt. Die säuberliche Trennung von Typen, zwischen denen es keine Brücke gibt – »Kein Literat, auch von den glänzendsten Gaben, ist jemals zum Dichter geworden« (AuB 138) –, hat nichts mehr gemein mit Schnitzlers Anerkennung der graduellen Übergänge von Gesundheit und Krankheit. Erhellend sind die in den beiden Diagrammen einander entgegengesetzten Geistestypen weniger wegen der beigefügten Definitionen, als in Verbindung mit Figuren im epischen und dramatischen Werk. So tauchen der Literat, der stets auf Wirkung bedacht ist und in übertriebener Selbstbeobachtung vertieft nach Stimmungen sucht, um diese für seine Arbeit auszubeuten, wiederholt auf, ebenso der Politiker, der Journalist, der Pfaffe oder der Abenteurer. Dabei erscheinen ausschließlich die negativen Typen, ihre im Diagramm aufscheinenden positiven Gegensätze erfüllen ihre Funktion vornehmlich als Folie, auf deren Hintergrund die unvollkommene Realität zu messen ist. Eine Verbindung etwa

zu den systematischen Bestrebungen Otto Weiningers, hoch-
und minderwertige Charaktere ein für alle Mal auseinanderzu-
dividieren, drängt sich hier auf. Was Schnitzler als »Resultat
vieljähriger Erwägungen und Überlegungen« (AuB 505) beschreibt, die Formulierung der Idee von den »angeborenen, ein-
heitlichen und unveränderlichen« Geistesverfassungen (AuB
138), steht dem Versuch eines mit pseudowissenschaftlichem
Anspruch geführten Nachweises der ethischen Minderwertig-
keit der Frau prinzipiell wenig nach. Die Ethik gerät bei diesen
durch Intuition erarbeiteten Überlegungen zur »Schwundstufe
der liberalen Anthropologie« (Thomé, 1985, S. 65). Mit seiner
Festlegung des Menschen auf Angeborenes in Form einer Vorbestimmung durch »bestimmte, anatomisch-histologische Verhältnisse« (AuB 152) stellt Schnitzler zugleich einen Anschluß
an die Vererbungs- und Degenerationslehren des 19. Jahrhunderts her (Arens, 1986).

Weltkrieg

Schnitzlers Mißtrauen gegenüber der Politik im allgemeinen
(Scheible, 1976, S. 109), im besonderen aber seine Enttäuschung
darüber, daß Dichterkollegen aus dem In- und Ausland in der
Krisensituation des Weltkriegs durch die Art ihrer positiven,
wenig zur Völkerversöhnung beitragenden Stellungnahmen bei-
nah völlig versagten (AuB 193), hat wohl dazu beigetragen, daß
er seinerseits umfangreiche Überlegungen zum Thema Krieg
von der Veröffentlichung zurückhielt. Das nachträglich zusam-
mengestellte Korpus »Und einmal wird der Friede wiederkommen...« enthält neben persönlichen Einschätzungen über die
politischen Hintergründe vor allem eine skeptische Hinterfra-
gung gängiger Dogmen bis zurück zu Clausewitz' Satz vom
Krieg als Fortsetzung der Politik mit anderen Mitteln (AuB
205). Schnitzler beurteilt den Kriegsausbruch 1914 als unver-
meidlich. Für ihn war es unzulässig, der deutsch-österreichi-
schen Allianz die alleinige Verantwortung für die kriegerische
Auseinandersetzung anzulasten. Da die anderen europäischen
Mächte nach seiner Einschätzung ihrerseits den Angriffskrieg
vorbereitet hatten, war der Mord am österreichischen Thron-
folger und die überzogene Reaktion der Habsburger und Ho-
henzollern darauf lediglich Anstoß zu einem Präventivkrieg, für
den freilich alle Beteiligten gleichermaßen Schuld trugen. Mit
dem Vorwurf scheinheiliger Gerechtigkeitssucht verwirft er

Wilsons Völkerrechtsidee, Kurt Eisners Vorstoß zum einseitigen Schuldbekenntnis ist ihm sogar Zeugnis des Renegatentums (AuB 218). In einem weiteren, mehr auf strukturelle Analyse angelegten Teil spricht er die im Leben durchaus menschlichen, im Krieg aber zu Marionetten degradierten Monarchen von dem Vorwurf, Hauptkriegsverursacher zu sein, frei. Dieses Urteil läßt er vielmehr den Diplomaten zukommen. Gewollt wurde der Krieg für ihn von Geschäftemachern, vom einzelnen, der in der Regel zum Wehrdienst gezwungen wurde, dagegen nie.

Weichen diese Einschätzungen kaum von Verlautbarungen gemäßigter Kreise ab, so radikalisiert sich Schnitzlers Position, was den Krieg hinsichtlich seiner emotionalen Ursachen und physischen Folgen angeht. Dynastie, Vaterland, Staat, Nationalgefühl und Heldentod sind ihm gleichermaßen suspekte ideologische Täuschungsmanöver, auf deren Basis handfeste Geschäftsinteressen einiger weniger durchgesetzt werden. Seine grundlegende Kritik zielt auf den Mangel an Vorstellungsgabe bei der Mehrheit der Bevölkerung, die den Krieg zur Abstraktion erstarren läßt, mit der die Realität der Verwundeten, Verstümmelten und Toten zugedeckt und aus dem Bewußtsein verdrängt wird: »Ja, der Krüppel, der eben an uns vorbeihinkte, der Blindgeschossene, den sie eben vorüberführen, der treibt uns vielleicht die Tränen ins Auge, aber weinen wir tausendmal mehr, wenn wir von tausend Krüppeln lesen? – Nein, nicht einmal soviel, wie wir beim Anblick des einen geweint haben« (AuB 213).

Die Überlegungen münden schließlich in die Frage, welche Staatsform einen erneuten Ausbruch eines Krieges zwischen Kulturnationen, den er nicht für ausgeschlossen hält, verhindern könnte. Sein negatives Menschenbild – »Der Mensch ist das mitleidloseste Lebewesen in der ganzen Natur« (AuB 208) – läßt ihn auf Besserung durch den einzelnen nicht hoffen. Die später in der Weimarer Republik verwirklichte Demokratie schien ihm ungeeignet, die Monarchie abzulösen. Ausgehend von der Einschätzung, das Volk sei für Verführung durch falsche Ideen allzu anfällig, fordert er, ähnlich wie Goethe anläßlich der Französischen Revolution, eine Regierungsform zugunsten und im Sinne des Volkes, nicht aber durch das Volk. Bei aller Nähe zur Sozialdemokratie und Friedensbewegung stellt er sich damit in eine Tradition konservativen Denkens.

Literatur

Reichert, Herbert W. (1963): A. S. and Modern Ethics. In: JIASRA 2, 1. S. 21–24. *Hutschneider*, Josef (1965): A. S. als Aphoristiker: Bemerkungen zu seinem »Buch der Sprüche und Bedenken«. In: JIASRA 4, 2, S. 4–19. *Rey*, William H. (1966): Die geistige Welt A. S.s. In: WW 16, 3, S. 180–194. *Noltenius*, Rainer (1969): Hofmannsthal – Schröder – Schnitzler: Möglichkeiten und Grenzen des modernen Aphorismus. Stuttgart. *Segar*, Kenneth (1973): Determinism and Character. A. S.s »Traumnovelle« and his unpublished Critique of Psychoanalysis. In: Oxford German studies, 8, S. 114–127. *Duhamel*, Robert (1975): S. und Nietzsche. In: Amsterdamer Beiträge zur neueren Germanistik, 4, S. 1–25. *Magris*, Claudio (1981): A. S. und das Karussell der Triebe. In: Scheible (Hg.) (1981) S. 71–75. *Hacker*, Friedrich (1982): »Im falschen Leben gibt es kein richtiges.« In: LuK 163/164, S. 36–44. *Storck*, Joachim, W. (1982): Die Humanität des Skeptikers. Zur Gegenwärtigkeit A. S.s. In: LuK 163/164, S. 45–68. *Abels* (1984) S. 28 ff. *Thomé*, Horst (1984): Kernlosigkeit und Pose. Zur Rekonstruktion von S.s Psychologie. In: Klaus Bohnen u. a. (Hg.): Fin de Siècle. Zur Naturwissenschaft und Literatur der Jahrhundertwende im deutsch-skandinavischen Kontext. Kopenhagen, S. 62–87. *Arens*, Katherine (1986): S. and Characterology: From Empire to Third Reich. In: MAL 19, 3–4, S. 97–126. *Miklin*, Richard (1986): Heimatliebe und Patriotismus A. S.s Einstellung zu Österreich-Ungarn im Ersten Weltkrieg. In: MAL 19, 3–4, S. 197–212. *Roberts*, A. Clive (1986): On the Origins and Development of A. S.s Polemical Critique of Patriotism, Militarism, and War. In: MAL, 19, 3–4, S. 213–226.

7. Bibliographische Hinweise
zur Epoche der Jahrhundertwende

Bauer, Roger (Hg.) (1977): Fin de siècle. Zur Literatur und Kunst der Jahrhundertwende. Frankfurt.

Fischer, Jens Malte (1978): Fin de siècle. Kommentar einer Epoche. München.

Greve, Ludwig und Werner *Volke* (Hg.) (1974): Jugend in Wien. Literatur um 1900. Sonderausstellung des Schiller-Nationalmuseums, Marbach. Katalog Nr. 24. München.

Hermand, Jost (1972): Der Schein des schönen Lebens. Studien zur Jahrhundertwende. Frankfurt.

Johnston, William M. (1972): Österreichische Kultur- und Geistesgeschichte. Gesellschaft und Ideen im Donauraum 1848–1938. Wien. Amerikanische Originalfassung Berkeley 1972.

Morton, Frederic (1979): Schicksalsjahr 1888/89. Wien. Amerikanische Originalfassung Boston 1979.

Rasch, Wolfdietrich (1986): Die literarische Décadence um 1900. München.

Ruprecht, Erich u. a. (Hg.) (1970): Literarische Manifeste der Jahrhundertwende. 1890–1910. Stuttgart.

Schorske, Carl (1982): Wien. Geist und Gesellschaft im fin de siècle. Amerikanische Originalfassung 1980.

Szondi, Peter (1959): Theorie des modernen Dramas (1880–1950). Frankfurt.

Waissenberger, Robert (Hg.) (1985): Traum und Wirklichkeit. Wien 1870–1930. Wien.

Wunberg, Gotthart (Hg.) (1971): Die literarische Moderne. Dokumente zum Selbstverständnis der Literatur der Jahrhundertwende.

Ders. (Hg.) (1976): Das Junge Wien. Österreichische Literatur- und Kunstkritik 1867–1902. 2 Bde. Tübingen.

Ders. (Hg.) (1981): Die Wiener Moderne. Literatur, Kunst und Musik zwischen 1890 und 1910. Stuttgart.

Worbs, Michael (1983): Nervenkunst. Literatur und Psychoanalyse im Wien der Jahrhundertwende. Frankfurt.

Žmegač, Viktor (Hg.) (1981): Deutsche Literatur der Jahrhundertwende. Königstein.

Personenregister

SAMMLUNG METZLER

J.B. METZLER

Printed in the United States
By Bookmasters